司法書士白書
2024年版

日本司法書士会連合会
Japan Federation of Shiho-Shoshi's Associations

は　じ　め　に

　この度、司法書士白書 2024 年版を発刊いたしました。

　司法書士制度は、明治 5 年（1872 年）の代書人制度から始まり、その歴史は変容する市民の皆様の法的需要に真摯に応えてきたことによって積み重ねられてきました。そして、令和 6 年（2024 年）4 月 1 日から相続登記の申請が義務化されたことにより、司法書士に対する市民の皆様からの期待は益々高まっています。

　本号特集では、令和 5 年（2023 年）に実施した「第 2 回司法書士実態調査〜家事事件に関する取組みについて〜」、「家事調停委員アンケート」の調査結果をもとに、司法書士の家事事件への取組みに焦点を当て、その実態を明らかにしました。

　また、本号本編では、司法過疎地への対策や所有者不明土地問題への対応、IT 化促進により変容する登記業務や裁判業務、超高齢社会において権利擁護の担い手として期待される後見業務等、複雑化・多様化する社会問題等に関する司法書士の取組みについて、各種統計資料やデータとともに掲載しております。

　日司連では、令和 6 年（2024 年）能登半島地震のほか、毎年のように各地で起こる大規模自然災害等、市民生活に大きな影響を与える事態に対し、継続的に各自治体や関係諸団体と連携して市民救援活動を継続して行っており、これらを含む日司連の活動についても掲載しております。

　本号掲載の資料及びデータについては、例年、最高裁判所、法務省、日本司法支援センターをはじめとする関係機関・団体からご提供いただく大変貴重なものであります。ご協力いただいた関係機関・団体に対しましては、深く感謝し、厚く御礼を申しあげます。

　本書が、市民の皆様に「身近なくらしの中の法律家」として、くらしに寄り添う司法書士の実態像をご理解いただける一助となれば幸甚に存じます。

　令和 6 年（2024 年）5 月

日本司法書士会連合会

会長　小　澤　吉　徳

司法書士白書 2024 年版発刊にあたって

「司法書士白書 2024 年版」をここに発刊いたします。

「司法書士白書」は過去、現在、未来の司法書士及び司法書士制度を、客観的データによる数値で指し示すものであり、本号においても、司法書士制度、登記業務、本人訴訟支援を含む裁判業務、後見業務等の司法書士業務全般、司法書士の社会活動並びに司法書士事務所の全国における点在状況など多様な切り口から収集したデータを掲載しています。

本号の特集は、令和 5 年（2023 年）に実施した「第 2 回司法書士実態調査〜家事事件に関する取組みについて〜」と「家事調停委員アンケート」としました。

「第 2 回司法書士実態調査〜家事事件に関する取組みについて〜」では、平成 25 年度に行われた第 1 回調査から 10 年が経過し、司法書士の家事事件への意識や実際の取組みがどのように変化したのか、また変化しなかったのか、今の司法書士の家事事件への取組みの実態を明らかにしました。

「家事調停委員アンケート」では、現在家事調停委員として活躍している司法書士のリアルな声を集め、司法書士の家事調停委員としての潜在能力や将来性、家庭裁判所における司法書士の更なる活躍の可能性が明らかとなりました。

今後も、司法書士を取り巻く時宜に即した情報の提供と、関係各所からご提供いただいた多くのデータを収集し、充実した「司法書士白書」を発刊し続けていきたいと考えていますので、皆様の忌憚のないご意見をお寄せいただければ幸いです。

本号を発刊するにあたり、最高裁判所、法務省、日本司法支援センターほか関係団体から貴重なデータの提供にご協力いただきましたこと、深く感謝申しあげます。

本書が今後の司法書士制度の発展に寄与する資料となりますことを心より祈念いたしまして発刊の挨拶とさせていただきます。

令和 6 年（2024 年）5 月

日本司法書士会連合会
日司連統計室

室長　内　田　雅　之

※本書において、日本司法書士会連合会は「日司連」、公益社団法人成年後見センター・リーガルサポートは「リーガルサポート」と表記する。また、各司法書士会は略記した。
※割合の表記にあたっては小数点第二位を四捨五入し、小数点第一位まで表記した。
※本書にて記載の数値については、日司連保有データを除き、各機関にて公表されているデータに基づき作成した。本書発刊後、各機関にてデータ修正が行われる場合がある。

第4章
歩み続ける司法書士 ～司法書士の組織・財政・研修など～

第5章
羽ばたき続ける司法書士 ～司法書士の幅広い活動～

資料編

司法書士白書 2024 年版

特 集

1

令和 5（2023）年度
第 2 回　司法書士実態調査集計結果
～家事事件に関する取組みについて～

2

家庭裁判所調停委員アンケート

令和 5（2023）年度

① 「第 2 回　司法書士実態調査 〜家事事件に関する取組みについて〜」の目的と概要

【調査の目的】

平成 25 年度、司法書士実態調査〜家事事件に関する取組みについて〜（今回の特集内では「前回調査」という）と題し、司法書士の家事事件への取組みに関する調査がなされた。司法書士の家事事件への取組みが数字として確認されたことには大きな意義があった。

前回調査から、約 10 年が経過し、司法書士の成年後見人への就任件数の増加、法務局による遺言書保管制度の開始、相続登記の義務化など、家事事件に関する司法書士を取り巻く環境は大きく変化した。その中で、司法書士の意識や実際の取組みがどのように変化したのか、また変化しなかったのか、今の司法書士の家事事件への取組みの実態を明らかにすることを目的として実施した。

【調査の概要】

日司連が毎月発行する「月報司法書士」令和 5 年 11 月号に調査票を同封して全司法書士会員 23,015 名（調査時）に送付し、回答は、従来どおり調査票の返送又は FAX の送信による方法に加え、本調査から Web とスマートフォンにより回答する方法でも行った。返送先を日司連ではなく調査会社とした。

回答期限は令和 5 年 12 月 8 日までの約 3 週間とした。

調査票の郵送による回答が 1,311 通、FAX での回答が 280 通、Web 上での回答が 879 通、スマートフォンでの回答が 378 通、合計 2,848 通の回答があり、回収率は 12.4% となった。

調査の概要をまとめると以下のようになる。

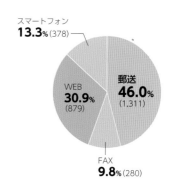

スマートフォン
13.3%(378)
WEB
30.9%
(879)
郵送
46.0%
(1,311)
FAX
9.8%(280)

実施時期	令和 5(2023)年 11 月下旬から令和 5(2023)年 12 月 8 日
実施対象	司法書士会員　23,015 名
調査方法	調査票は郵送 回答は郵送、FAX、Web、スマートフォン
有効回答数	郵送 1,311 通、FAX280 通、Web879 通、 スマートフォン 378 通、合計 2,848 通
回収率	12.4%

【調査項目】

前回調査とほぼ同じ項目で行った。なお、本調査は、定点観測的な意味合いを持つ調査であるため、極力、普遍的な調査事項に絞り、トピック的な調査事項は排除した。

なお、具体的な調査項目の一覧は、29 頁に掲載している。

【前回調査】

前回調査の結果は、司法書士白書 2014 年版 38 頁〜50 頁に掲載しており、日司連ホームページからダウンロードができる。

(https://www.shiho-shoshi.or.jp/gallery/hakusho/)

② 調査結果と分析

あなた自身について

Face 1 性　別
〔1つだけ○：回答数 2,848〕

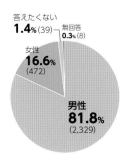

答えたくない **1.4**%（39）　無回答 **0.3**%（8）
女性 **16.6**%（472）
男性 **81.8**%（2,329）

Face 2 年　齢
〔数値回答：回答数 2,848〕

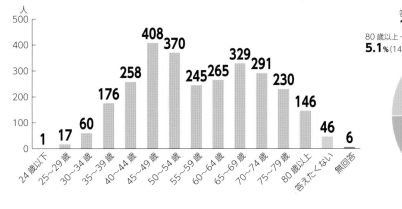

人

24歳以下	1
25～29歳	17
30～34歳	60
35～39歳	176
40～44歳	258
45～49歳	408
50～54歳	370
55～59歳	245
60～64歳	265
65～69歳	329
70～74歳	291
75～79歳	230
80歳以上	146
答えたくない	46
無回答	6

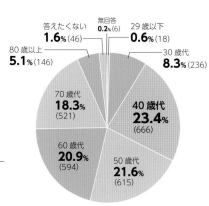

答えたくない **1.6**%（46）　無回答 **0.2**%（6）　29歳以下 **0.6**%（18）
80歳以上 **5.1**%（146）
70歳代 **18.3**%（521）
30歳代 **8.3**%（236）
40歳代 **23.4**%（666）
60歳代 **20.9**%（594）
50歳代 **21.6**%（615）

Face 3 司法書士業務歴
〔数値回答：回答数 2,848〕

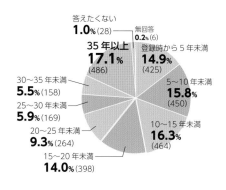

答えたくない **1.0**%（28）　無回答 **0.2**%（6）
35年以上 **17.1**%（486）
登録時から5年未満 **14.9**%（425）
30～35年未満 **5.5**%（158）
5～10年未満 **15.8**%（450）
25～30年未満 **5.9**%（169）
10～15年未満 **16.3**%（464）
20～25年未満 **9.3**%（264）
15～20年未満 **14.0**%（398）

Face 4 簡裁代理権の有無
〔1つだけ○：回答数 2,848〕

答えたくない **0.7**%（20）　無回答 **0.4**%（11）
ない **22.5**%（642）
ある **76.4**%（2,175）

Face 5 所属司法書士会

〔文字回答：回答数 2,848〕

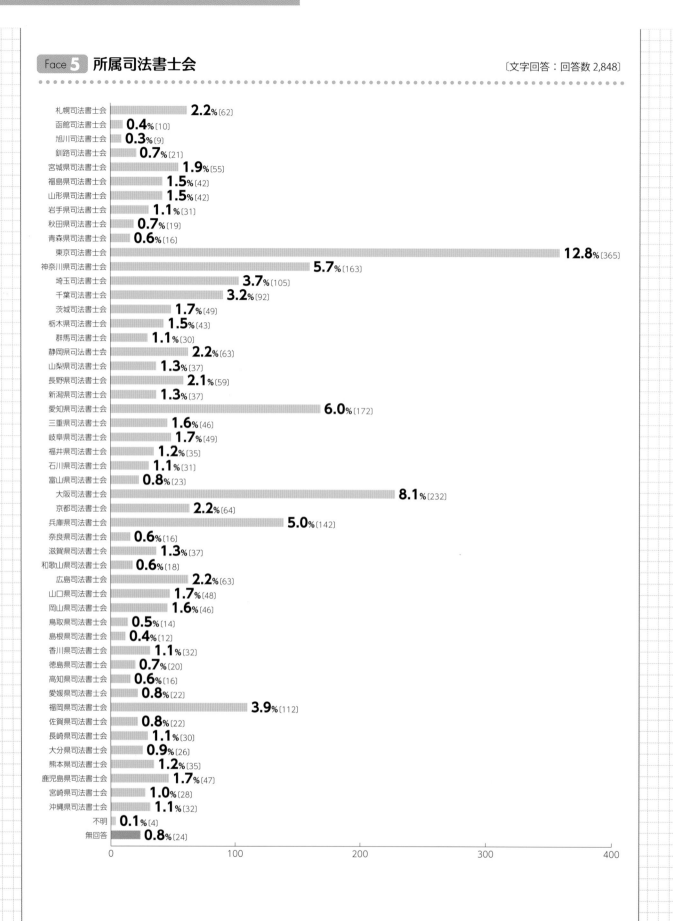

札幌司法書士会 **2.2**%[62]
函館司法書士会 **0.4**%[10]
旭川司法書士会 **0.3**%[9]
釧路司法書士会 **0.7**%[21]
宮城県司法書士会 **1.9**%[55]
福島県司法書士会 **1.5**%[42]
山形県司法書士会 **1.5**%[42]
岩手県司法書士会 **1.1**%[31]
秋田県司法書士会 **0.7**%[19]
青森県司法書士会 **0.6**%[16]
東京司法書士会 **12.8**%[365]
神奈川県司法書士会 **5.7**%[163]
埼玉司法書士会 **3.7**%[105]
千葉司法書士会 **3.2**%[92]
茨城司法書士会 **1.7**%[49]
栃木県司法書士会 **1.5**%[43]
群馬司法書士会 **1.1**%[30]
静岡県司法書士会 **2.2**%[63]
山梨県司法書士会 **1.3**%[37]
長野県司法書士会 **2.1**%[59]
新潟県司法書士会 **1.3**%[37]
愛知県司法書士会 **6.0**%[172]
三重県司法書士会 **1.6**%[46]
岐阜県司法書士会 **1.7**%[49]
福井県司法書士会 **1.2**%[35]
石川県司法書士会 **1.1**%[31]
富山県司法書士会 **0.8**%[23]
大阪司法書士会 **8.1**%[232]
京都司法書士会 **2.2**%[64]
兵庫県司法書士会 **5.0**%[142]
奈良県司法書士会 **0.6**%[16]
滋賀県司法書士会 **1.3**%[37]
和歌山県司法書士会 **0.6**%[18]
広島司法書士会 **2.2**%[63]
山口県司法書士会 **1.7**%[48]
岡山県司法書士会 **1.6**%[46]
鳥取県司法書士会 **0.5**%[14]
島根県司法書士会 **0.4**%[12]
香川県司法書士会 **1.1**%[32]
徳島県司法書士会 **0.7**%[20]
高知県司法書士会 **0.6**%[16]
愛媛県司法書士会 **0.8**%[22]
福岡県司法書士会 **3.9**%[112]
佐賀県司法書士会 **0.8**%[22]
長崎県司法書士会 **1.1**%[30]
大分県司法書士会 **0.9**%[26]
熊本県司法書士会 **1.2**%[35]
鹿児島県司法書士会 **1.7**%[47]
宮崎県司法書士会 **1.0**%[28]
沖縄県司法書士会 **1.1**%[32]
不明 **0.1**%[4]
無回答 **0.8**%[24]

0　　　　　100　　　　　200　　　　　300　　　　　400

配偶者の有無 〔回答数 2,848〕

答えたくない
3.7%
(105)
無
21.0%
(598)
無回答
0.8%(24)
有
74.5%
(2,121)

Face **7** **子どもの有無** 〔回答数 2,848〕

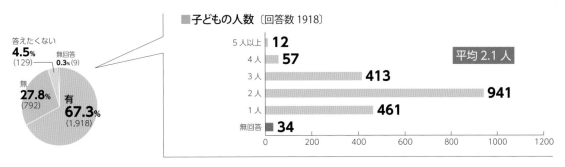

答えたくない
4.5%
(129)
無
27.8%
(792)
無回答
0.3%(9)
有
67.3%
(1,918)

■ 子どもの人数 〔回答数 1918〕

5人以上	**12**
4人	**57**
3人	**413**
2人	**941**
1人	**461**
無回答	**34**

平均 2.1 人

■ うち未成年者 〔回答数 1918〕

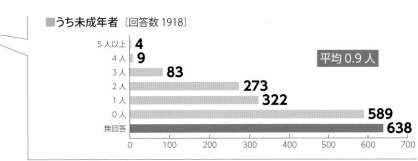

5人以上	**4**
4人	**9**
3人	**83**
2人	**273**
1人	**322**
0人	**589**
無回答	**638**

平均 0.9 人

Face **8** **日常的に介護を必要とする方の有無** 〔回答数 2,848〕

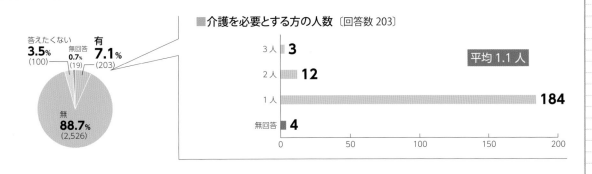

答えたくない
3.5%
(100)
無回答
0.7%
(19)
有
7.1%
(203)
無
88.7%
(2,526)

■ 介護を必要とする方の人数 〔回答数 203〕

3人	**3**
2人	**12**
1人	**184**
無回答	**4**

平均 1.1 人

Face❾ 司法書士となる資格事由とその取得時期

〔各数値回答：回答数 2,848〕

資格事由

① 国家試験合格

② 法務大臣認可

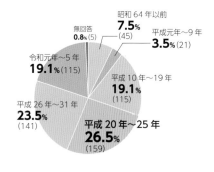

③ 法務局長認可

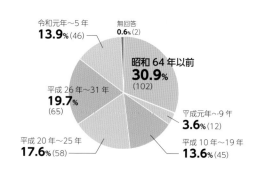

Face❿ 司法書士以外に行っている業務を教えてください。

〔複数回答可：回答数 2,848〕

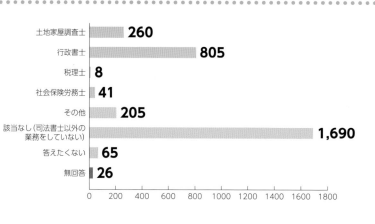

事務所の状況について

事務所所在地を管轄する家庭裁判所の最寄りの本庁、支部又は出張所までのおおよその移動距離と移動時間、その交通手段等についてお聞きします。 〔回答数 2,848〕

① 移動距離

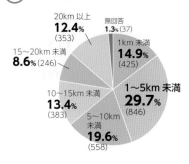

- 20km 以上 **12.4%**(353)
- 無回答 **1.3%**(37)
- 1km 未満 **14.9%**(425)
- 15〜20km 未満 **8.6%**(246)
- 1〜5km 未満 **29.7%**(846)
- 10〜15km 未満 **13.4%**(383)
- 5〜10km 未満 **19.6%**(558)

② 移動時間

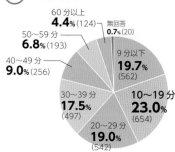

- 60 分以上 **4.4%**(124)
- 無回答 **0.7%**(20)
- 50〜59 分 **6.8%**(193)
- 9 分以下 **19.7%**(562)
- 40〜49 分 **9.0%**(256)
- 10〜19 分 **23.0%**(654)
- 30〜39 分 **17.5%**(497)
- 20〜29 分 **19.0%**(542)

③ 通常利用する主な交通手段等

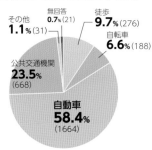

- その他 **1.1%**(31)
- 無回答 **0.7%**(21)
- 徒歩 **9.7%**(276)
- 自転車 **6.6%**(188)
- 公共交通機関 **23.5%**(668)
- 自動車 **58.4%**(1664)

Face **11** 自治体（市町村）の人口

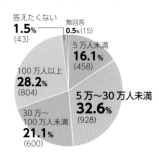

- 答えたくない **1.5%**(43)
- 無回答 **0.5%**(15)
- 5 万人未満 **16.1%**(458)
- 100 万人以上 **28.2%**(804)
- 5 万〜30 万人未満 **32.6%**(928)
- 30 万〜100 万人未満 **21.1%**(600)

　事務所所在地を管轄する家庭裁判所の最寄りの本庁、支部又は出張所までの移動距離は 1km 以上 5km 未満の会員が最も多く、50%以上の会員が 10km 内に事務所を置いている。

　逆に移動距離が 20km 以上ある会員は 12.4%である。移動時間は最も多い時間帯が 10 分から 19 分であり、61.7%の会員は移動時間 30 分内であるが、移動時間に 30 分以上要する会員は 37.7%であり、60 分以上要している会員は 4.4%である。家庭裁判所までの移動手段は、58.4%の会員が自動車を利用している。事務所所在地のある自治体の人口は、5 万〜30 万人未満と回答した者が 32.6%、30 万〜100 万人未満と回答した者が 21.1%、5 万人未満と回答した者が 16.1%、100 万人以上と回答した者が 28.2%であり、自治体の人口にかかわらず会員が存在していることがわかる。

業務の経験等について

下記の書類作成業務を受託したことや過去 10 年間で相談業務を行ったことがありますか。 〔各項目について A・B ごとに 1 つずつ○：回答数 2,848〕

　書類作成業務及び相談業務ともに行ったことがあると回答した者の割合が大きいものが遺言の作成支援（書類作成業務 80.6%、相談業務 79.5%）、相続放棄申述書の作成（書類作成業務：76.7%、相談業務：75.4%）、成年後見人等の選任申立書の作成（書類作成業務：63.6%、相談業務：66.7%）である。

　書類作成業務を受託したことがあると回答した者の割合及び相談業務を行ったことがあると回答した者の割合と、Question**4** の相談から受託に至る割合から判断すると、相談を受けた事件の多くは書類作成業務の受託に至っていると思われる（受託に至らない割合は約 7%［210/2,848］）。

　前回調査（司法書士白書 2014 年版 39 頁参照）と比較して、書類作成業務では、遺言の作成支援（77.4%から 80.6%に）、未成年後見監督人選任の申立書作成（1.5%から 1.7%に）、成年後見監督人・保佐監督人・補助監督人選任申立書の作成（11.4%から 12.4%に）、相続放棄申述書の作成（69.2%から 76.7%に）の 4 つの業務で、受託したことがあると回答した者の割合が増えている。

　相談業務では、遺言の作成支援（78.3%から 79.5%に）、相続放棄申述書の作成（71.4%から 75.4%に）の 2 つの業務で、受託したことがあると回答した者の割合が増えている。

① 書類作成業務

凡例：■ 受託したことがある　■ 受託したことはない　■ 無回答

項目	受託したことがある	受託したことはない	無回答
特別代理人選任申立書の作成	49.9%（1,422）	46.9%（1,337）	3.1%（89）
不在者財産管理人選任申立書の作成	34.2%（975）	62.2%（1,771）	3.6%（102）
相続財産管理人選任申立書の作成	34.3%（977）	61.9%（1,763）	3.8%（108）
相続財産清算人選任申立書の作成	11.9%（340）	82.5%（2,351）	5.5%（157）
遺言の作成支援	80.6%（2,296）	17.5%（499）	1.9%（53）
遺言執行者選任申立書の作成	28.7%（817）	67.3%（1,916）	4.0%（115）
未成年後見人選任申立書の作成	9.6%（272）	85.5%（2,436）	4.9%（140）
未成年後見監督人選任申立書の作成	1.7%（49）	92.9%（2,645）	5.4%（154）
成年後見人・保佐人・補助人選任申立書の作成	63.6%（1,811）	33.5%（954）	2.9%（83）
成年後見監督人・保佐監督人・補助監督人選任申立書の作成	12.4%（352）	82.7%（2,356）	4.9%（140）
相続放棄申述書の作成	76.7%（2,183）	21.6%（616）	1.7%（49）
限定承認申述書の作成	6.7%（191）	88.2%（2,511）	5.1%（146）
遺産分割調停申立書の作成	26.9%（767）	68.8%（1,959）	4.3%（122）
夫婦関係等調整調停申立書の作成	7.2%（206）	87.9%（2,504）	4.8%（138）
離婚後の紛争調停申立書の作成	5.7%（163）	89.1%（2,537）	5.2%（148）

（横軸：0／25／50／75／100(%)）

② 相談業務

凡例：■ 受託したことがある　■ 受託したことはない　■ 無回答

項目	受託したことがある	受託したことはない	無回答
特別代理人選任申立書の作成	51.0%（1,452）	41.7%（1,189）	7.3%（207）
不在者財産管理人選任申立書の作成	42.7%（1,215）	49.6%（1,414）	7.7%（219）
相続財産管理人選任申立書の作成	41.0%（1,167）	51.3%（1,461）	7.7%（220）
相続財産清算人選任申立書の作成	17.7%（503）	73.6%（2,096）	8.7%（249）
遺言の作成支援	79.5%（2,264）	14.2%（405）	6.3%（179）
遺言執行者選任申立書の作成	33.1%（942）	59.1%（1,682）	7.9%（224）
未成年後見人選任申立書の作成	14.6%（416）	77.7%（2,213）	7.7%（219）
未成年後見監督人選任申立書の作成	3.9%（112）	88.1%（2,510）	7.9%（226）
成年後見人・保佐人・補助人選任申立書の作成	66.7%（1,900）	26.7%（759）	6.6%（189）
成年後見監督人・保佐監督人・補助監督人選任申立書の作成	17.8%（508）	74.4%（2,119）	7.8%（221）
相続放棄申述書の作成	75.4%（2,147）	18.0%（514）	6.6%（187）
限定承認申述書の作成	20.3%（578）	71.9%（2,048）	7.8%（222）
遺産分割調停申立書の作成	38.4%（1,095）	54.3%（1,547）	7.2%（206）
夫婦関係等調整調停申立書の作成	18.4%（524）	74.1%（2,109）	7.5%（215）
離婚後の紛争調停申立書の作成	17.0%（485）	75.4%（2,148）	7.5%（215）

（横軸：0／25／50／75／100(%)）

下の図は、Question 2 の業務の各項目について、「書類作成業務を受託したことがある」、「相談業務を受託したことがある」と回答した者の割合と Face 4 の簡裁代理権認定の有無をクロス集計した結果を示したものである。

すべての項目において、簡裁代理権があると回答した者の方が、書類作成業務や相談業務を受託したことが多いという結果が出ている。

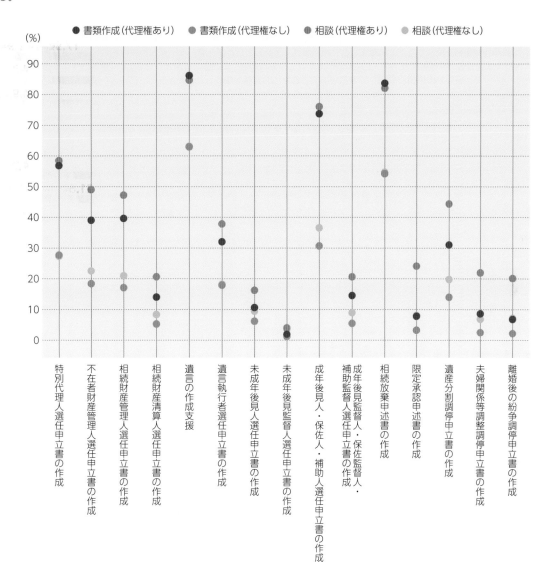

● 書類作成（代理権あり）　● 書類作成（代理権なし）　● 相談（代理権あり）　● 相談（代理権なし）

（縦軸：％　0〜90）

項目：特別代理人選任申立書の作成／不在者財産管理人選任申立書の作成／相続財産管理人選任申立書の作成／相続財産清算人選任申立書の作成／遺言の作成支援／遺言執行者選任申立書の作成／未成年後見人選任申立書の作成／未成年後見監督人選任申立書の作成／成年後見人・保佐人・補助人選任申立書の作成／成年後見監督人・保佐監督人・補助監督人選任申立書の作成／相続放棄申述書の作成／限定承認申述書の作成／遺産分割調停申立書の作成／夫婦関係等調整調停申立書の作成／離婚後の紛争調停申立書の作成

クロス集計 Q2×F11人口

　下の図は、Question 2 の業務の各項目について、「書類作成業務を受託したことがある」、「相談業務を受託したことがある」と回答した者の割合と Face 11 の事務所所在地の人口をクロス集計した結果のうち、事務所所在地の人口が５万人未満と回答した者と事務所所在地の人口が 100 万人以上と回答した者について、示したものである。

　「書類作成業務を受託したことがある」と回答した業務の割合について、事務所所在地の人口が５万人未満の者と事務所所在地の人口が 100 万人以上の者を比較したときに、10％以上の開きがあるのは、「不在者財産管理人選任申立書の作成」、「相続財産管理人選任申立書の作成」、「遺産分割調停申立書の作成」である。「相談業務を受託したことがある」と回答した業務の割合について、10％以上の開きがあるのは、先に記載した項目に加え、「相続財産清算人選任申立書の作成」である。

　一方、「書類作成業務を受託したことがある」と「相談業務を受託したことがある」と回答した者の割合について、事務所所在地の人口が５万人未満の者と事務所所在地の人口が 100 万人以上の者を比較したときに、差がないのは、「遺言の作成支援（公正証書の証人を含む）」と「相続放棄申述書の作成」の業務である。これらの業務を受託したことがあると回答した者の割合は、すべての項目で 70％を超えている。

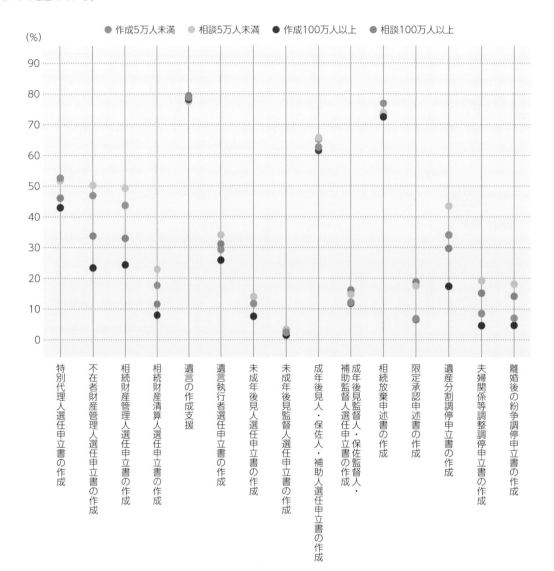

Question 2 での業務の受託又は相談を受けるきっかけには、
どのようなものがありますか。

〔複数回答可：回答数 2,848〕

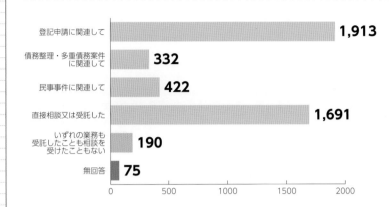

Question 2 での業務を受託又は相談を受けるきっかけは、登記申請に関連してのものが最も多く、回答数延べ 4,623 件の内 1,913 件と 41.4％である。次いで Question 2 に記載の業務について直接受託又は相談を受けたものが、1,691 件と 36.6％である。債務整理・多重債務案件又は民事事件が受託又は相談を受けるきっかけになる割合は 754 件であり 16.3％である。

 Question 2 で相談業務を行ったことのある業務について、
相談から受託に至る割合は何割程度ですか。

〔1 つに○：回答数 2,848〕

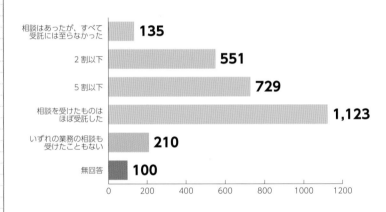

Question 2 で相談業務を受託したことがあると回答した業務について、相談を受けたものはほぼ受託したという割合は 39.4％（1,123/2,848）である。逆に相談を受けたが事件の受託に至らなかったものは 4.7％（135/2,848）である。

3

4

Question 5

💬 **下記の業務について、過去10年間に、選任等されて業務を遂行した経験の有無を お答えください。経験がある場合は、選任された経緯についてもお答えください。**

※選任等の経緯は当該業務を複数回遂行した経験があり、選任等の経緯が複数ある場合には、該当するものすべてに○

　選任された経験のある業務は多い順に5つあげると、⑧成年後見人・保佐人・補助人（49.0％）、⑤遺言執行者（35.4％）、③相続財産管理人（23.9％）、①特別代理人（23.7％）、②不在者財産管理人（23.7％）である。

　特別代理人、不在者財産管理人、相続財産管理人、相続財産清算人、未成年後見人の選任の経緯は、依頼者の求めに応じて選任申立書を作成支援した司法書士が申立書に候補者として自身を記載したものが多く、遺言執行者の選任の経緯は、遺言者の求めに応じて遺言書を作成支援した司法書士が遺言執行者に指定されたものが多い。

　成年後見人・保佐人・補助人の選任の経緯は、依頼者の求めに応じて選任申立書を作成支援した司法書士が申立書に候補者として自身を記載したものと、LSからの推薦にて就任する場合が多く、拮抗している。

　成年後見監督人・保佐監督人・補助監督人の選任の経緯は、LSからの推薦が多い。

　特別代理人選任申立書の作成を受託したことがあるのは49.9％であるのに対し（Question 2）、選任された経験があるのは23.7％であることから、自身を候補者として記載していない事例も多いと思われる。

　遺言の作成支援を受託したことがある割合（80.6％）と遺言執行者に選任された経験の割合（35.4％）からも、遺言者から遺言執行者に指定されない場合も多いと思われる。

① 特別代理人

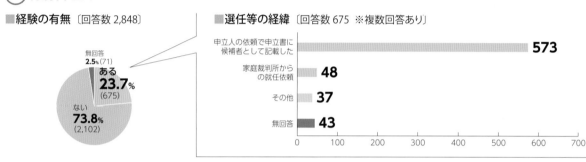

② 不在者財産管理人

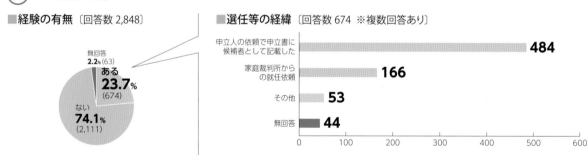

③ 相続財産管理人

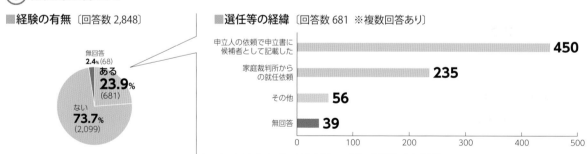

④ 相続財産清算人

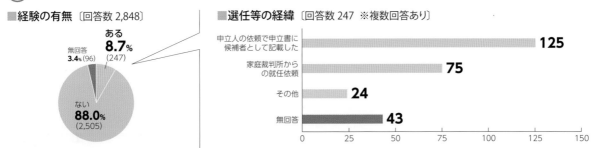

■経験の有無〔回答数 2,848〕

- 無回答 3.4%(96)
- ある 8.7%(247)
- ない 88.0%(2,505)

■選任等の経緯〔回答数 247 ※複数回答あり〕

- 申立人の依頼で申立書に候補者として記載した: 125
- 家庭裁判所からの就任依頼: 75
- その他: 24
- 無回答: 43

⑤ 遺言執行者

■経験の有無〔回答数 2,848〕

- 無回答 2.2%(64)
- ある 35.4%(1,009)
- ない 62.3%(1,775)

■選任等の経緯〔回答数 1,009 ※複数回答あり〕

- 申立人の依頼で申立書に候補者として記載した: 439
- 遺言者の依頼により遺言書で指定を受けた: 683
- 家庭裁判所からの就任依頼: 17
- その他: 22
- 無回答: 47

⑥ 未成年後見人

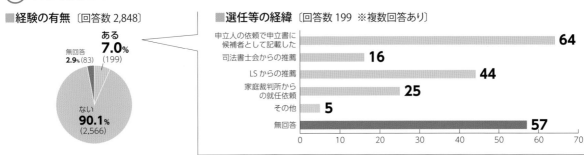

■経験の有無〔回答数 2,848〕

- ある 7.0%(199)
- 無回答 2.9%(83)
- ない 90.1%(2,566)

■選任等の経緯〔回答数 199 ※複数回答あり〕

- 申立人の依頼で申立書に候補者として記載した: 64
- 司法書士会からの推薦: 16
- LSからの推薦: 44
- 家庭裁判所からの就任依頼: 25
- その他: 5
- 無回答: 57

⑦ 未成年後見監督人

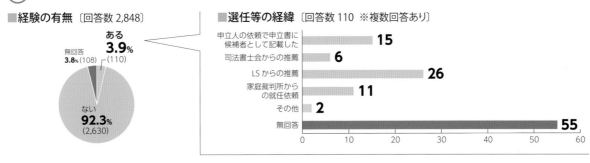

■経験の有無〔回答数 2,848〕

- ある 3.9%(110)
- 無回答 3.8%(108)
- ない 92.3%(2,630)

■選任等の経緯〔回答数 110 ※複数回答あり〕

- 申立人の依頼で申立書に候補者として記載した: 15
- 司法書士会からの推薦: 6
- LSからの推薦: 26
- 家庭裁判所からの就任依頼: 11
- その他: 2
- 無回答: 55

⑧ 成年後見人・保佐人・補助人

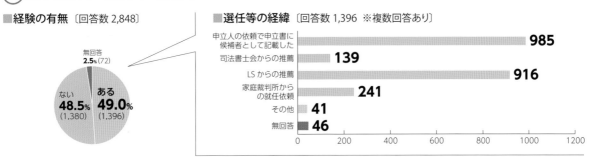

■経験の有無〔回答数 2,848〕

- 無回答 2.5%(72)
- ない 48.5%(1,380)
- ある 49.0%(1,396)

■選任等の経緯〔回答数 1,396 ※複数回答あり〕

- 申立人の依頼で申立書に候補者として記載した: 985
- 司法書士会からの推薦: 139
- LSからの推薦: 916
- 家庭裁判所からの就任依頼: 241
- その他: 41
- 無回答: 46

⑨ 成年後見監督人・保佐監督人・補助監督人

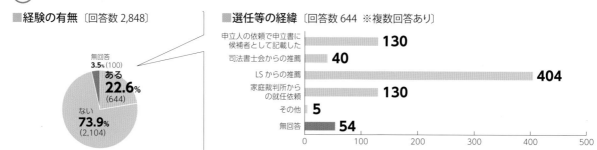

■経験の有無〔回答数 2,848〕

無回答 3.5%（100）
ある 22.6%（644）
ない 73.9%（2,104）

■選任等の経緯〔回答数 644　※複数回答あり〕

申立人の依頼で申立書に候補者として記載した	130
司法書士会からの推薦	40
LS からの推薦	404
家庭裁判所からの就任依頼	130
その他	5
無回答	54

⑩ 家事調停委員

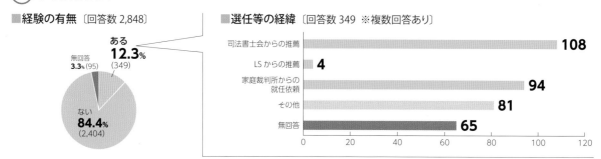

■経験の有無〔回答数 2,848〕

無回答 3.3%（95）
ある 12.3%（349）
ない 84.4%（2,404）

■選任等の経緯〔回答数 349　※複数回答あり〕

司法書士会からの推薦	108
LS からの推薦	4
家庭裁判所からの就任依頼	94
その他	81
無回答	65

⑪ 参与員

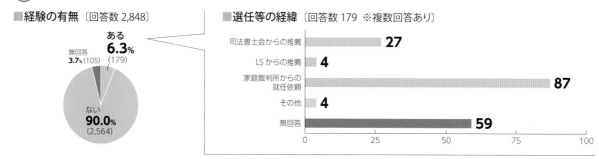

■経験の有無〔回答数 2,848〕

無回答 3.7%（105）
ある 6.3%（179）
ない 90.0%（2,564）

■選任等の経緯〔回答数 179　※複数回答あり〕

司法書士会からの推薦	27
LS からの推薦	4
家庭裁判所からの就任依頼	87
その他	4
無回答	59

⑫ 付添人

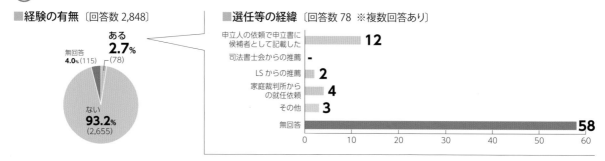

■経験の有無〔回答数 2,848〕

無回答 4.0%（115）
ある 2.7%（78）
ない 93.2%（2,655）

■選任等の経緯〔回答数 78　※複数回答あり〕

申立人の依頼で申立書に候補者として記載した	12
司法書士会からの推薦	-
LS からの推薦	2
家庭裁判所からの就任依頼	4
その他	3
無回答	58

下記の業務を遂行したのは、
昨年1年間でおおよそ何日程度ですか。

〔各数値回答：回答数 2,848〕

※わずかな時間でも業務を行った場合は「1日」と数える。昨年途中に入会した方は、数値を「1年間」に換算

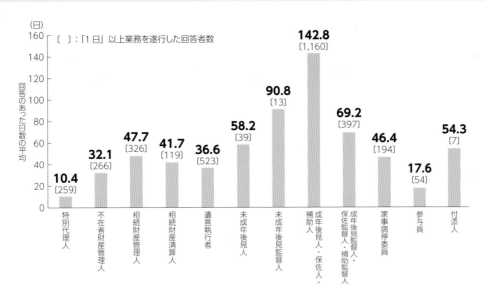

　上記グラフは各業務への昨年1年間の関与実数（業務を遂行した会員数）とその年間平均日数を表している。40.7%の会員（回答者数 2,848 人中 1,160 人）が成年後見人等の後見業務を行い、その年間平均業務日数は 142.8 日にもなる。前回調査では過去 1 年間に成年後見人等の後見業務を行った会員の年間平均業務日数は 105.7 日であったが、今回の調査で業務を行ったと回答した会員の年間平均業務日数は 142.8 日と約 35%増加している。また、未成年後見監督人の年間平均業務日数は前回調査の約 2 倍となる 90.8 日、付添人の年間平均業務日数は前回調査の 10 倍以上となる 54.3 日となった。

 下記の業務について現在就任中の件数、
過去10年間に就任した総件数をお答えください。

〔各数値回答：回答数 2,848〕

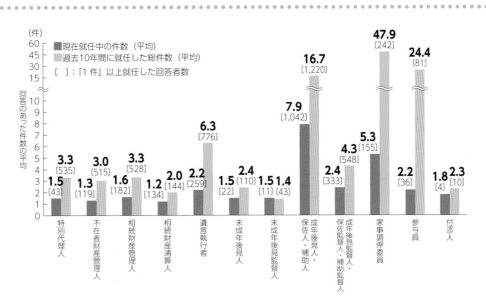

　上記グラフは各業務への就任について「1」件以上と回答した会員数、当該会員の現在就任中の件数と過去 10 年間に就任した総件数の平均値である。従って全会員の平均値ではないが、現在就任中の件数は「成年後見人・保佐人・補助人」が平均 7.9 件で最も多く、過去 10 年間に就任した総件数は「家事調停委員」が平均 47.9 件と突出して多い結果となった。前回調査と比較すると、現在就任中の件数については「成年後見人・保佐人・補助人」が前回平均 5.3 件から今回平均 7.9 件と、他の業務に比べ大幅に増加している。なお前回調査では家事調停委員・参与員は調査対象としていない。

クロス集計 Q7×F2 年齢

下の図は、Question7 で「現在就任中である」と回答した業務と回答者の年齢をクロス集計した結果を示したものである。

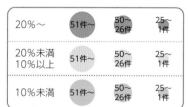

年齢	特別代理人	不在者財産管理人	相続財産管理人	相続財産清算人	遺言執行者	未成年後見人	未成年後見監督人	成年後見人・保佐人・補助人	成年後見監督人・保佐監督人・補助監督人	家事調停委員	参与員	付添人
80 歳以上	4	2	4	1	11	1		13	3			
75～79 歳		10	8	11	25	1	1	48	16	1	2	
70～74 歳	6	7	14	4	22			70	24	7		
65～69 歳	5	12	17	13	33	1		100	35	29	8	2
60～64 歳	4	11	22	9	30	5	1	108	33	27	6	
55～59 歳	4	16	14	14	18	2	3	110	37	25	3	
50～54 歳	3	15	28	22	39	1		168	63	35	7	
45～49 歳	3	20	42	37	37	2	3	197	68	22	3	1
40～44 歳	6	13	17	14	19	1		115	29	4		
35～39 歳	4	11	12	8	18	2	1	71	16	3		
30～34 歳	4	2	2		4			26	4			1
25～29 歳					1			2				
24 歳以下												

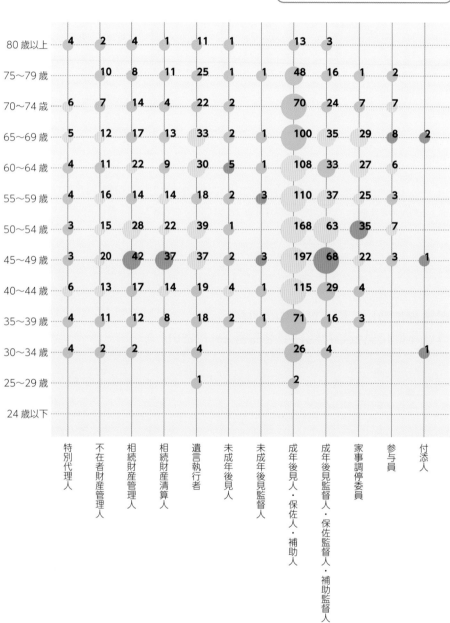

クロス集計 ## Q7×F3 司法書士登録年数

▌ 下の図は、Question7 で「現在就任中である」と回答した業務と回答者の司法書士登録年数をクロス集計した結果を示したものである。

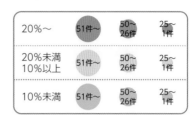

	51件～	50～26件	25～1件
20%～			
20%未満 10%以上			
10%未満			

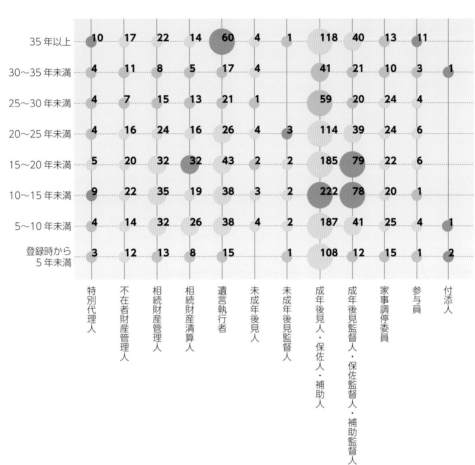

	特別代理人	不在者財産管理人	相続財産管理人	相続財産清算人	遺言執行者	未成年後見人	未成年後見監督人	成年後見人・保佐人・補助人	成年後見監督人・保佐監督人・補助監督人	家事調停委員	参与員	付添人
35年以上	10	17	22	14	60	4	1	118	40	13	11	
30～35年未満	4	11	8	5	17	4		41	21	10	3	1
25～30年未満	4	7	15	13	21	1		59	20	24	4	
20～25年未満	4	16	24	16	26	4	3	114	39	24	6	
15～20年未満	5	20	32	32	43	2	2	185	79	22	6	
10～15年未満	9	22	35	19	38	3	2	222	78	20	1	
5～10年未満	4	14	32	26	38	4	2	187	41	25		1
登録時から5年未満	3	12	13	8	15		1	108	12	15	1	2

Question 8

収入に対する「登記」「民事事件」「家事事件」「その他」の割合は、おおよそどの程度ですか。

〔各数値回答：回答数 2,848〕

※登記（不動産登記、商業・法人登記、その他登記全般）、民事事件（書類作成業務、簡裁代理業務、一般民事事件、多重債務問題及び消費者問題すべて含む）、家事事件（書類作成業務、後見人等への就任すべて含む）、その他（上記に含まれない業務）

■登記　■民事事件　▨家事事件　▨その他

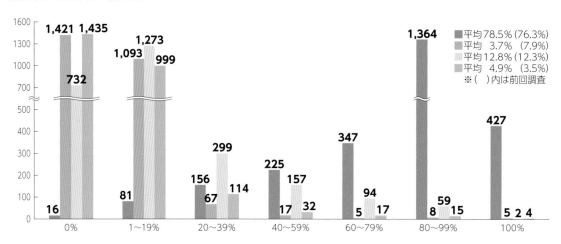

平均78.5%（76.3%）
平均 3.7%（7.9%）
平均12.8%（12.3%）
平均 4.9%（3.5%）
※（ ）内は前回調査

上記のグラフは収入に占める「登記」「民事事件」「家事事件」「その他」の割合である。登記が平均78.5%を占めており司法書士業務の中核であることが分かる。前回調査では、民事事件の割合が平均7.9%だったのに対し今回の調査では平均3.7%と半減している。一方で、登記業務及びその他の業務の割合が微増する結果となった。

業務の依頼に対する対応について

今後の下記の業務に対する受託のご意向についてお答えください。 〔各1つずつ○：回答数 2,848〕

凡例：
- 積極的に受託したい
- できれば受託したくない
- 無回答
- 依頼があれば受託したい
- わからない

業務	積極的に受託したい	依頼があれば受託したい	できれば受託したくない	わからない	無回答
特別代理人選任申立書の作成	13.8%(394)	54.4%(1,548)	19.1%(544)	10.5%(300)	2.2%(62)
不在者財産管理人選任申立書の作成	12.8%(364)	50.3%(1,433)	23.2%(661)	11.2%(320)	2.5%(70)
相続財産管理人選任申立書の作成	12.6%(359)	49.8%(1,417)	23.2%(661)	11.7%(333)	2.7%(78)
相続財産清算人選任申立書の作成	12.6%(359)	47.1%(1,341)	24.9%(710)	12.9%(366)	2.5%(72)
遺言の作成支援	33.9%(966)	47.4%(1,350)	10.8%(308)	5.9%(169)	1.9%(55)
遺言執行者選任申立書の作成	18.0%(514)	51.2%(1,458)	18.9%(538)	9.5%(270)	2.4%(68)
未成年後見人選任申立書の作成	9.6%(274)	42.3%(1,204)	31.6%(900)	13.9%(395)	2.6%(75)
未成年後見監督人選任申立書の作成	9.0%(255)	41.5%(1,182)	32.5%(925)	14.3%(408)	2.7%(78)
成年後見人・保佐人・補助人選任申立書の作成	18.6%(529)	44.1%(1,256)	25.5%(725)	9.5%(271)	2.4%(67)
成年後見監督人・保佐監督人・補助監督人選任申立書の作成	14.6%(415)	42.6%(1,213)	28.5%(812)	11.5%(328)	2.8%(80)
相続放棄申述書の作成	29.2%(833)	50.5%(1,439)	12.1%(345)	6.1%(175)	2.0%(56)
限定承認申述書の作成	9.6%(272)	36.7%(1,045)	38.0%(1,083)	13.1%(373)	2.6%(75)
遺産分割調停申立書の作成	12.3%(351)	42.7%(1,215)	31.1%(887)	11.4%(325)	2.5%(70)
夫婦関係等調整調停申立書の作成	7.1%(203)	28.7%(817)	47.5%(1,353)	14.2%(405)	2.5%(70)
離婚後の紛争調停申立書の作成	6.9%(196)	27.1%(771)	48.7%(1,387)	14.6%(417)	2.7%(77)

上記のグラフは、各業務の受託に対する意向を表している。「積極的に受託したい」「依頼があれば受託したい」と回答した会員数の合計は遺言の作成支援（81.3%）、相続放棄申述書の作成（79.7%）が多い。一方で、相手方がある離婚等の別表第二の事件（旧乙類事件）は「できれば受託したくない」との消極的な回答が積極的な回答を上回ることも特徴的である。

今後の下記の業務に対する就任のご意向についてお答えください。 〔各1つずつ○：回答数 2,848〕

凡例：
- 機会があれば積極的に就任したい
- できれば就任したくない
- 無回答
- 依頼・推薦があれば就任したい
- わからない

業務	機会があれば積極的に就任したい	依頼・推薦があれば就任したい	できれば就任したくない	わからない	無回答
特別代理人	14.5%(414)	39.2%(1,116)	32.7%(931)	11.3%(322)	2.3%(65)
不在者財産管理人	13.7%(391)	35.5%(1,010)	37.9%(1,078)	10.8%(307)	2.2%(62)
相続財産管理人	13.8%(394)	34.6%(986)	37.9%(1,078)	11.1%(315)	2.6%(75)
相続財産清算人	13.2%(375)	32.9%(937)	39.6%(1,127)	11.9%(340)	2.4%(69)
遺言執行者	18.6%(531)	37.0%(1,055)	33.4%(951)	8.7%(248)	2.2%(63)
未成年後見人	7.5%(215)	20.2%(576)	56.6%(1,611)	13.1%(374)	2.5%(72)
未成年後見監督人	6.5%(185)	20.3%(579)	57.0%(1,622)	13.6%(386)	2.7%(76)
成年後見人・保佐人・補助人	14.0%(400)	27.6%(787)	46.0%(1,311)	10.0%(284)	2.3%(66)
成年後見監督人・保佐監督人・補助監督人	10.1%(288)	25.0%(711)	50.8%(1,448)	11.6%(330)	2.5%(71)
家事調停委員	8.8%(250)	20.3%(579)	50.8%(1,446)	16.7%(475)	3.4%(98)
参与員	6.7%(191)	18.2%(518)	51.8%(1,475)	19.7%(561)	3.6%(103)
付添人	5.2%(148)	17.1%(488)	53.0%(1,509)	21.3%(608)	3.3%(95)

上記グラフは各業務への就任の意向を表している。登記業務に密接関連する遺言執行者や特別代理人、財産管理人等への就任の意向は積極的である。一方で、今回の調査で「できれば就任したくない」と回答した会員の割合は全業務において前回の調査結果を上回る数字となった。なお前回調査では相続財産清算人は調査対象としていない。

クロス集計 Q9×F2 年齢

下の図は、Question9 で「積極的に受託したい」と回答した業務と回答者の年齢をクロス集計した結果を示したものである。

凡例:

	51件~	50~26件	25~1件
20%~	●	●	・
20%未満 10%以上	●	●	・
10%未満	●	●	・

年齢	特別代理人選任申立書の作成	不在者財産管理人選任申立書の作成	相続財産管理人選任申立書の作成	相続財産清算人選任申立書の作成	遺言の作成支援	遺言執行者選任申立書の作成	未成年後見人選任申立書の作成	未成年後見監督人選任申立書の作成	成年後見人・保佐人・補助人選任申立書の作成	成年後見監督人・保佐監督人・補助監督人選任申立書の作成	相続放棄申述書の作成	限定承認申述書の作成	遺産分割調停申立書の作成	夫婦関係等調整調停申立書の作成	離婚後の紛争調停申立書の作成
80歳以上	9	10	8	8	35	20	7	6	13	10	26	9	15	10	8
75~79歳	18	20	19	18	49	29	10	10	21	19	40	15	28	17	16
70~74歳	20	16	16	16	63	32	11	10	22	20	50	18	29	8	8
65~69歳	32	31	30	28	95	52	18	16	47	39	83	24	34	20	19
60~64歳	29	24	25	24	68	33	17	18	37	26	62	20	29	18	18
55~59歳	41	39	38	40	96	53	31	28	63	45	85	28	37	23	23
50~54歳	57	47	49	49	145	61	31	28	87	65	131	32	41	22	20
45~49歳	66	68	67	65	158	93	59	51	94	76	146	46	51	27	25
40~44歳	64	57	57	59	116	67	41	42	67	57	97	35	43	31	32
35~39歳	36	32	29	30	83	43	29	26	45	33	68	26	25	13	13
30~34歳	12	11	11	11	33	19	10	10	19	12	27	10	9	7	7
25~29歳	4	4	5	6	8	5	5	5	6	6	7	5	4	3	3
24歳以下	1	1	1	1	1	1	1	1	1	1	1	1	1	1	1

Q9×F3 司法書士登録年数

下の図は、Question 9 で「積極的に受託したい」と回答した業務と回答者の司法書士登録年数をクロス集計した結果を示したものである。

	20%～	51件～	50～26件	25～1件
20%未満 10%以上	51件～	50～26件	25～1件	
10%未満	51件～	50～26件	25～1件	

	特別代理人選任申立書の作成	不在者財産管理人選任申立書の作成	相続財産管理人選任申立書の作成	相続財産清算人選任申立書の作成	遺言の作成支援	遺言執行者選任申立書の作成	未成年後見人選任申立書の作成	未成年後見監督人選任申立書の作成	成年後見人・保佐人・補助人選任申立書の作成	成年後見監督人・保佐監督人・補助監督人選任申立書の作成	相続放棄申述書の作成	限定承認申述書の作成	遺産分割調停申立書の作成	夫婦関係等調整調停申立書の作成	離婚後の紛争調停申立書の作成
35年以上	44	43	40	38	120	73	27	24	52	43	104	35	60	32	30
30～35年未満	22	21	22	23	46	32	15	15	26	24	43	21	25	18	16
25～30年未満	19	16	16	17	64	35	12	12	22	21	49	17	20	10	11
20～25年未満	43	37	35	35	92	47	24	21	47	39	82	21	34	22	23
15～20年未満	62	59	58	54	136	71	31	28	84	65	114	26	38	14	14
10～15年未満	65	56	58	61	156	85	44	45	97	72	140	43	51	22	21
5～10年未満	68	66	66	66	179	92	57	53	103	74	162	50	57	40	37
登録時から5年未満	66	61	59	60	161	74	61	54	93	72	132	56	61	42	41

LS について LS…公益社団法人成年後見センター・リーガルサポート

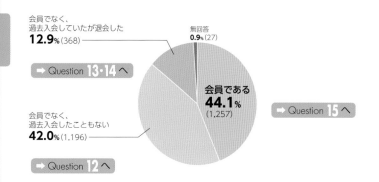

Question 11

LSの会員ですか。

〔1つに○：回答数 2,848〕

会員でなく、
過去入会していたが退会した
12.9%(368)
➡ Question **13・14** へ

無回答
0.9%(27)

会員である
44.1%
(1,257)
➡ Question **15** へ

会員でなく、
過去入会したこともない
42.0%(1,196)
➡ Question **12** へ

LSの「会員である」との回答が44.1%、LSの「会員ではない」（「会員でなく、過去入会したこともない」「会員でなく、過去入会していたが退会した」）の回答の合計が54.9%であり、「会員ではない」の回答が半数を超える結果となった。

Question 12

Question 11 で「会員でなく、過去入会したこともない」と回答された方にお聞きします。LSに入会しない理由は何ですか。

〔複数回答可：回答数 1,196〕

理由	回答数
特に理由はない	454
成年後見業務に関心がない	319
入会するメリットが感じられない	200
会費の負担	132
LSへの業務報告の負担	186
その他	193
無回答	10

回答数1,196のうち、入会しない理由として「特に理由はない」との回答が454と全体の38.0%を占めた。「特に理由はない」という回答の解釈は様々考えられるが、入会を検討したことがそもそもない、というところだろうか。
「成年後見業務に関心がない」との回答319と、「特に理由はない」との回答を合わせると773となり、会員でなく、過去入会したこともないと回答した者の64.6%の回答者が、成年後見業務に対する興味・関心をもっていないという結果となった。

Question 13

Question 11 で「会員でなく、過去入会していたが退会した」と回答された方にお聞きします。LSを退会した理由は何ですか。

〔複数回答可：回答数 368〕

理由	回答数
特に理由はない	23
成年後見業務に関心が無くなった	54
入会しているメリットを感じられなかった	93
会費の負担	82
LSへの業務報告の負担	108
成年後見業務を行う予定がなくなった	93
除名された	4
その他	100
無回答	7

「LSへの業務報告の負担」との回答が108で一番多く、「入会しているメリットを感じられなかった」が93、「成年後見業務を行う予定がなくなった」も同じく93、次いで「会費の負担」が82であった。退会理由は「LSへの業務報告の負担」と「会費の負担」という「負担」を理由としたものと、「入会しているメリットを感じられなかった」「成年後見業務を行う予定がなくなった」「成年後見業務に関心が無くなった」との、今後成年後見業務を行う見込みのなくなったものの2つに分類できる。
その他の回答には、高齢となったこと、LSの方針に賛同できない、事件の配てんについての不満、勤務先の事務所の方針で後見業務を行わないというものが多かった。

Question 11 で「会員でなく、過去入会していたが退会した」と回答された方にお聞きします。LS を退会したのはいつですか。

〔数値回答：回答数 368〕

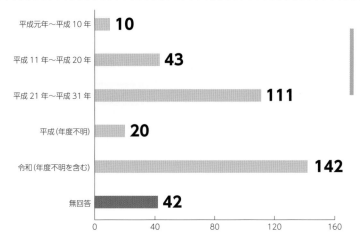

平成元年～平成10年	10
平成11年～平成20年	43
平成21年～平成31年	111
平成(年度不明)	20
令和(年度不明を含む)	142
無回答	42

LS を退会した 368 のうち、平成 21 年から平成 31 年に退会した者が 111、令和元年以降の退会者が 142 であり、平成 21 年以降の退会者合計は 253 であり、退会者の68.8%を占めている。

Question 11 で「会員である」と回答された方にお聞きします。成年後見業務を行うに当たって、LS 以外の団体に加入していますか。

〔1 つに○：回答数 1,257〕

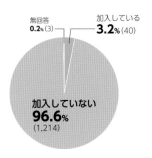

無回答
0.2% (3)
加入している
3.2% (40)
加入していない
96.6%
(1,214)

予想のとおり回答者の 96.6%が LS 以外の団体には参加していない結果となったが、回答者の 3.2%、40 名が、LS 以外の団体に加入して成年後見業務を行っており、具体的にはそれぞれの地域に設立された NPO 法人や一般社団法人などが参加団体として挙げられていた。今後、成年後見業務を行うにあたり、LS 以外の関与ルートがさらに広がる可能性が感じられる結果となった。

業務に対する印象について

下記の業務に対する印象をお聞かせください。

〔各1つずつ○：回答数 2,848〕

凡例：
- 知的・技術的難易度が高いと思う
- 社会的意義が大きいと思う
- 収益性が高いと思う
- わからない
- 無回答

業務	知的・技術的難易度が高いと思う	社会的意義が大きいと思う	収益性が高いと思う	わからない	無回答
特別代理人	13.2%(376)	49.8%(1,417)	2.0%(58)	32.4%(922)	2.6%(75)
不在者財産管理人	24.5%(698)	48.0%(1,366)	1.7%(47)	23.8%(677)	2.1%(60)
相続財産管理人	28.8%(819)	43.8%(1,247)	3.2%(91)	21.9%(625)	2.3%(66)
相続財産清算人	29.8%(848)	39.9%(1,137)	2.5%(70)	25.6%(730)	2.2%(63)
遺言執行者	24.1%(687)	39.7%(1,131)	13.9%(397)	20.2%(575)	2.0%(58)
未成年後見人	17.1%(487)	55.2%(1,573)	0.2%(5)	25.2%(718)	2.3%(65)
未成年後見監督人	16.3%(463)	53.5%(1,523)	0.4%(11)	27.5%(784)	2.4%(67)
成年後見人・保佐人・補助人	16.1%(458)	62.1%(1,769)	0.9%(26)	18.7%(532)	2.2%(63)
成年後見監督人・保佐監督人・補助監督人	15.8%(450)	57.6%(1,641)	1.1%(32)	23.0%(656)	2.4%(69)
家事調停委員	24.6%(702)	44.8%(1,276)	0.1%(2)	28.2%(804)	2.2%(64)
参与員	18.1%(516)	40.1%(1,141)	0.0%(1)	39.3%(1,118)	2.5%(72)
付添人	13.3%(379)	39.6%(1,128)	0.2%(6)	44.3%(1,262)	2.6%(73)

　付添人を除くすべての業務について「社会的意義が大きい」の回答が一番多く、「収益性が高いと思う」の回答が遺言執行者の13.9%を除き、非常に低い結果となっている。これらの傾向は前回調査（司法書士白書2014年版47頁参照）と同様であるが、「知的・技術的難易度が高いと思う」と回答した割合は、特別代理人（11.4%から13.2%に）、不在者財産管理人（22.1%から24.5%に）、未成年後見人（15.6%から17.1%に）、未成年後見監督人（13.9%から16.3%に）、成年後見人・保佐人・補助人（15.9%から16.1%に）、成年後見監督人・保佐監督人・補助監督人（15.2%から15.8%に）、付添人（10.3%から13.3%に）の7つの業務で増加している。

🔍 **下記の業務に対する印象をお聞かせください。**

〔各1つずつ○：回答数2,848〕

凡例：
■ 知的・技術的難易度が高いと思う　■ 収益性が高いと思う　■ 無回答
■ 社会的意義が大きいと思う　■ わからない

業務	知的・技術的難易度が高いと思う	社会的意義が大きいと思う	収益性が高いと思う	わからない	無回答
特別代理人選任申立書の作成	13.7%(390)	52.0%(1,482)	3.3%(95)	27.4%(781)	3.5%(100)
不在者財産管理人選任申立書の作成	18.5%(528)	51.2%(1,458)	2.5%(70)	24.4%(696)	3.4%(96)
相続財産管理人選任申立書の作成	19.5%(555)	50.0%(1,425)	3.0%(85)	24.1%(685)	3.4%(98)
相続財産清算人選任申立書の作成	19.9%(566)	47.5%(1,353)	2.5%(70)	26.6%(757)	3.6%(102)
遺言の作成支援	17.1%(488)	54.4%(1,549)	9.3%(265)	15.9%(452)	3.3%(94)
遺言執行者選任申立書の作成	12.1%(345)	53.9%(1,536)	5.0%(143)	25.3%(720)	3.7%(104)
未成年後見人選任申立書の作成	13.2%(375)	55.7%(1,585)	1.2%(34)	26.4%(751)	3.6%(103)
未成年後見監督人選任申立書の作成	12.8%(364)	54.9%(1,563)	1.3%(36)	27.4%(779)	3.7%(106)
成年後見人・保佐人・補助人選任申立書の作成	13.2%(376)	60.5%(1,723)	2.4%(69)	20.3%(579)	3.5%(101)
成年後見監督人・保佐監督人・補助監督人選任申立書の作成	12.3%(350)	57.5%(1,639)	1.9%(54)	24.4%(694)	3.9%(111)
相続放棄申述書の作成	11.2%(319)	58.6%(1,668)	7.3%(209)	19.6%(558)	3.3%(94)
限定承認申述書の作成	28.2%(802)	39.1%(1,114)	1.7%(47)	27.4%(780)	3.7%(105)
遺産分割調停申立書の作成	23.1%(659)	45.6%(1,299)	2.2%(64)	25.4%(723)	3.6%(103)
夫婦関係等調整調停申立書の作成	25.8%(734)	38.0%(1,083)	0.9%(27)	31.6%(900)	3.7%(104)
離婚後の紛争調停申立書の作成	27.4%(780)	36.8%(1,048)	0.9%(25)	31.2%(889)	3.7%(106)

横軸：0　25　50　75　100(%)

　いずれの業務も「社会的意義が大きい」の回答が一番多く、「収益性が高いと思う」の回答が10%以下の非常に低い結果となっている。これらの傾向は前回調査（司法書士白書2014年版48頁参照）と同様であるが、「知的・技術的難易度が高いと思う」と回答した割合は、遺産分割調停申立書の作成（23.8%から23.1%）及び夫婦関係等調整調停申立書の作成（26.1%から25.8%）の2つの業務で減少しているが、それ以外すべての業務で増加している。

クロス集計 Q16×F3 司法書士業務歴

　下記の図は Question 16 の業務の各項目について、「司法書士登録 5 年未満」と回答した者と、「司法書士登録 5 年以上」と回答した者における割合をクロス集計した結果を示したものである。
　知的・技術的難易度が高いと思う業務において「司法書士登録 5 年以上」の者の割合が他方を上回ったのは、「不在者財産管理人」「相続財産管理人」「相続財産清算人」「遺言執行者」「家事調停委員」の五つであった。社会的意義が大きいと思う業務では、全ての業務について「司法書士登録 5 年以上」の者の割合が「司法書士登録 5 年未満」の者の割合を大きく上回っている。収益性が高いと思う業務については、「司法書士登録 5 年未満」の者の割合が最も高かった業務は「付添人」であり、「司法書士登録 5 年以上」の者では「遺言執行者」という結果となった。

知的・技術的難易度が高いと思う業務

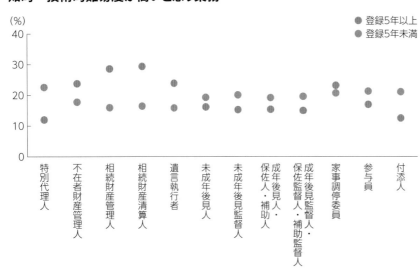

社会的意義が大きいと思う業務

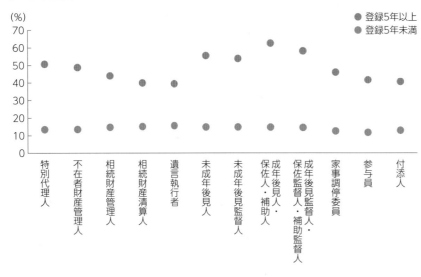

収益性が高いと思う業務

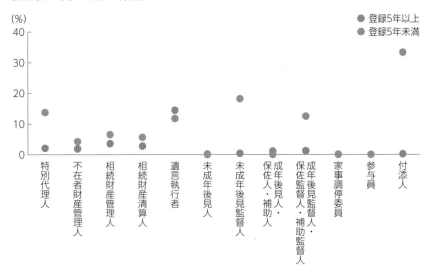

クロス集計 Q17×F3 司法書士業務歴

下記の図は Question 17 の業務の各項目について、「司法書士登録5年未満」と回答した者と、「司法書士登録5年以上」と回答した者における割合をクロス集計した結果を示したものである。

知的・技術的難易度が高いと思う業務において「司法書士登録5年以上」の者の割合が他方を上回ったのは、「不在者財産管理人選任申立書の作成」「相続財産管理人選任申立書の作成」「限定承認申述書の作成」「遺産分割調停申立書の作成」「夫婦関係等調整調停申立書の作成」「離婚後の紛争調停申立書の作成」の7つであった。社会的意義が大きいと思う業務では、全ての業務について「司法書士登録5年以上」の者の割合が「司法書士登録5年未満」の者の割合を大きく上回っている。収益性が高いと思う業務については、「司法書士登録5年未満」の者の割合が最も高かった業務は「遺言の作成支援」であり、「司法書士登録5年以上」の者では「限定承認申述書の作成」という結果となった。

知的・技術的難易度が高いと思う業務

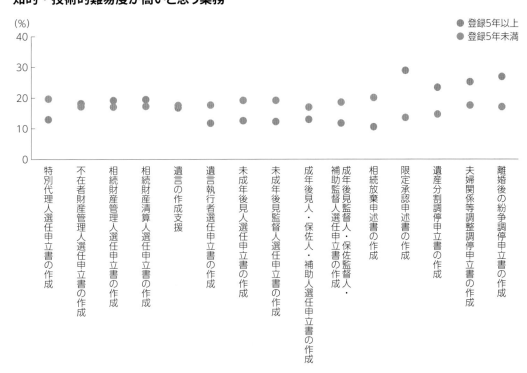

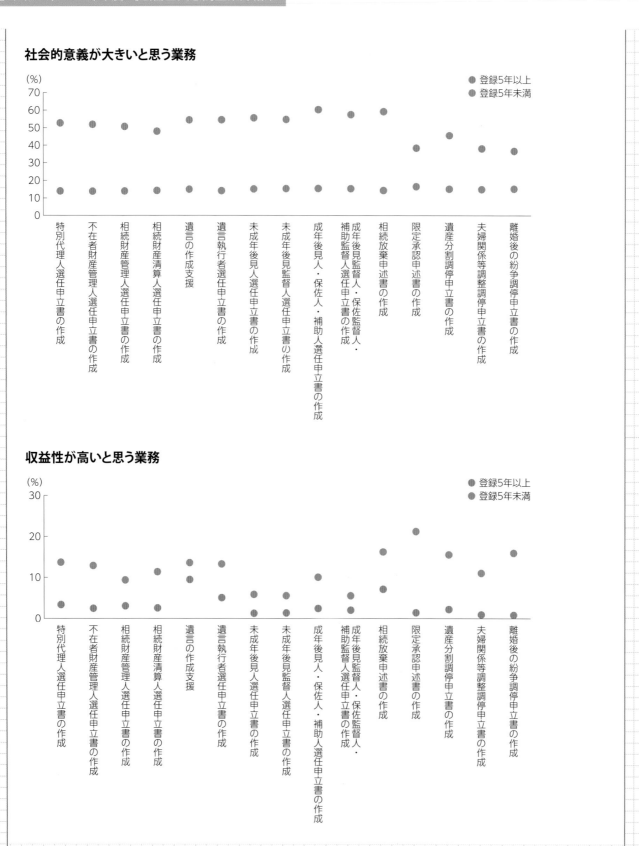

③ 調査項目一覧

（フェイスシート）
F 1　あなたの性別〔1 つに○〕
F 2　あなたの年齢〔1 つに○〕
F 3　司法書士登録年数（業務歴）〔1 つに○〕
F 4　簡裁代理権認定〔1 つに○〕
F 5　所属司法書士会〔文字回答〕
F 6　配偶者の有無〔1 つに○〕※但し、事実婚・法律婚は問いません
F 7　子どもの有無〔1 つに○〕
F 8　扶養家族の中に日常的な介護を必要とする方の有無〔1 つに○〕
F 9　司法書士となる資格を得た時期〔各数値回答〕
F10　司法書士以外に行っている業務〔複数回答可〕
F11　あなたの事務所の所在する自治体（市町村）の人口〔1 つに○〕

（設問）
Q 1　事務所所在地を管轄する家庭裁判所の最寄りの本庁、支部又は出張所までのおおよその移動距離と移動時間、その交通手段等についてお聞きします。
　　　①移動距離〔1 つに○〕
　　　②移動時間〔1 つに○〕
　　　③通常利用する主な交通手段等〔1 つに○〕
Q 2　下記の書類作成業務を受託したことや過去 10 年間で相談業務を行ったことがありますか。〔①〜⑮の各項目について A・B ごとに 1 つずつ○〕
Q 3　Q2 での業務の受託又は相談を受けるきっかけには、どのようなものがありますか。〔複数回答可〕
Q 4　Q2 で相談業務を行ったことのある業務について、相談から受託に至る割合は何割程度ですか。〔1 つに○〕
Q 5　下記の業務について、過去 10 年間に、選任等されて業務を遂行した経験の有無をお答えください。〔各 1 つずつ○〕経験がある場合は、選任された経緯についてもお答えください。〔各複数回答可〕
Q 6　下記の業務を遂行したのは、昨年 1 年間でおおよそ何日程度ですか。〔各数値回答〕
Q 7　下記の業務について現在就任中の件数、過去 10 年間に就任した総件数をお答えください。〔各数値回答〕
Q 8　収入に対する「登記」「民事事件」「家事事件」「その他」の割合は、おおよそどの程度ですか。〔各数値回答〕
Q 9　今後の下記の業務に対する受託のご意向についてお答えください。〔各 1 つずつ○〕
Q10　今後の下記の業務に対する就任のご意向についてお答えください。〔各 1 つずつ○〕
Q11　LS の会員ですか。〔1 つに○〕
Q12　LS に入会しない理由は何ですか。〔複数回答可〕
Q13　LS を退会した理由は何ですか。〔複数回答可〕
Q14　LS を退会したのはいつですか。〔数値回答〕
Q15　成年後見業務を行うに当たって、LS 以外の団体に加入していますか。〔1 つに○〕
Q16　下記の業務に対する印象をお聞かせください。〔各 1 つずつ○〕
Q17　下記の業務に対する印象をお聞かせください。〔各 1 つずつ○〕

令和5（2023）年度
「家庭裁判所調停委員に関する アンケート」の目的と概要

【調査の目的】

　現在、司法書士は多岐にわたる公益的活動に従事しており、家庭裁判所における家事調停委員もその一つである。家庭裁判所という外部から見えにくい場所で家事調停委員として活躍している司法書士に焦点を当てアンケートを実施し、守秘義務に反しない範囲でその仕事について回答を得、司法書士のさらなる公益的活動の増進、司法書士の家事調停委員としての将来性、また家庭裁判所における司法書士のさらなる活動の可能性を探ることを目的とした。

【調査の概要】

　令和5年12月14日付日司連発第1538号 「司法書士白書2024年版」特集企画「家庭裁判所調停委員に関するアンケート」へのご協力について（お願い）を日司連ネットに掲載するとともに、同依頼を司法書士会から所属会員に周知するよう依頼した。

実施時期	令和5年12月14日から令和5年12月28日
実施対象	現在家事調停委員に就任している会員
調査方法	Microsoft Formsを利用したWeb上のデータ送信
有効回答数	157件

② 調査結果と分析

Question 1 あなたの年代

1つだけ◯ 回答数 157

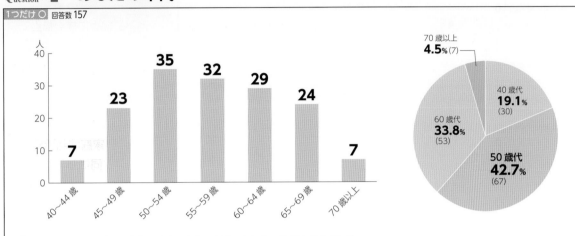

■ 回答者の多くが50歳代及び60歳代であり、合わせて7割を超えている。

Question 2 司法書士業務歴

数値を記入 回答数 157

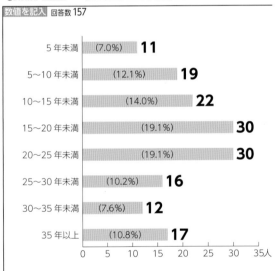

5年未満	(7.0%)	11
5〜10年未満	(12.1%)	19
10〜15年未満	(14.0%)	22
15〜20年未満	(19.1%)	30
20〜25年未満	(19.1%)	30
25〜30年未満	(10.2%)	16
30〜35年未満	(7.6%)	12
35年以上	(10.8%)	17

■ 業務歴については、回答者の4割弱が15〜25年未満であった。

Question 3 調停委員業務歴

数値を記入 回答数 157

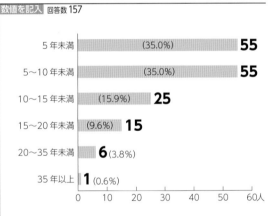

5年未満	(35.0%)	55
5〜10年未満	(35.0%)	55
10〜15年未満	(15.9%)	25
15〜20年未満	(9.6%)	15
20〜35年未満	(3.8%)	6
35年以上	(0.6%)	1

■ 調停委員業務歴については、回答者の約7割が10年未満であった。

Question 4 所属司法書士会

`1つだけ ○` 回答数 157

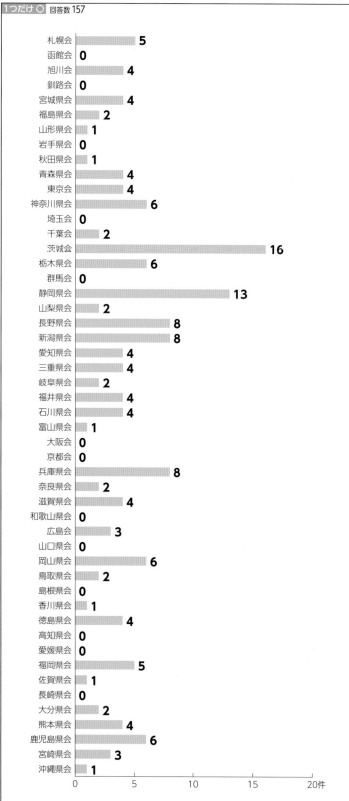

司法書士会	件数
札幌会	5
函館会	0
旭川会	4
釧路会	0
宮城県会	4
福島県会	2
山形県会	1
岩手県会	0
秋田県会	1
青森県会	4
東京会	4
神奈川県会	6
埼玉会	0
千葉会	2
茨城会	16
栃木県会	6
群馬会	0
静岡県会	13
山梨県会	2
長野県会	8
新潟県会	8
愛知県会	4
三重県会	4
岐阜県会	2
福井県会	4
石川県会	4
富山県会	1
大阪会	0
京都会	0
兵庫県会	8
奈良県会	2
滋賀県会	4
和歌山県会	0
広島会	3
山口県会	0
岡山県会	6
鳥取県会	2
島根県会	0
香川県会	1
徳島県会	4
高知県会	0
愛媛県会	0
福岡県会	5
佐賀県会	1
長崎県会	0
大分県会	2
熊本県会	4
鹿児島県会	6
宮崎県会	3
沖縄県会	1

最も回答数の多い司法書士会は茨城会であり（16件）、続いて静岡県会が多かった（13件）。なお、これは協力いただいた157の回答数の内訳であり、0件の司法書士会も複数見られることから、実際の全国の司法書士会の家事調停委員の数に比例していないことに留意する必要がある。

Question 5 家庭裁判所の調停委員に就任した経緯

`1つだけ ○` 回答数 157

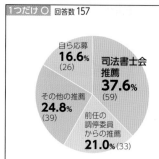

- 自ら応募 **16.6%** (26)
- その他の推薦 **24.8%** (39)
- 前任の調停委員からの推薦 **21.0%** (33)
- 司法書士会推薦 **37.6%** (59)

調停委員に就任した経緯については分かれているが、司法書士会の推薦が最も多かった。続いて、その他の推薦により就任した会員が多かった。

Question 6 調停委員として出席する期日は月平均でどれくらいですか。

数値を記入 回答数 157

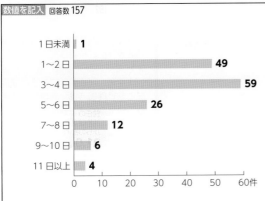

調停委員として出席する期日の平均日数について、回答者の7割弱が月1〜4日であった。

Question 7 調停委員として同時に受け持つ事件数は多いときでどれくらいですか。（件数）

数値を記入 回答数 157

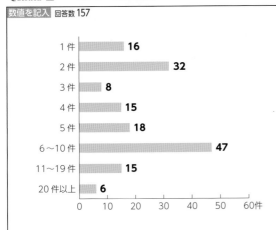

6件以上10件以下が47名と一番多く、次いで2件受け持つ人が32名であった。この回答から、回答者の多くが多いときには2件以上の事件を同時に受け持っていることが分かった。

Question 8 調停委員として同時に受け持つ事件数は少ないときでどれくらいですか。（件数）

数値を記入 回答数 157

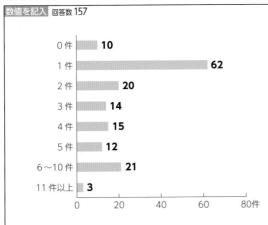

1件という回答が62名で他の回答と比べて圧倒的に多く、0件という回答が10名のみであった。この回答から、多くの回答者が常に1件以上の事件を受け持っていることが分かった。

Question 9 調停委員として担当したことがある事件を教えてください。

複数回答可 回答数157

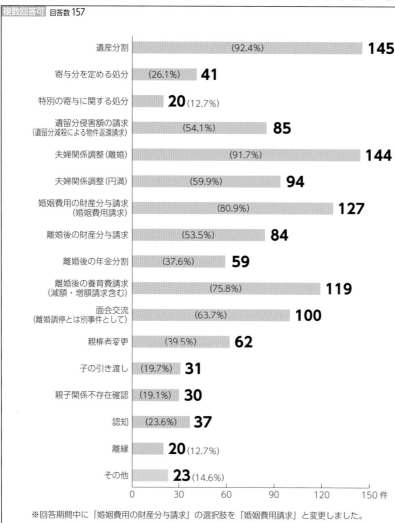

遺産分割に関する事件が145名（92.4％）と一番多く、次いで、夫婦関係調整（離婚）を144名（91.7％）が経験している。選択肢にない回答では、離婚無効や親族間紛争調整、扶養請求、遺産に関する紛争調整、祭祀承継、婚約破棄、内縁関係解消、無戸籍などがあった。

※回答期間中に「婚姻費用の財産分与請求」の選択肢を「婚姻費用請求」と変更しました。

Question 10 調停委員の仕事にやりがいを感じますか。

1つだけ○ 回答数157

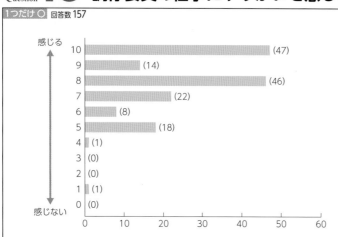

やりがいを感じているという人（6以上）が137名と圧倒的に多く、やりがいを感じていない人（4以下）は2名であった。この回答から、家事調停委員の仕事にやりがいを感じている人が圧倒的に多いことが分かった。

_{Question} **11** 調停委員の仕事を難しく感じますか。

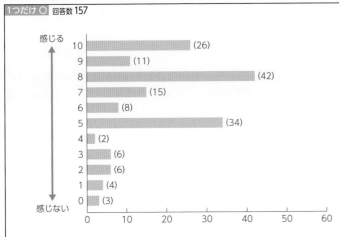

1つだけ◯ 回答数157

難しく感じているという人（6以上）が102名、難しく感じていないという人（4以下）は21名であった。この回答から、調停委員の仕事を難しく感じている人が多いことが分かった。

_{Question} **12** 調停委員をやって良かったと感じますか。

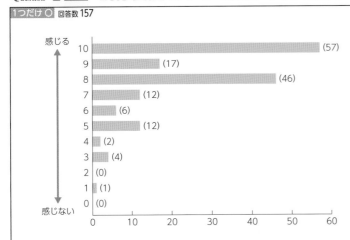

1つだけ◯ 回答数157

やって良かったと感じている人（6以上）が138名、やって良かったと感じていない人（4以下）は7名であった。この回答から、家事調停委員をやって良かったと感じている人が圧倒的に多いことが分かった。

Question 13 個人として、又は司法書士業界全体として司法書士が調停委員を務める意義やメリットは何であると考えますか。

　「個人として、又は司法書士業界全体として司法書士が調停委員を務める意義やメリットは何であると考えますか」という問いに対し、「意義」については、「社会貢献」や「プロボノ活動」、「法律的判断を踏まえた調停進行に寄与できる」、「司法書士は中立的立場の法律家であるから」のような回答が多く、「メリット」については、「家事事件について勉強になる」や「裁判所との信頼関係構築」、「司法書士の地位向上」といった回答が多かった。回答要旨を一部挙げると、次のとおりである。

▶遺産分割調停では登記、財産管理、各種管理人、成年後見等業務に精通し、しかも具体的な遺産承継手続きにも精通した司法書士が委員を務めるのが最適である。特に田舎では日常業務で「負動産」問題にも精通していることが非常に役に立つ。しかも一方に偏ること無く納得できる妥協点を見いだすことを日常業務としているから、調停委員に適していると思う。
▶司法書士は、法律知識は勿論のこと、成年後見業務や双方代理で培ったバランス感覚に優れており、調停委員としてもその資質を社会に還元すべきである。
▶司法書士が調停委員を務めることにより、裁判所に対して司法書士の不動産に対する知識の深淵さを広報できる。そのことにより裁判所からの財産管理業務への信頼等が篤くなると考える。司法書士当人が思うほど司法書士がどのような業務を行っているか、またどのような知識を保有しているか裁判所は把握していないように思われる。

Question 14 家庭裁判所が司法書士たる調停委員にどのような働きを求めていると感じますか。

　「家庭裁判所が司法書士たる調停委員にどのような働きを求めていると感じますか」という問いに対しては、特に「遺産分割調停での働き」や「登記手続きにおける専門性」という回答が多かった。反対に、「家庭裁判所は司法書士に対して法律専門職としての働きを求めていない」という回答も見られ、所属している家庭裁判所によって大きく乖離していることが分かった。回答要旨を一部挙げると、次のとおりである。

▶①登記手続きにおける専門性、②対立を先鋭化させるのではなく調和、調整する働き
▶不動産がからむようなものは司法書士に関与して欲しいとは思っている。それ以外は、司法書士であるということを意識されてはいない。
▶平素の登記実務（双方代理）で植え付けられた公平性や不動産に対する専門的知見。
▶法律知識があり、また、司法書士は、当事者の話をよく聴き、相手の立場になって考え、共感できる人が多い。この点で、司法書士の法律知識、調停能力を求めていると感じる。また、謙虚な人が多いように思う。この点でも裁判所として活用しやすいのではないかと思っている。
▶司法書士に他の調停委員との違いを特に求めているようには感じていない。他の先輩の調停委員の方々と同じように期待しているように思う。遺産分割調停、及び登記に関しては若干頼られているのかなと感じる。
▶書記官から、「先生には、どうしても遺産分割調停事件をお願いすることが多くなる。」と言われている。その分野での知見は、裁判所がとても期待しているようである。
▶相続・親族関係の法律知識を最大限活かしてほしい。法律職以外の調停委員の指導教育をしてほしいのではないかと感じる。
▶調停調書に基づいて登記をする場合の調書作成や、遺産分割調停で戸籍謄本等がもれなく揃っているかをチェックしてもらうなど、司法書士としての専門技能が期待されていると思われる。
▶東京家裁では、司法書士会からの推薦枠はなく司法書士でも一般調停委員として任用されている。弁護士調停委員が200名以上いる体制のため、「法律専門職」として司法書士は求められてはいない。一般調停委員として人の話をよく聞き、その上で、効果的に専門の知見を提供していく人材として期待されていると思う。

Question 15 調停委員になるにあたり必要とされる能力・技術・資質等はどのようなものだと感じますか。

「調停委員になるにあたり必要とされる能力・技術・資質等はどのようなものだと感じますか」という問いに対しては、「傾聴力」「調整力」「公平性」「分かりやすく説明する力」「粘り強さ」「先入観をもたない」「人間力」というような、知識面以外の対話や姿勢に関するものを挙げている回答が多かった。一方で、法律知識も合わせて必要であるという回答も多く、知識面に触れていない回答者も、司法書士が調停委員になる時点である程度の知識を備えていることを前提にしているとも考えられる。

多角的な能力等が必要と考えていることが窺える回答を一部挙げると、次のとおりである。

▶ 当事者の話を我慢して聴くことができる。感情移入した方がいい時としない方がいい時の判断をする技術がある。世の中、いろんな人がいるということを受け入れることができる。当事者を怒らせないで、当事者の意見と対立する内容の説明をすることができる。裁判官と円滑に意思疎通できる。

▶ 相手の話しを遮ることなく落ち着いて聴く力。早く論点を見極めること。代理人弁護士が争点のうち、どのあたりに重きを置いて交渉しているかを見極めること。

▶ ①場の空気を和ませる技術、②対話術、③語彙力、④問題解決に必要な事実関係を抽出し当事者に対し共通理解をしてもらう能力、⑤調整力

▶ 知識よりも対話能力。円満ではない調停の雰囲気に耐えられる精神力が必要。調停委員同士や裁判官、書記官等と連携が取れるタイプが向いていると思う。

▶ 公正なバランス感覚。当事者から信頼される誠実な執務姿勢。もつれた感情を解きほぐす熱意と冷静な論理性。当事者から直接的な言葉として出てきてはいないが隠れている問題点を見つけ出す洞察力とそれに見合った解決策のひらめき。

一方、司法書士であれば基本的に調停委員になる適性があると考えている回答者もいたが、少数であった。また、次のような、調停委員になることの厳しさが感じられる回答もあった。

▶ 自己犠牲。ある程度仕事も制限せざるを得ない。

▶ 金銭的かつ時間的な余裕。効率の良い業務を求めるのであれば、家裁の調停委員はお勧めできない。

Question 16 今後調停委員になる司法書士にアドバイスをください。

　「今後調停委員になる司法書士にアドバイスをください」という問いに対しては、概ね「調停の現場を知る経験は司法書士業務にも活かされるため積極的に受任してほしい」という前向きな回答が多かった。回答を一部挙げると、次のとおりである。

▶通常業務に加えて、調停事件をこなすのは時間的に厳しいものがあるが、司法書士業務では経験できない家事事件の経験を積むことができて有意義。

▶紛争の当事者間に入ることはとても大変だが、多くの経験も得られる。また裁判所は我々にも大きな期待をしてくれている。大きな社会貢献。

▶身近な法律家と言われる理由は、相続など家族の問題を向き合ってきた司法書士の実績でもあると思う。権利意識の高揚、情報化社会の進行などで、より複雑化する家事事件に貢献するのは、司法書士として必要。

▶なくてはならない社会的な意義の大きい役目であるから、司法書士としての知識や経験を活かして世の中に貢献してほしい。

▶調停委員として調停に関与することにより、確実に法的・手続的知識は向上する。今後増大するであろう相続人多数の相続登記未了不動産に関する遺産分割事件への司法書士としての関与にも役立つと思う。

▶最初は不安だと思うが、要領はベテランの相調停委員から学べ、とにかく件数をこなすことによって徐々に慣れてくる。ご自身の専門知識や実務経験を活かして、大いに活躍してほしい。

　一方、「本業が忙しい人は避けたほうが無難である。」という声もあった。
　また、次のような、調停委員になった場合の具体的なアドバイスに関する回答も多くみられた。

▶まとめ役に徹する。人に寄り添う感覚での雰囲気作り。書記官に調停運営を任せられる程の信頼を得る努力。

▶調停期日に取り組む過程において、必ず、自らの人間性・人格が問われることを覚悟せねばならない。常に、自省を保持しつつの調停委員業務に従事することが肝要と思われる。

▶困ったことや悩んだときは、相調停委員や書記官、裁判官に相談すること。抱え込まないこと。バックグラウンドが違う調停委員からハッと気付かされることが多いので、相調停委員と協力しながら、調停に臨むこと。

▶司法書士業務では、相談者にはっきりと言えることが多いが、調停委員の立場としては、控えないといけないことがあるので、司法書士業務と調停委員の立場を区別して対応する必要がある。

▶単に法律によってものを考えるのではなく、その人たちの人生の背景を知ることに心がけ、弱者（子供たちなど）を守るような姿勢で。司法書士や弁護士の調停委員より、裁判所の方が法に対し柔軟な考え方をすることも多く見受けられる場合があることも新鮮である。

Question 17 調停委員として日司連に望むことがありますか。

　「調停委員として日司連に望むことがありますか」という問いに対しては、「団体として裁判所との意見交換、情報交換」「家裁に司法書士の活用をアピールする」など日司連として裁判所と密な関係を築くとともに、裁判所に対し司法書士調停委員の優位性を伝えてほしいとの意見が多く見られた。また「調停委員同士の情報交換の機会」「調停委員としての知識を得られるような研修の開催」と日司連内部で調停委員を育てるシステムや土壌を求める声も多かった。他方、現場を経験した者ならではと感じる次のような回答もあった。

▶ 家事調停事件を他の調停委員より数多く対応してきた司法書士を講師として、家事調停の実務・模擬研修を実施する必要がある。書記官から司法書士は、弁護士と同じく、調停内容を事務的処理感覚にて対応しているとの苦情が多々ある。

▶ 調停委員を対象とする調停協会及び裁判所主催の研修に対する研修単位付与。

▶ 調停委員や委員を目指している人の意見交換と研修メンタルヘルス。専門職の調停委員が結構やめている。

▶ 調停委員は、やりがいはあるが、日当が安すぎると思う。期日前には、当事者からの提出書類の事前確認を行う必要があるが、これは、日当の対象外なので、期日を含めると1回の調停で都合2日は、一定の時間を使うことになり（2日合計で4〜5時間程度は費やしている）、これに対する日当は、安いとしか言いようがない。その上、比較的高度な法律の判断を委ねられていることも考慮すれば、現在の1回あたりの日当の3倍くらいの労力を使っていると思われ、それが、調停委員の不足にもつながっていると思う。調停委員の供給元の一つとして、日司連からこうした問題提起もお願いしたい。

▶ 調停委員としての業務に日司連が後押しをしてくださるのであれば、調停委員の報酬を裁判所からの報酬とは別に、日司連が援助してくださるとありがたい。そうすることにより、調停委員を引き受けて業務を行うと思われる方が増えると思う。

▶ 裁判所でパソコンを導入するような働きかけをしてほしい（相続分を計算する時にエクセルを使いたいが、裁判所にパソコンがなく、個人のパソコンの利用の許可申請書まで書いたが、許可されなかった。記録もパソコンで書けた方がより詳しく書けるのにと思う。）。裁判所と司法書士会の調停センターとの意見交換を検討してほしい（別席調停＋代理人関与だと当事者の気持ちが伝わらず、法的には解決はするものの人間関係は何の解決もしないので、この解決方法がよいのかと疑問に思うことがあるため。）。

▶ 月刊登記情報2022年6月号実務の現場から「家事調停委員が司法書士にオススメの理由」をご一読ください。神奈川県司法書士会は養育費・面会交流相談のモデル会であり、このような相談、研修が調停委員を目指すきっかけとなりうると思われる。全国に広げていってほしい。

※統計室において、Q13からQ17までは字句の修正や文末の統一を行っている。

③ アンケート項目一覧

問 1   あなたの年代

問 2   司法書士業務歴（年数）

問 3   調停委員業務歴（年数）

問 4   所属司法書士会

問 5   家庭裁判所の調停委員に就任した経緯を教えてください。

問 6   調停委員として出席する期日は月平均でどれくらいですか。（件数）

問 7   調停委員として同時に受け持つ事件数は多いときでどれくらいですか。（件数）

問 8   調停委員として同時に受け持つ事件数は少ないときでどれくらいですか。（件数）

問 9   調停委員として担当したことがある事件を教えてください。（複数回答可）

問 10   調停委員の仕事にやりがいを感じますか。

問 11   調停委員の仕事を難しく感じますか。

問 12   調停委員をやって良かったと感じますか。

問 13   個人として、又は司法書士業界全体として司法書士が調停委員を務める意義やメリットは何であると考えますか。

問 14   家庭裁判所が司法書士たる調停委員にどのような働きを求めていると感じますか。

問 15   調停委員になるにあたり必要とされる能力・技術・資質等はどのようなものだと感じますか。

問 16   今後調停委員になる司法書士にアドバイスをください。

問 17   調停委員として日司連に望むことがありますか。

1

第 1 章

※注記のないデータは日司連による。

発展し続ける司法書士
〜司法書士の実勢〜

1. 司法書士とは

司法書士とは

　司法書士は、日本の近代国家のスタートである明治時代の初め、明治5年8月3日に制定された司法職務定制によって定められた「代書人」をルーツとしている。

　長い歴史をもつ司法書士は、時代の流れとともに職務のあり方も変遷してきた。しかし、法律事務を行う専門家である点においては一貫しており、現在では「身近なくらしの中の法律家」としての立場がより鮮明になってきている。

　従来、司法書士といえば不動産や法人などの登記手続の専門家というイメージが強かった。これは、戦後の高度経済成長期やバブル経済期を通じて金融や不動産に関心が集まり、それらに関する法律や登記手続の専門家として司法書士が注目を浴びたことによるところが要因と考えられる。しかし、司法書士の「司法」は立法や行政に対して「裁判」を意味する言葉でもあり、司法書士は登記手続の専門家として経済社会の発展と安定に寄与する一方で、市民の日常生活で発生する様々な法律問題に対し、訴訟関係書類を作成するなど、本人が行う訴訟を支援するという形で裁判の分野にも広く関わってきた。

　そして、平成13年の司法制度改革審議会の意見書に基づく平成14年の司法書士法改正によって、法務大臣の認定を受けた司法書士（一般に「認定司法書士」と呼ばれている）には簡易裁判所の訴訟代理権等が認められることとなった。令和6年4月現在、全司法書士の約79.0%が認定司法書士として、訴訟の目的の価額が140万円を超えない民事事件の訴訟代理人となり、また、裁判外での和解交渉を行うなど、市民の身近に起こりうる法律問題の解決や様々な相談に応じている。

　また、高齢社会に対応して平成12年から制度化された「成年後見制度」に対してはいち早く取組みを開始し、現在では、専門職後見人としての割合は司法書士が最多となっており、「成年後見といえば司法書士」と言われるほど、着実な実績を上げている。

　これらの業務を行うとともに、司法書士や司法書士会は、様々な社会貢献・人権擁護活動にも積極的に取り組んでいる。災害による被災者に寄り添った相談活動、法教育、経済的に困窮する方への支援や空き家・所有者不明土地問題の解決等の社会問題に対応してきた。

　令和元年に改正された司法書士法第1条には、「この法律の定めるところによりその業務とする登記、供託、訴訟その他の法律事務の専門家として、国民の権利を擁護し、もつて自由かつ公正な社会の形成に寄与すること」が司法書士の使命として規定された。これは、司法書士が法律家として果たすべき責任を宣言したものであり、この規定の新設により、司法書士が法律事務の専門家であり、国民の権利擁護の担い手であることが明確となった。

　令和3年には、所有者不明土地の解消に向けて民法・不動産登記法の改正がされ、令和6年4月1日から相続登記等の申請義務が開始されたことに伴い、相続登記の担い手である司法書士には、これまで以上に制度の周知啓発や相続登記の促進を図ることが、国民から期待されている。

　司法書士制度発足から150年以上の長きにわたり、法律と人々の暮らしの架け橋となって国民の権利を擁護してきた司法書士は、これからも国民に寄り添いながら、次なる世代のために、国民の権利を承継する担い手として、法的ニーズに応え続ける法律実務家であり続ける。

2 司法書士数の推移等

1 全国の司法書士数の推移

国家試験制度が導入された昭和 55 年に 14,603 名であった司法書士数はその後、確実に増加し、令和 5 年の司法書士数は、23,059 名である。

平成 16 年からは「認定司法書士」※の会員数が集計されるようになり、その数は確実に増加しており、令和 5 年には 18,027 名（78.2%）が「認定司法書士」となっている。

また、平成 14 年司法書士法改正により、平成 15 年から司法書士法人の設立が認められ、その数は年々増加しており、令和 5 年には 1,106 法人の登録がある。

※簡易裁判所において取り扱うことができる民事事件（訴訟の目的の価額が140万円を超えない事件等）の、(1)民事訴訟手続、(2)訴え提起前の和解（即決和解）手続、(3)支払督促手続、(4)証拠保全手続、(5)民事保全手続、(6)民事調停手続、(7)少額訴訟債権執行手続、(8)裁判外の和解の各手続について代理する業務、(9)仲裁手続、(10)筆界特定手続について代理をする業務等を行い、また、これらの事件について相談に応じることのできる司法書士をいう。
法務大臣が指定する法人が実施する研修を修了し、法務大臣による認定を受けている司法書士に限る。平成14年の司法書士法改正（平成15年4月1日施行）により認められた。

▌全国の司法書士数の推移

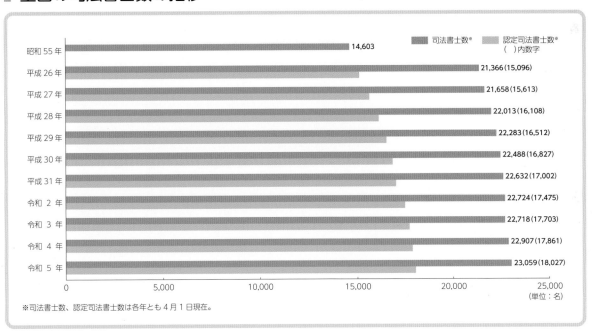

※司法書士数、認定司法書士数は各年とも 4 月 1 日現在。

▌全国の司法書士法人会員数の推移

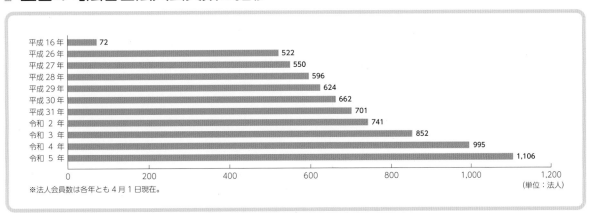

※法人会員数は各年とも 4 月 1 日現在。

司法書士会員の実勢 （令和 5 年 4 月 1 日現在）

		全 (人)	男 (人)	男 (%)	女 (人)	女 (%)	平均年齢 (歳)	最年少 (歳)	最年長 (歳)	20歳代 (人)	20歳代 (%)	30歳代 (人)	30歳代 (%)	40歳代 (人)	40歳代 (%)	50歳代 (人)	50歳代 (%)	60歳代 (人)	60歳代 (%)
	全国	23,059	18,674	81.0	4,385	19.0	54.6	23	100	214	0.9	2,667	11.6	7,200	31.2	4,981	21.6	3,635	15.8
1	札幌会	520	413	79.4	107	20.6	52.3	24	89	10	1.9	88	16.9	161	31.0	109	21.0	76	14.6
2	函館会	37	32	86.5	5	13.5	57.5	29	82	1	2.7	4	10.8	8	21.6	7	18.9	8	21.6
3	旭川会	70	59	84.3	11	15.7	59.7	24	93	1	1.4	9	12.9	15	21.4	10	14.3	11	15.7
4	釧路会	81	71	87.7	10	12.3	58.5	29	88	1	1.2	9	11.1	15	18.5	15	18.5	22	27.2
5	宮城県会	335	280	83.6	55	16.4	55.9	24	89	2	0.6	41	12.2	99	29.6	54	16.1	53	15.8
6	福島県会	274	231	84.3	43	15.7	60.4	24	99	3	1.1	29	10.6	52	19.0	35	12.8	61	22.3
7	山形県会	155	139	89.7	16	10.3	61.5	29	95	1	0.6	14	9.0	29	18.7	19	12.3	38	24.5
8	岩手県会	138	117	84.8	21	15.2	60.6	25	94	2	1.4	16	11.6	25	18.1	14	10.1	35	25.4
9	秋田県会	112	101	90.2	11	9.8	61.9	34	90	0	0.0	4	3.6	25	22.3	16	14.3	29	25.9
10	青森県会	118	107	90.7	11	9.3	59.9	26	91	1	0.8	10	8.5	31	26.3	13	11.0	21	17.8
11	東京会	4,553	3,419	75.1	1,134	24.9	50.6	23	95	57	1.3	680	14.9	1,731	38.0	1,088	23.9	558	12.3
12	神奈川県会	1,257	958	76.2	299	23.8	52.1	23	96	8	0.6	147	11.7	460	36.6	321	25.5	171	13.6
13	埼玉会	960	793	82.6	167	17.4	53.5	25	93	7	0.7	124	12.9	290	30.2	270	28.1	115	12.0
14	千葉会	777	655	84.3	122	15.7	55.6	24	94	3	0.4	71	9.1	229	29.5	195	25.1	122	15.7
15	茨城会	339	290	85.5	49	14.5	58.4	25	91	4	1.2	21	6.2	94	27.7	60	17.7	64	18.9
16	栃木県会	234	207	88.5	27	11.5	58.6	31	96	0	0.0	18	7.7	60	25.6	40	17.1	60	25.6
17	群馬会	297	264	88.9	33	11.1	59.1	28	97	3	1.0	16	5.4	64	21.5	68	22.9	64	21.5
18	静岡県会	488	414	84.8	74	15.2	56.3	26	91	4	0.8	41	8.4	147	30.1	105	21.5	70	14.3
19	山梨県会	127	111	87.4	16	12.6	61.2	35	89	0	0.0	7	5.5	24	18.9	22	17.3	33	26.0
20	長野県会	366	321	87.7	45	12.3	59.6	29	97	1	0.3	26	7.1	89	24.3	59	16.1	78	21.3
21	新潟県会	288	261	90.6	27	9.4	59.3	26	96	2	0.7	27	9.4	58	20.1	50	17.4	70	24.3
22	愛知県会	1,312	1,057	80.6	255	19.4	52.9	25	91	14	1.1	175	13.3	431	32.9	312	23.8	181	13.8
23	三重県会	237	206	86.9	31	13.1	60.2	33	95	0	0.0	15	6.3	48	20.3	44	18.6	60	25.3
24	岐阜県会	327	284	86.9	43	13.1	58.1	23	92	2	0.6	40	12.2	67	20.5	61	18.7	72	22.0
25	福井県会	121	97	80.2	24	19.8	61.8	26	89	1	0.8	11	9.1	21	17.4	19	15.7	16	13.2
26	石川県会	195	161	82.6	34	17.4	57.1	25	94	2	1.0	21	10.8	52	26.7	34	17.4	31	15.9
27	富山県会	144	122	84.7	22	15.3	59.0	27	90	1	0.7	8	5.6	37	25.7	30	20.8	24	16.7
28	大阪会	2,481	1,951	78.6	530	21.4	53.0	23	94	39	1.6	302	12.2	815	32.8	607	24.5	357	14.4
29	京都会	588	460	78.2	128	21.8	53.7	25	94	3	0.5	68	11.6	202	34.4	134	22.8	84	14.3
30	兵庫県会	1,041	836	80.3	205	19.7	54.5	25	100	9	0.9	109	10.5	336	32.3	252	24.2	154	14.8
31	奈良県会	210	172	81.9	38	18.1	55.8	32	93	0	0.0	12	5.7	80	38.1	49	23.3	24	11.4
32	滋賀県会	232	194	83.6	38	16.4	54.2	28	98	2	0.9	23	9.9	82	35.3	48	20.7	34	14.7
33	和歌山県会	167	143	85.6	24	14.4	59.0	25	98	3	1.8	14	8.4	38	22.8	28	16.8	36	21.6
34	広島会	536	439	81.9	97	18.1	54.3	26	95	3	0.6	55	10.3	186	34.7	108	20.1	86	16.0
35	山口県会	226	193	85.4	33	14.6	59.5	27	94	2	0.9	14	6.2	50	22.1	52	23.0	38	16.8
36	岡山県会	371	289	77.9	82	22.1	55.3	24	93	5	1.3	44	11.9	116	31.3	65	17.5	54	14.6
37	鳥取県会	87	77	88.5	10	11.5	59.4	38	87	0	0.0	4	4.6	23	26.4	16	18.4	16	18.4
38	島根県会	107	93	86.9	14	13.1	60.7	33	90	0	0.0	10	9.3	21	19.6	16	15.0	29	27.1
39	香川県会	179	160	89.4	19	10.6	58.7	33	95	0	0.0	14	7.8	43	24.0	36	20.1	40	22.3
40	徳島県会	137	116	84.7	21	15.3	59.8	32	93	0	0.0	17	12.4	25	18.2	21	15.3	26	19.0
41	高知県会	115	103	89.6	12	10.4	59.6	26	88	1	0.9	6	5.2	29	25.2	18	15.7	25	21.7
42	愛媛県会	235	203	86.4	32	13.6	57.9	28	92	2	0.9	29	12.3	54	23.0	38	16.2	42	17.9
43	福岡県会	1,027	809	78.8	218	21.2	53.3	25	91	8	0.8	133	13.0	360	35.1	218	21.2	138	13.4
44	佐賀県会	123	109	88.6	14	11.4	58.9	31	99	0	0.0	14	11.4	30	24.4	12	9.8	35	28.5
45	長崎県会	150	140	93.3	10	6.7	60.9	34	93	0	0.0	10	6.7	35	23.3	17	11.3	31	20.7
46	大分県会	168	144	85.7	24	14.3	61.0	27	94	1	0.6	15	8.9	30	17.9	26	15.5	36	21.4
47	熊本県会	322	269	83.5	53	16.5	56.8	28	98	2	0.6	33	10.2	98	30.4	43	13.4	69	21.4
48	鹿児島県会	312	270	86.5	42	13.5	56.8	24	91	3	1.0	35	11.2	84	26.9	46	14.7	64	20.5
49	宮崎県会	159	145	91.2	14	8.8	60.6	36	95	0	0.0	11	6.9	37	23.3	23	14.5	36	22.6
50	沖縄県会	224	189	84.4	35	15.6	57.3	33	85	0	0.0	23	10.3	64	28.6	38	17.0	38	17.0

70歳代		80歳代		90歳代		100歳代		代理権有		代理権無		資格取得区分								
												国家試験		大臣認定		局長認可		所長認可		
(人)	(%)	(人)	(%)	(人)	(%)	(人)	(%)	(人)	(%)	(人)	(%)	(人)	(%)	(人)	(%)	(人)	(%)	(人)	(%)	
3,448	15.0	784	3.4	129	0.56	1	0.00	18,027	78.2	5,032	21.8	19,662	85.3	1,591	6.9	1,780	7.7	26	0.11	
64	12.3	12	2.3	0	0.00	0	0.00	440	84.6	80	15.4	461	88.7	24	4.6	35	6.7	0	0.00	1
7	18.9	2	5.4	0	0.00	0	0.00	23	62.2	14	37.8	23	62.2	12	32.4	2	5.4	0	0.00	2
20	28.6	2	2.9	2	2.86	0	0.00	49	70.0	21	30.0	49	70.0	12	17.1	8	11.4	1	1.43	3
13	16.0	6	7.4	0	0.00	0	0.00	49	60.5	32	39.5	53	65.4	23	28.4	5	6.2	0	0.00	4
72	21.5	14	4.2	0	0.00	0	0.00	268	80.0	67	20.0	268	80.0	36	10.7	31	9.3	0	0.00	5
59	21.5	29	10.6	6	2.19	0	0.00	181	66.1	93	33.9	176	64.2	46	16.8	50	18.2	2	0.73	6
40	25.8	12	7.7	2	1.29	0	0.00	102	65.8	53	34.2	100	64.5	34	21.9	21	13.5	0	0.00	7
25	18.1	18	13.0	3	2.17	0	0.00	89	64.5	49	35.5	83	60.1	34	24.6	21	15.2	0	0.00	8
29	25.9	8	7.1	1	0.89	0	0.00	82	73.2	30	26.8	76	67.9	20	17.9	16	14.3	0	0.00	9
33	28.0	7	5.9	2	1.69	0	0.00	78	66.1	40	33.9	74	62.7	23	19.5	21	17.8	0	0.00	10
362	8.0	69	1.5	8	0.18	0	0.00	3,550	78.0	1,003	22.0	4,317	94.8	65	1.4	167	3.7	4	0.09	11
124	9.9	23	1.8	3	0.24	0	0.00	1,054	83.9	203	16.1	1,176	93.6	29	2.3	51	4.1	1	0.08	12
127	13.2	23	2.4	4	0.42	0	0.00	749	78.0	211	22.0	859	89.5	41	4.3	59	6.1	1	0.10	13
124	16.0	26	3.3	7	0.90	0	0.00	590	75.9	187	24.1	651	83.8	65	8.4	60	7.7	1	0.13	14
78	23.0	16	4.7	2	0.59	0	0.00	231	68.1	108	31.9	241	71.1	61	18.0	37	10.9	0	0.00	15
42	17.9	10	4.3	4	1.71	0	0.00	164	70.1	70	29.9	180	76.9	29	12.4	25	10.7	0	0.00	16
67	22.6	12	4.0	3	1.01	0	0.00	239	80.5	58	19.5	245	82.5	19	6.4	33	11.1	0	0.00	17
100	20.5	19	3.9	2	0.41	0	0.00	361	74.0	127	26.0	385	78.9	54	11.1	49	10.0	0	0.00	18
36	28.3	5	3.9	0	0.00	0	0.00	84	66.1	43	33.9	84	66.1	26	20.5	17	13.4	0	0.00	19
94	25.7	15	4.1	4	1.09	0	0.00	268	73.2	98	26.8	258	70.5	55	15.0	53	14.5	0	0.00	20
64	22.2	14	4.9	3	1.04	0	0.00	204	70.8	84	29.2	215	74.7	31	10.8	40	13.9	2	0.69	21
162	12.3	34	2.6	3	0.23	0	0.00	1,038	79.1	274	20.9	1,165	88.8	49	3.7	98	7.5	0	0.00	22
56	23.6	13	5.5	1	0.42	0	0.00	179	75.5	58	24.5	167	70.5	38	16.0	31	13.1	1	0.42	23
63	19.3	18	5.5	4	1.22	0	0.00	241	73.7	86	26.3	254	77.7	37	11.3	35	10.7	1	0.31	24
41	33.9	12	9.9	0	0.00	0	0.00	88	72.7	33	27.3	77	63.6	25	20.7	18	14.9	1	0.83	25
47	24.1	6	3.1	2	1.03	0	0.00	154	79.0	41	21.0	149	76.4	30	15.4	16	8.2	0	0.00	26
35	24.3	7	4.9	2	1.39	0	0.00	106	73.6	38	26.4	102	70.8	25	17.4	17	11.8	0	0.00	27
284	11.4	71	2.9	6	0.24	0	0.00	2,058	83.0	423	17.0	2,265	91.3	36	1.5	179	7.2	1	0.04	28
76	12.9	15	2.6	6	1.02	0	0.00	498	84.7	90	15.3	522	88.8	26	4.4	40	6.8	0	0.00	29
134	12.9	40	3.8	6	0.58	1	0.10	837	80.4	204	19.6	898	86.3	36	3.5	102	9.8	5	0.48	30
35	16.7	7	3.3	3	1.43	0	0.00	160	76.2	50	23.8	176	83.8	22	10.5	12	5.7	0	0.00	31
38	16.4	4	1.7	1	0.43	0	0.00	169	72.8	63	27.2	188	81.0	28	12.1	15	6.5	1	0.43	32
34	20.4	11	6.6	3	1.80	0	0.00	117	70.1	50	29.9	122	73.1	26	15.6	18	10.8	1	0.60	33
79	14.7	16	3.0	3	0.56	0	0.00	461	86.0	75	14.0	474	88.4	33	6.2	28	5.2	1	0.19	34
53	23.5	15	6.6	2	0.88	0	0.00	152	67.3	74	32.7	171	75.7	21	9.3	34	15.0	0	0.00	35
70	18.9	11	3.0	6	1.62	0	0.00	293	79.0	78	21.0	303	81.7	29	7.8	39	10.5	0	0.00	36
24	27.6	4	4.6	0	0.00	0	0.00	70	80.5	17	19.5	60	69.0	15	17.2	12	13.8	0	0.00	37
18	16.8	12	11.2	1	0.93	0	0.00	70	65.4	37	34.6	63	58.9	30	28.0	14	13.1	0	0.00	38
33	18.4	8	4.5	5	2.79	0	0.00	141	78.8	38	21.2	137	76.5	16	8.9	26	14.5	0	0.00	39
37	27.0	10	7.3	1	0.73	0	0.00	92	67.2	45	32.8	102	74.5	15	10.9	20	14.6	0	0.00	40
32	27.8	4	3.5	0	0.00	0	0.00	85	73.9	30	26.1	78	67.8	27	23.5	10	8.7	0	0.00	41
54	23.0	15	6.4	1	0.43	0	0.00	177	75.3	58	24.7	185	78.7	26	11.1	24	10.2	0	0.00	42
128	12.5	41	4.0	1	0.10	0	0.00	872	84.9	155	15.1	922	89.8	37	3.6	68	6.6	0	0.00	43
23	18.7	5	4.1	4	3.25	0	0.00	89	72.4	34	27.6	86	69.9	26	21.1	11	8.9	0	0.00	44
46	30.7	8	5.3	3	2.00	0	0.00	108	72.0	42	28.0	107	71.3	26	17.3	17	11.3	0	0.00	45
44	26.2	14	8.3	2	1.19	0	0.00	111	66.1	57	33.9	114	67.9	34	20.2	18	10.7	2	1.19	46
60	18.6	13	4.0	4	1.24	0	0.00	271	84.2	51	15.8	269	83.5	23	7.1	30	9.3	0	0.00	47
74	23.7	5	1.6	1	0.32	0	0.00	252	80.8	60	19.2	258	82.7	33	10.6	21	6.7	0	0.00	48
42	26.4	8	5.0	2	1.26	0	0.00	118	74.2	41	25.8	109	68.6	36	22.6	14	8.8	0	0.00	49
46	20.5	15	6.7	0	0.00	0	0.00	165	73.7	59	26.3	165	73.7	47	21.0	12	5.4	0	0.00	50

※司法書士となる資格を得るには大きく二つの方法がある。その方法は（1）試験に合格すること、（2）一定以上の能力又は実務経験が認められることである。（2）の場合に誰に認められたかにより、資格区分を大臣認定、局長認可、所長認可と分類した。大臣認定とは法務大臣（昭和53年法改正以降）が、局長認可とは事務所開設地の（地方）法務局長（昭和25年法改正以降）が、所長認可とは事務所開設地の裁判所長（昭和25年法改正以前）が認めることをいう。

▌司法書士年齢別・性別構成表

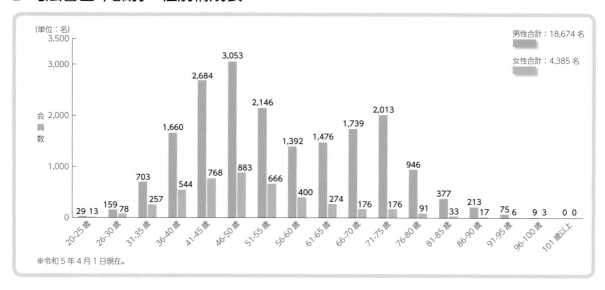

※令和5年4月1日現在。

1. 全体像

　前頁の表は、司法書士会員の実勢を表している。令和5年4月1日現在の全国の司法書士会員数は23,059名であり、男女の内訳は男性18,674名で81.0%を占め、女性は4,385名で19.0%を占めている。平均年齢は54.6歳であり最年少は23歳、最年長は100歳であり、年代は40歳代が7,200名（31.2%）と最も多く、50歳代4,981名（21.6%）、60歳代3,635名（15.8%）の順となっている。

　「認定司法書士」は18,027名と全体の78.2%を占めている。

2. 男女比

　女性の会員の割合が多いのは、東京会（24.9%）、神奈川県会（23.8%）、岡山県会（22.1%）である。逆に女性の会員の割合が少ないのは長崎県会（6.7%）、宮崎県会（8.8%）、青森県会（9.3%）である。

3. 平均年齢

（1）平均年齢が低いのは東京会（50.6歳）、神奈川県会（52.1歳）、札幌会（52.3歳）であった。逆に平均年齢が高いのは秋田県会（61.9歳）、福井県会（61.8歳）、山形県会（61.5歳）であった。

（2）平均年齢が最も低い東京会と最も高い秋田県会を比較すると、東京会の最も多い年齢層は40歳代（1,731名／4,553名、38.0%）であり、秋田県会の最も多い年齢層は60歳代、70歳代（29名／112名、25.9%）である。また20歳代の会員数が東京会は57名（1.3%）のところ、秋田県会は0名（0.0%）である。

　　なお、20歳代の会員の割合が多いのは、函館会（1名／37名、2.7%）、札幌会（10名／520名、1.9%）、和歌山県会（3名／167名、1.8%）である。

4. 認定司法書士

　「認定司法書士」として代理権を取得した会員の割合が多いのは、広島会（86.0%）、福岡県会（84.9%）、京都会（84.7%）である。逆に「認定司法書士」として代理権を取得した会員の割合が少ないのは、釧路会（60.5%）、函館会（62.2%）、岩手県会（64.5%）である。

5. まとめ

　比較的規模の大きい司法書士会であるほど会員の平均年齢は低く、女性の会員の割合が高い。逆に、小規模な司法書士会は高齢化が進み、女性の会員の割合は低いという傾向がみられる。また、「認定司法書士」の割合も規模の大きい司法書士会の方が高いという傾向がみられる。

■ 司法書士事務所の所在状況

　以下は、司法書士事務所の所在状況を表示した地図である。会員ごとに事務所の所在を赤色の○印で表示した。事務所が同一の場合は、司法書士が2名以上存在しても重なってしまうため、○印は一つしか表示されない。また、縮尺の都合から近接している事務所も一つの○印として表示されている箇所もある。

　地図からは、全国津々浦々に司法書士事務所が存在している一方で、都市部に集中していることもわかる。

　特に首都圏、名古屋、京阪神は、○印が判別できないほど集中している。

　地図に道は表示されないが、都市部以外の司法書士事務所の多くは、幹線沿いに存在している。

■ 北海道ブロック会

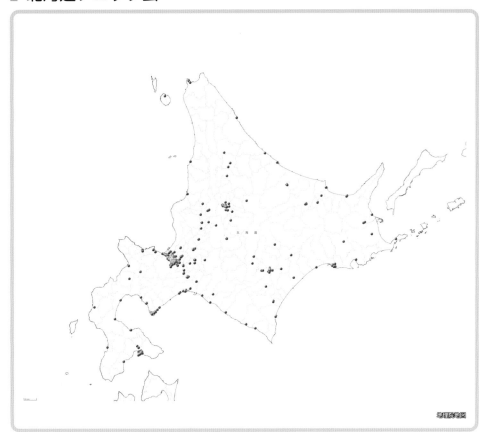

凡例
● ：司法書士事務所

▌東北ブロック会

▌関東ブロック会

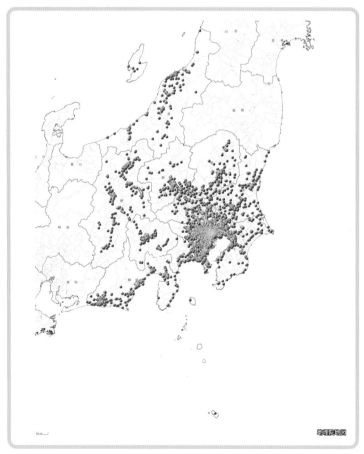

中部ブロック会

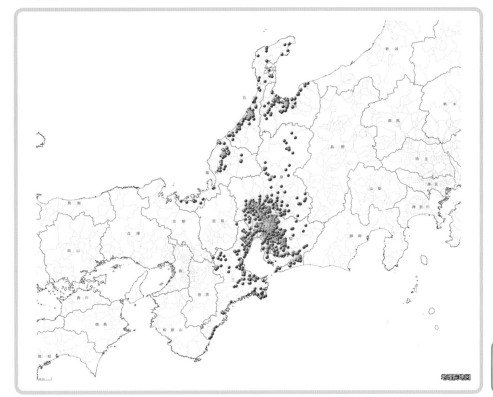

凡例
●：司法書士事務所

近畿ブロック会

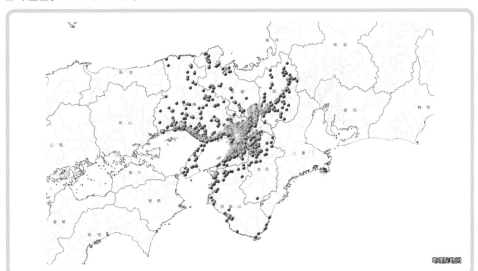

凡例
●：司法書士事務所

▌中国ブロック会

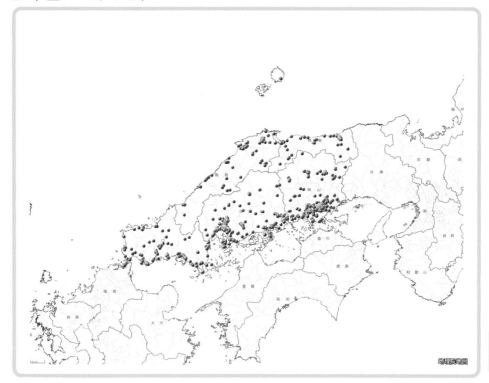

▌四国ブロック会

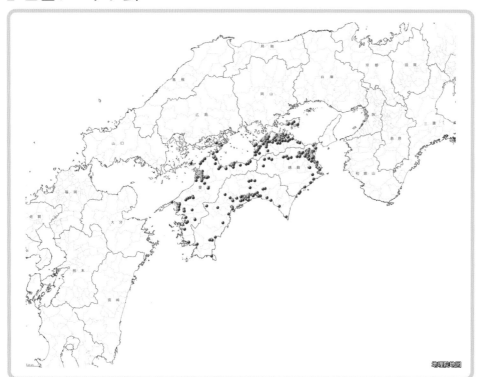

▌九州ブロック会

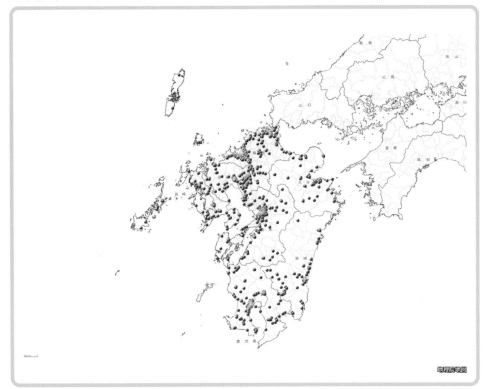

凡例

◉：司法書士事務所

▌九州ブロック会

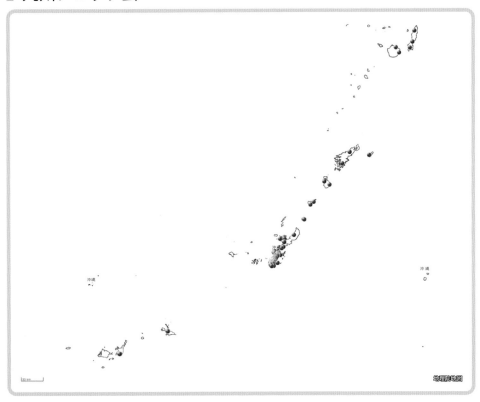

凡例

◉：司法書士事務所

※国土地理院の地理院マップシート（https://maps.gsi.go.jp）を利用して作成。

2 司法書士新規登録者数及び登録取消者数の推移とその内訳

　以下のグラフは平成 25 年度以降の司法書士新規登録者数と登録取消者数の推移である（資料編 163 頁参照）。

　司法書士法第 4 条では、司法書士となる資格を有する者について定められており、「司法書士試験に合格した者」（第 4 条第 1 号）又は「裁判所事務官、裁判所書記官、法務事務官若しくは検察事務官としてその職務に従事した期間が通算して十年以上になる者又はこれと同等以上の法律に関する知識及び実務の経験を有する者であつて、法務大臣が前条第一項第一号から第五号までに規定する業務を行うのに必要な知識及び能力を有すると認めたもの」（第 2 号）が司法書士となる資格（司法書士名簿へ登録する資格）を得ることができる。

　国家試験合格による新規登録者数は、平成 22 年度に 1,059 名のピークを迎えた。平成 25 年度から令和 2 年度にかけて減少していたが、令和 3 年度から増加に転じ、令和 4 年度は 699 名である。法務大臣認定による新規登録者数は、平成元年度に 304 名のピークを迎えた。その後増減を繰り返しながら平成 25 年度以降は 100 名以下となっており、令和 4 年度は 60 名である。

　一方、登録取消者数は、ここ 10 年間は 550 名〜650 名程度で増減を繰り返しており、令和 4 年度は 617 名であった。

■ 司法書士新規登録者数及び登録取消者数の推移とその内訳

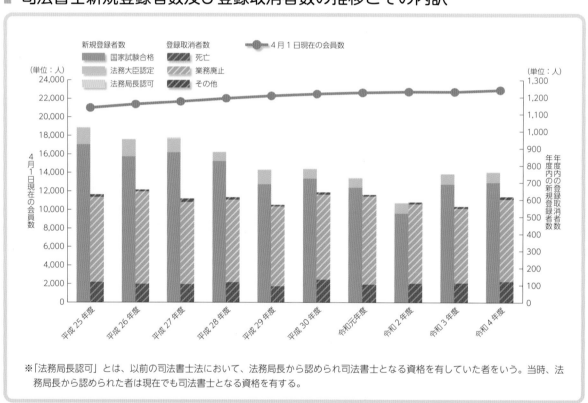

※「法務局長認可」とは、以前の司法書士法において、法務局長から認められ司法書士となる資格を有していた者をいう。当時、法務局長から認められた者は現在でも司法書士となる資格を有する。

3 全国のブロック会・司法書士会別司法書士数の推移

　司法書士数は、10年前の平成26年4月1日現在21,366名であったところ、令和5年4月1日現在では23,059名となり、1,693名の増加となった。以下の図は全国のブロック会別司法書士数の増減数である。

　司法書士会別司法書士数の推移は、資料編166頁のとおりである。最も会員数が増えたのは東京会であり、この10年間で3,663名から890名増加して4,553名（124.3%）となる。一方、会員数が最も減少したのは三重県会で、この10年間で266名から29名減少し237名（89.1%）となった。

　この10年間で会員の増加率が一番大きいのは東京会である。逆に会員の減少率が一番大きいのは函館会で、50名から13名減少して37名（74.0%）となった。

■ 全国のブロック会別司法書士数の増減率

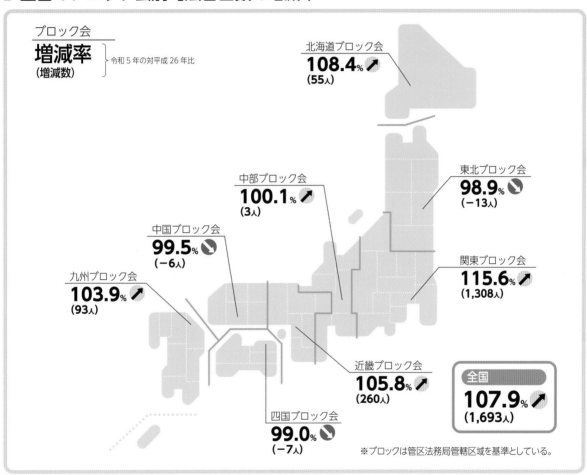

■ 全国のブロック会別司法書士数の推移

ブロック会	平成26年	平成27年	平成28年	平成29年	平成30年	令和元年	令和2年	令和3年	令和4年	令和5年	令和5年の対平成26年比 増減数	令和5年の対平成26年比 増減率
北海道	653	659	671	683	693	687	698	698	702	708	55	108.4%
東　北	1,145	1,132	1,138	1,128	1,134	1,138	1,134	1,129	1,121	1,132	−13	98.9%
関　東	8,378	8,579	8,802	8,996	9,146	9,291	9,389	9,407	9,569	9,686	1,308	115.6%
中　部	2,333	2,342	2,371	2,386	2,395	2,376	2,359	2,346	2,341	2,336	3	100.1%
近　畿	4,459	4,532	4,593	4,628	4,648	4,653	4,661	4,655	4,682	4,719	260	105.8%
中　国	1,333	1,336	1,336	1,330	1,326	1,336	1,327	1,322	1,327	1,327	−6	99.5%
四　国	673	666	672	682	674	671	669	666	670	666	−7	99.0%
九　州	2,392	2,412	2,430	2,450	2,472	2,480	2,487	2,495	2,495	2,485	93	103.9%
全　国	21,366	21,658	22,013	22,283	22,488	22,632	22,724	22,718	22,907	23,059	1,693	107.9%

以下の図は全国ブロック会別の人口と司法書士及び認定司法書士の数を比較したものである。都道府県別人口と司法書士及び認定司法書士１人あたりの人口の比較は資料編 167 頁のとおりである。

司法書士１人あたりの人口は、令和5年4月1日現在（人口は令和5年1月1日現在）で 5,439 名、認定司法書士１人あたりの人口は 6,957 名である。東北ブロック会では、人口に比して司法書士の数が少なく、司法書士１人あたりの人口は 7,486 名となっている。逆に人口に比して司法書士の数が多いのは近畿ブロック会であり、司法書士１人あたりの人口は 4,325 名である。

▌全国ブロック会別人口と司法書士及び認定司法書士１人あたりの人口の比較

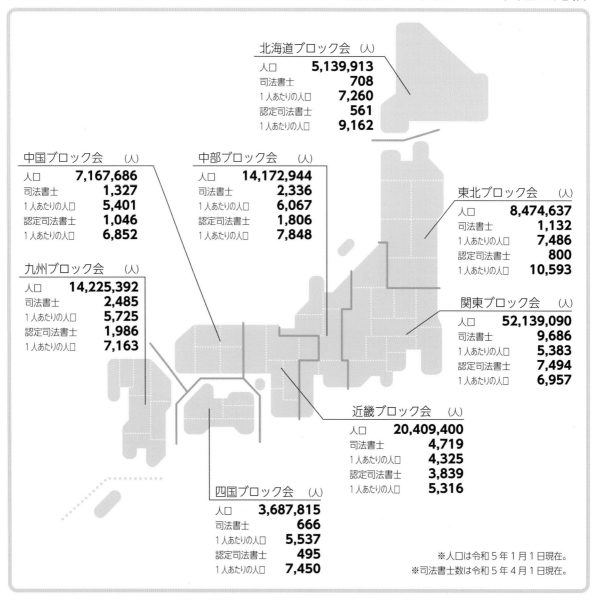

北海道ブロック会　（人）
人口	5,139,913
司法書士	708
1人あたりの人口	7,260
認定司法書士	561
1人あたりの人口	9,162

中国ブロック会　（人）
人口	7,167,686
司法書士	1,327
1人あたりの人口	5,401
認定司法書士	1,046
1人あたりの人口	6,852

中部ブロック会　（人）
人口	14,172,944
司法書士	2,336
1人あたりの人口	6,067
認定司法書士	1,806
1人あたりの人口	7,848

東北ブロック会　（人）
人口	8,474,637
司法書士	1,132
1人あたりの人口	7,486
認定司法書士	800
1人あたりの人口	10,593

九州ブロック会　（人）
人口	14,225,392
司法書士	2,485
1人あたりの人口	5,725
認定司法書士	1,986
1人あたりの人口	7,163

関東ブロック会　（人）
人口	52,139,090
司法書士	9,686
1人あたりの人口	5,383
認定司法書士	7,494
1人あたりの人口	6,957

近畿ブロック会　（人）
人口	20,409,400
司法書士	4,719
1人あたりの人口	4,325
認定司法書士	3,839
1人あたりの人口	5,316

四国ブロック会　（人）
人口	3,687,815
司法書士	666
1人あたりの人口	5,537
認定司法書士	495
1人あたりの人口	7,450

※人口は令和5年1月1日現在。
※司法書士数は令和5年4月1日現在。

5 受験地別司法書士試験出願者数、合格者数及び合格率

　令和 5 年度の司法書士試験は、東京、横浜、さいたま、千葉、静岡、大阪、京都、神戸、名古屋、広島、福岡、那覇、仙台、札幌、高松の 15 か所で実施された。令和 5 年度は全国で 16,133 人の出願者があり、試験合格者は 695 人、合格率は 4.3% であった。

　以下の図は、令和 5 年度の受験地別の司法書士試験合格率である。最も高いのが横浜地方法務局の 6.1% であり、最も低いのが千葉地方法務局の 2.9% であった（資料編 170 頁参照）。

▌受験地別司法書士試験出願者数、合格者数及び合格率

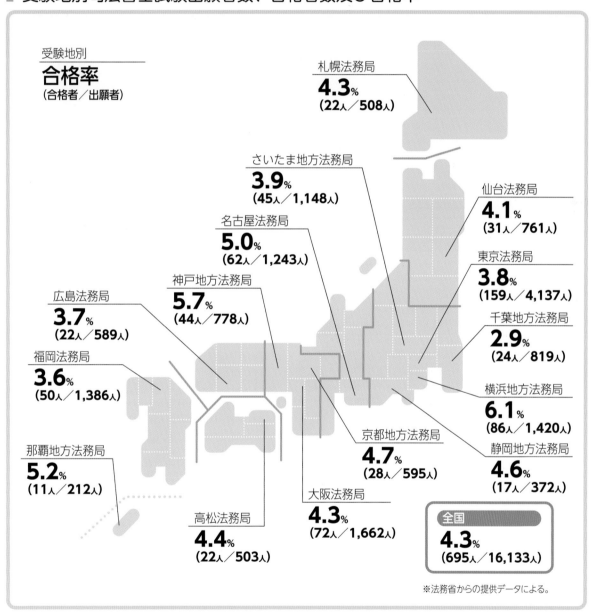

受験地別
合格率
（合格者／出願者）

札幌法務局
4.3%
（22人／508人）

さいたま地方法務局
3.9%
（45人／1,148人）

仙台法務局
4.1%
（31人／761人）

名古屋法務局
5.0%
（62人／1,243人）

東京法務局
3.8%
（159人／4,137人）

神戸地方法務局
5.7%
（44人／778人）

広島法務局
3.7%
（22人／589人）

千葉地方法務局
2.9%
（24人／819人）

福岡法務局
3.6%
（50人／1,386人）

横浜地方法務局
6.1%
（86人／1,420人）

那覇地方法務局
5.2%
（11人／212人）

京都地方法務局
4.7%
（28人／595人）

静岡地方法務局
4.6%
（17人／372人）

大阪法務局
4.3%
（72人／1,662人）

高松法務局
4.4%
（22人／503人）

全国
4.3%
（695人／16,133人）

※法務省からの提供データによる。

3 法律専門職等団体の会員数等

全国ブロック会別の法律専門職等団体の会員数等 （資料編 168・169 頁参照）

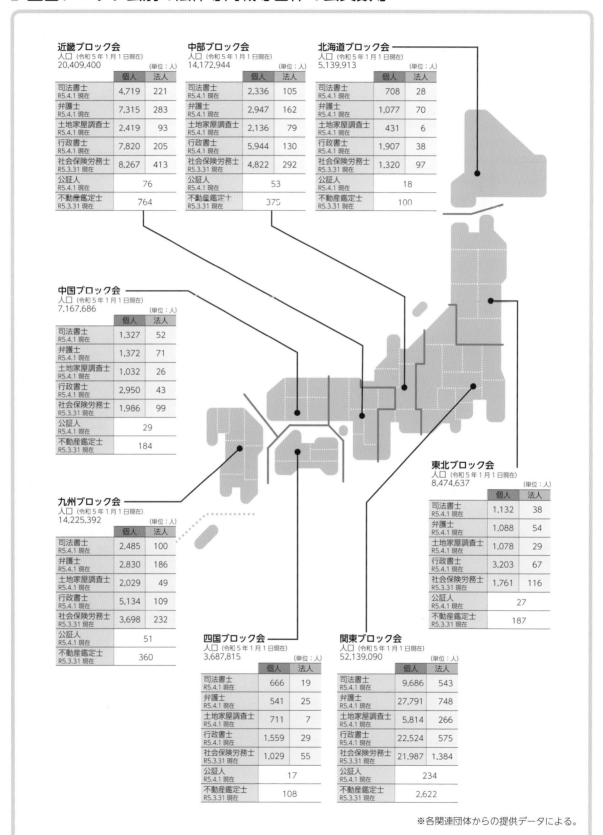

近畿ブロック会
人口（令和5年1月1日現在）
20,409,400

（単位：人）

	個人	法人
司法書士 R5.4.1 現在	4,719	221
弁護士 R5.4.1 現在	7,315	283
土地家屋調査士 R5.4.1 現在	2,419	93
行政書士 R5.4.1 現在	7,820	205
社会保険労務士 R5.3.31 現在	8,267	413
公証人 R5.4.1 現在	76	
不動産鑑定士 R5.3.31 現在	764	

中部ブロック会
人口（令和5年1月1日現在）
14,172,944

（単位：人）

	個人	法人
司法書士 R5.4.1 現在	2,336	105
弁護士 R5.4.1 現在	2,947	162
土地家屋調査士 R5.4.1 現在	2,136	79
行政書士 R5.4.1 現在	5,944	130
社会保険労務士 R5.3.31 現在	4,822	292
公証人 R5.4.1 現在	53	
不動産鑑定士 R5.3.31 現在	375	

北海道ブロック会
人口（令和5年1月1日現在）
5,139,913

（単位：人）

	個人	法人
司法書士 R5.4.1 現在	708	28
弁護士 R5.4.1 現在	1,077	70
土地家屋調査士 R5.4.1 現在	431	6
行政書士 R5.4.1 現在	1,907	38
社会保険労務士 R5.3.31 現在	1,320	97
公証人 R5.4.1 現在	18	
不動産鑑定士 R5.3.31 現在	100	

中国ブロック会
人口（令和5年1月1日現在）
7,167,686

（単位：人）

	個人	法人
司法書士 R5.4.1 現在	1,327	52
弁護士 R5.4.1 現在	1,372	71
土地家屋調査士 R5.4.1 現在	1,032	26
行政書士 R5.4.1 現在	2,950	43
社会保険労務士 R5.3.31 現在	1,986	99
公証人 R5.4.1 現在	29	
不動産鑑定士 R5.3.31 現在	184	

九州ブロック会
人口（令和5年1月1日現在）
14,225,392

（単位：人）

	個人	法人
司法書士 R5.4.1 現在	2,485	100
弁護士 R5.4.1 現在	2,830	186
土地家屋調査士 R5.4.1 現在	2,029	49
行政書士 R5.4.1 現在	5,134	109
社会保険労務士 R5.3.31 現在	3,698	232
公証人 R5.4.1 現在	51	
不動産鑑定士 R5.3.31 現在	360	

東北ブロック会
人口（令和5年1月1日現在）
8,474,637

（単位：人）

	個人	法人
司法書士 R5.4.1 現在	1,132	38
弁護士 R5.4.1 現在	1,088	54
土地家屋調査士 R5.4.1 現在	1,078	29
行政書士 R5.4.1 現在	3,203	67
社会保険労務士 R5.3.31 現在	1,761	116
公証人 R5.4.1 現在	27	
不動産鑑定士 R5.3.31 現在	187	

四国ブロック会
人口（令和5年1月1日現在）
3,687,815

（単位：人）

	個人	法人
司法書士 R5.4.1 現在	666	19
弁護士 R5.4.1 現在	541	25
土地家屋調査士 R5.4.1 現在	711	7
行政書士 R5.4.1 現在	1,559	29
社会保険労務士 R5.3.31 現在	1,029	55
公証人 R5.4.1 現在	17	
不動産鑑定士 R5.3.31 現在	108	

関東ブロック会
人口（令和5年1月1日現在）
52,139,090

（単位：人）

	個人	法人
司法書士 R5.4.1 現在	9,686	543
弁護士 R5.4.1 現在	27,791	748
土地家屋調査士 R5.4.1 現在	5,814	266
行政書士 R5.4.1 現在	22,524	575
社会保険労務士 R5.3.31 現在	21,987	1,384
公証人 R5.4.1 現在	234	
不動産鑑定士 R5.3.31 現在	2,622	

※各関連団体からの提供データによる。

（単位：人）

公認会計士

地域会名	令和4年 R4.3.31 現在		令和5年 R5.3.31 現在		前年比増減数	
	公認会計士	監査法人	公認会計士	監査法人	公認会計士	監査法人
北海道	384	6	398	6	14	0
東北	433	3	437	3	4	0
埼玉	816	0	876	0	60	0
千葉	801	1	859	1	58	0
東京	19,496	178	20,182	175	686	-3
神奈川県	1,672	3	1,741	3	69	0
東海	2,162	14	2,244	17	82	3
北陸	303	1	305	1	2	0
京滋	714	9	726	9	12	0
近畿	3,710	35	3,838	40	128	5
兵庫	847	4	882	3	35	-1
中国	496	5	505	5	9	0
四国	242	5	249	5	7	0
北部九州	826	5	869	7	43	2
南九州	223	3	230	3	7	0
沖縄	90	1	95	1	5	0
合計	33,215	273	34,436	279	1,221	6

（単位：人）

税理士

会名	令和4年 R4.3.31 現在		令和5年 R5.3.31 現在		前年比増減数	
	個人	法人	個人	法人	個人	法人
東京	23,896	1,363	24,031	1,448	135	85
東京地方	5,036	237	5,083	251	47	14
千葉県	2,532	121	2,543	127	11	6
関東信越	7,521	450	7,582	459	61	9
近畿	15,219	795	15,280	837	61	42
北海道	1,862	163	1,885	166	23	3
東北	2,495	150	2,501	161	6	11
名古屋	4,754	321	4,799	338	45	17
東海	4,393	262	4,376	275	-17	13
北陸	1,432	111	1,450	116	18	5
中国	3,207	177	3,226	185	19	8
四国	1,642	93	1,652	100	10	7
九州北部	3,454	199	3,523	208	69	9
南九州	2,249	127	2,275	136	26	9
沖縄	471	32	486	37	15	5
合計	80,163	4,601	80,692	4,844	529	243

（単位：人）

弁理士

地域	令和4年 R4.3.31 現在		令和5年 R5.3.31 現在		前年比増減数	
	個人	法人	個人	法人	個人	法人
北海道	46	2	48	2	2	0
青森県	9	0	9	0	0	0
岩手県	5	0	5	0	0	0
宮城県	21	0	19	0	-2	0
秋田県	8	0	8	0	0	0
山形県	7	0	6	0	-1	0
福島県	9	0	10	0	1	0
茨城県	131	1	132	3	1	2
栃木県	41	0	41	0	0	0
群馬県	28	0	26	0	-2	0
埼玉県	202	2	208	2	6	0
千葉県	230	2	221	5	-9	3
東京都	6,261	189	6,279	229	18	40
神奈川県	852	10	868	15	16	5
山梨県	23	1	24	1	1	0
長野県	55	2	57	2	2	0
岐阜県	62	3	64	5	2	2
静岡県	93	0	89	0	-4	0
愛知県	589	31	598	36	9	5
三重県	25	1	31	1	6	0
新潟県	24	0	24	0	0	0
富山県	24	0	23	2	-1	0
石川県	19	0	19	0	0	0
福井県	17	2	17	2	0	0
滋賀県	82	0	84	0	2	0
京都府	264	3	265	3	1	0
大阪府	1,732	50	1,733	68	1	18
兵庫県	310	4	301	5	-9	1
奈良県	50	1	49	1	-1	0
和歌山県	14	0	14	0	0	0
鳥取県	4	0	4	0	0	0
島根県	4	0	4	0	0	0
岡山県	30	2	29	2	-1	0
広島県	48	1	44	2	-4	1
山口県	15	0	16	0	1	0
徳島県	15	1	15	1	0	0
香川県	13	1	14	1	1	0
愛媛県	16	0	17	1	1	1
高知県	5	0	6	0	1	0
福岡県	115	3	119	3	4	0
佐賀県	5	0	5	1	0	1
長崎県	4	0	4	0	0	0
熊本県	15	0	15	0	0	0
大分県	6	0	6	0	0	0
宮崎県	9	0	9	0	0	0
鹿児島県	9	0	10	0	1	0
沖縄県	8	0	8	0	0	0
国外	99	／	98	／	-1	0
合計	11,653	314	11,695	393	42	79

※各関連団体からの提供データによる。

4. 司法書士会

司法書士会一覧

（令和 6 年 4 月 1 日現在）

司法書士会		郵便番号	所在地	電話番号
札幌司法書士会	北海道ブロック会	〒 060-0042	北海道札幌市中央区大通西 13-4	011-281-3505
函館司法書士会		〒 040-0033	北海道函館市千歳町 21-13　桐朋会館内	0138-27-0726
旭川司法書士会		〒 070-0901	北海道旭川市花咲町 4	0166-51-9058
釧路司法書士会		〒 085-0833	北海道釧路市宮本 1-2-4	0154-41-8332
宮城県司法書士会	東北ブロック会	〒 980-0821	宮城県仙台市青葉区春日町 8-1	022-263-6755
福島県司法書士会		〒 960-8022	福島県福島市新浜町 6-28	024-534-7502
山形県司法書士会		〒 990-0021	山形県山形市小白川町 1-16-26	023-623-7054
岩手県司法書士会		〒 020-0015	岩手県盛岡市本町通 2-12-18	019-622-3372
秋田県司法書士会		〒 010-0951	秋田県秋田市山王 6-3-4	018-824-0187
青森県司法書士会		〒 030-0861	青森県青森市長島 3-5-16	017-776-8398
東京司法書士会	関東ブロック会	〒 160-0003	東京都新宿区四谷本塩町 4-37　司法書士会館 2F	03-3353-9191
神奈川県司法書士会		〒 231-0024	神奈川県横浜市中区吉浜町 1 番地	045-641-1372
埼玉司法書士会		〒 330-0063	埼玉県さいたま市浦和区高砂 3-16-58	048-863-7861
千葉司法書士会		〒 261-0001	千葉県千葉市美浜区幸町 2-2-1	043-246-2666
茨城司法書士会		〒 310-0063	茨城県水戸市五軒町 1-3-16	029-225-0111
栃木県司法書士会		〒 320-0848	栃木県宇都宮市幸町 1-4	028-614-1122
群馬司法書士会		〒 371-0023	群馬県前橋市本町 1-5-4	027-224-7763
静岡県司法書士会		〒 422-8062	静岡県静岡市駿河区稲川 1-1-1	054-289-3700
山梨県司法書士会		〒 400-0024	山梨県甲府市北口 1-6-7	055-253-6900
長野県司法書士会		〒 380-0872	長野県長野市妻科 399	026-232-7492
新潟県司法書士会		〒 950-0911	新潟県新潟市中央区笹口 1-11-15	025-244-5121
愛知県司法書士会	中部ブロック会	〒 456-0018	愛知県名古屋市熱田区新尾頭 1-12-3	052-683-6683
三重県司法書士会		〒 514-0036	三重県津市丸之内養正町 17-17	059-224-5171
岐阜県司法書士会		〒 500-8114	岐阜県岐阜市金竜町 5-10-1	058-246-1568
福井県司法書士会		〒 918-8112	福井県福井市下馬 2-314　司調合同会館	0776-43-0601
石川県司法書士会		〒 921-8013	石川県金沢市新神田 4-10-18	076-291-7070
富山県司法書士会		〒 930-0008	富山県富山市神通本町 1-3-16　エスポワール神通 3F	076-431-9332
大阪司法書士会	近畿ブロック会	〒 540-0019	大阪府大阪市中央区和泉町 1-1-6	06-6941-5351
京都司法書士会		〒 604-0973	京都府京都市中京区柳馬場通夷川上ル 5 丁目 232 番地の 1	075-241-2666
兵庫県司法書士会		〒 650-0017	兵庫県神戸市中央区楠町 2-2-3	078-341-6554
奈良県司法書士会		〒 630-8325	奈良県奈良市西木辻町 320-5	0742-22-6677
滋賀県司法書士会		〒 520-0056	滋賀県大津市末広町 7-5　滋賀県司調会館 2F	077-525-1093
和歌山県司法書士会		〒 640-8145	和歌山県和歌山市岡山丁 24	073-422-0568
広島司法書士会	中国ブロック会	〒 730-0012	広島県広島市中区上八丁堀 6-69	082-221-5345
山口県司法書士会		〒 753-0064	山口県山口市神田町 5-11　山口神田ビル 3F	083-924-5220
岡山県司法書士会		〒 700-0023	岡山県岡山市北区駅前町 2-2-12	086-226-0470
鳥取県司法書士会		〒 680-0022	鳥取県鳥取市西町 1-314-1	0857-24-7013
島根県司法書士会		〒 690-0887	島根県松江市殿町 383 番地　山陰中央ビル 5F	0852-24-1402
香川県司法書士会	四国ブロック会	〒 760-0022	香川県高松市西内町 10-17	087-821-5701
徳島県司法書士会		〒 770-0808	徳島県徳島市南前川町 4-41	088-622-1865
高知県司法書士会		〒 780-0928	高知県高知市越前町 2-6-25	088-825-3131
愛媛県司法書士会		〒 790-0062	愛媛県松山市南江戸 1-4-14	089-941-8065
福岡県司法書士会	九州ブロック会	〒 810-0073	福岡県福岡市中央区舞鶴 3-2-23	092-714-3721
佐賀県司法書士会		〒 840-0843	佐賀県佐賀市川原町 2-36	0952-29-0626
長崎県司法書士会		〒 850-0874	長崎県長崎市魚の町 3-33　長崎県建設総合会館本館 6F	095-823-4777
大分県司法書士会		〒 870-0045	大分県大分市城崎町 2-3-10	097-532-7579
熊本県司法書士会		〒 862-0971	熊本県熊本市中央区大江 4-4-34	096-364-2889
鹿児島県司法書士会		〒 892-0823	鹿児島県鹿児島市住吉町 13-1　ハーバーフロントビル 4F	099-248-8270
宮崎県司法書士会		〒 880-0803	宮崎県宮崎市旭 1-8-39-1	0985-28-8538
沖縄県司法書士会		〒 900-0006	沖縄県那覇市おもろまち 4-16-33	098-867-3526

第 2 章

※注記のないデータは日司連による。

寄り添い続ける司法書士
～司法書士の公益的活動状況～

1. 相談センター

1 ▶ 司法書士総合相談センター

　平成16年度、日司連は国民の司法アクセスの向上を図るため「司法書士総合相談センター構想」を提唱し、全国の司法書士会において司法書士総合相談センター（以下「相談センター」という。）の設置準備を開始した。

　相談センター事業は、約1年間の準備期間を経て、平成17年度から本格的に稼働しはじめ、令和4年度、その数は全国の司法書士会で155か所となっている。

　以下のグラフ及び表は、全国の相談センターに寄せられた相談内容とその件数の推移である。

　相談件数は全体として年々減少傾向にあったが、令和3年度からは前年と比べて毎年1万件以上増加している。

　相談内容は、「登記・供託関係」の占める割合が4割を超えている。次いで、「家事」の割合が高く、件数、割合ともに、増加傾向にある（資料編186頁もあわせて参照）。

■ 全国の司法書士総合相談センターの相談件数の推移

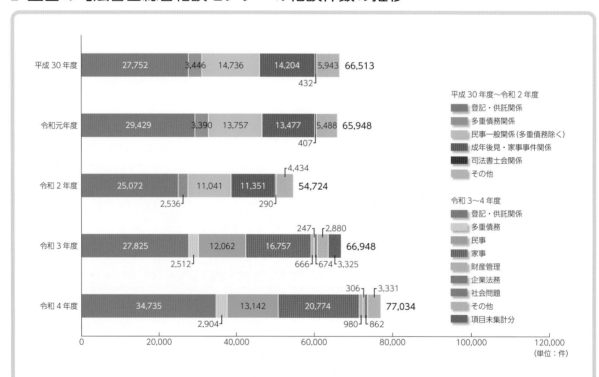

	登記・供託関係		多重債務関係		民事一般関係 （多重債務除く）		成年後見・ 家事事件関係		司法書士会関係		その他		相談件数合計
	件数(件)	割合	件数(件)	割合	件数(件)	割合	件数(件)	割合	件数(件)	割合	件数(件)	割合	件数(件)
平成30年度	27,752	41.7%	3,446	5.2%	14,736	22.2%	14,204	21.4%	432	0.6%	5,943	8.9%	66,513
令和元年度	29,429	44.6%	3,390	5.1%	13,757	20.9%	13,477	20.4%	407	0.6%	5,488	8.3%	65,948
令和2年度	25,072	45.8%	2,536	4.6%	11,041	20.2%	11,351	20.7%	290	0.5%	4,434	8.1%	54,724

	登記・供託関係		多重債務		民事		家事		財産管理		企業法務		社会問題		その他		相談件数合計
	件数	割合	件数	割合	件数	割合	件数	割合	件数	割合	件数	割合	件数	割合	件数	割合	件数
令和3年度	27,825	43.7%	2,512	3.9%	12,062	19.0%	16,757	26.3%	666	1.0%	247	0.4%	674	1.1%	2,880	4.5%	66,948
令和4年度	34,735	45.1%	2,904	3.8%	13,142	17.1%	20,774	27.0%	980	1.3%	306	0.4%	862	1.1%	3,331	4.3%	77,034

※令和3年度以降、相談集計項目を変更した。
※令和3年度は、項目未集計分（3,325件）があるため、各項目の合計数と「相談件数合計」が一致しない。
※令和3年度の各項目の割合は、各項目の合計数に対する割合で表記している。

2 司法書士電話相談センター

平成18年10月、日本司法支援センター（以下「法テラス」という。）の業務開始に合わせ、司法書士電話相談センターを開設し、法テラスから直接電話転送を受け、相談に応じる事業を開始した。

法テラス・サポートダイヤルでは、相談窓口の紹介や法情報の提供などの情報提供業務を行うが、法律相談には応じることができない。そこで、相談希望者に対しては即時に法テラス・サポートダイヤルから司法書士電話相談センターへ電話転送をすることにより、法律相談に応じている。

現在、札幌会、東京会、神奈川県会、三重県会の会員が当番制で以下の時間帯で相談に応じている。
- ●平日：午後2時から午後8時まで
- ●土曜：午後2時から午後5時まで

以下のグラフは、平成30年度から令和4年度までの司法書士電話相談センターの相談員数、相談者数及び相談件数の推移である。

相談者数及び相談件数は、平成30年度から令和4年度まで5年連続で、減少となった。

▌ 司法書士電話相談センターの相談件数等の推移

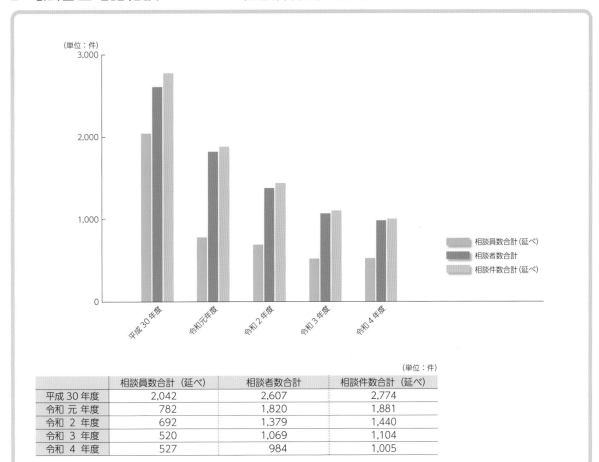

（単位：件）

	相談員数合計（延べ）	相談者数合計	相談件数合計（延べ）
平成 30 年度	2,042	2,607	2,774
令和 元 年度	782	1,820	1,881
令和 2 年度	692	1,379	1,440
令和 3 年度	520	1,069	1,104
令和 4 年度	527	984	1,005

2 民事法律扶助

1 民事法律扶助件数の推移

　民事法律扶助制度には、①法律相談援助、②代理援助、③書類作成援助の制度がある。司法書士は、①と②については訴訟の目的の価額が140万円以下の民事事件に限られるが、③については140万円を超える民事事件や家事事件についても利用することができる。

　以下の表及びグラフは、平成30年度から令和4年度までの各援助件数の推移である。また、次頁の表は、法テラス地方事務所ごとの書類作成援助件数の推移である。

　令和3年度と比較し、法律相談援助件数、代理援助件数及び書類作成援助件数のすべてで減少となった。

　書類作成援助は、ほぼ司法書士による利用であり、自己破産や個人再生などの多重債務事件の割合が最も多いものの、その割合が減少している。一方、家事事件の割合が年々増加している。

▌民事法律扶助件数の推移

1. 法律相談援助件数

(単位：件)

	件　数
平成30年度	314,614
令和 元 年度	315,085
令和 2 年度	290,860
令和 3 年度	312,770
令和 4 年度	309,762

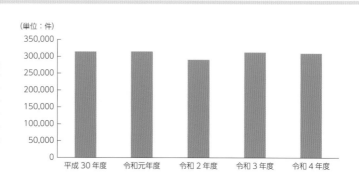

2. 代理援助開始決定件数

(単位：件)

	件　数
平成30年度	115,830
令和 元 年度	112,237
令和 2 年度	105,630
令和 3 年度	103,478
令和 4 年度	101,594

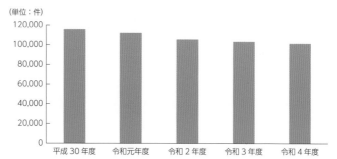

3. 書類作成援助開始決定件数

(単位：件)

	件　数
平成30年度	3,522
令和 元 年度	3,309
令和 2 年度	3,476
令和 3 年度	3,393
令和 4 年度	3,258

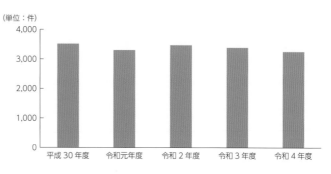

※法テラスからの提供データによる。

書類作成援助件数（多重債務事件・その他）

（単位：件）

	平成30年度			令和元年度			令和2年度			令和3年度			令和4年度		
	多重債務事件	その他	合計	多重債務事件	その他	合計	多重債務事件	その他	合計	多重債務事件	その他	合計	多重債務事件	その他	合計
札　幌	94	33	127	82	31	113	73	25	98	52	54	106	54	48	102
函　館	5	3	8	4	1	5	5	1	6	2	1	3	0	0	0
旭　川	12	3	15	7	5	12	5	1	6	5	8	13	2	4	6
釧　路	3	0	3	4	7	11	5	4	9	4	2	6	2	9	11
宮　城	12	4	16	2	4	6	7	2	9	14	5	19	9	5	14
福　島	13	5	18	16	2	18	16	1	17	14	4	18	11	3	14
山　形	6	3	9	1	3	4	0	2	2	3	1	4	0	1	1
岩　手	42	9	51	41	5	46	49	8	57	34	11	45	41	7	48
秋　田	23	5	28	22	3	25	24	1	25	12	2	14	11	4	15
青　森	22	3	25	18	3	21	14	1	15	6	0	6	2	2	4
東　京	91	34	125	86	32	118	62	41	103	57	58	115	61	32	93
神奈川	109	42	151	114	45	159	200	77	277	224	89	313	236	91	327
埼　玉	57	17	74	75	12	87	72	16	88	47	12	59	71	12	83
千　葉	35	24	59	27	19	46	21	25	46	26	25	51	19	36	55
茨　城	9	3	12	7	8	15	7	5	12	10	4	14	19	4	23
栃　木	14	4	18	11	1	12	7	0	7	5	1	6	13	2	15
群　馬	38	3	41	27	8	35	27	11	38	25	9	34	29	1	30
静　岡	171	54	225	191	47	238	172	56	228	172	65	237	169	52	221
山　梨	8	0	8	4	3	7	5	1	6	6	1	7	5	1	6
長　野	39	7	46	48	9	57	23	7	30	18	5	23	24	3	27
新　潟	37	56	93	58	63	121	52	55	107	25	55	80	27	55	82
愛　知	130	29	159	95	18	113	110	29	139	110	23	133	91	19	110
三　重	35	5	40	42	5	47	46	4	50	29	4	33	21	13	34
岐　阜	9	8	17	6	9	15	5	3	8	3	9	12	6	5	11
福　井	5	1	6	1	3	4	5	4	9	4	3	7	2	4	6
石　川	12	9	21	12	5	17	15	6	21	16	3	19	12	4	16
富　山	14	7	21	14	8	22	8	9	17	9	8	17	11	20	31
大　阪	292	179	471	253	179	432	256	222	478	240	219	459	185	191	376
京　都	59	124	183	58	144	202	45	172	217	42	238	280	43	226	269
兵　庫	248	144	392	172	214	386	131	284	415	93	292	385	72	303	375
奈　良	11	3	14	19	6	25	16	11	27	12	4	16	6	11	17
滋　賀	19	18	37	15	17	32	17	20	37	14	24	38	12	47	59
和歌山	14	7	21	11	3	14	11	0	11	8	9	17	8	1	9
広　島	39	15	54	27	16	43	31	21	52	24	18	42	24	14	38
山　口	10	2	12	11	2	13	16	6	22	15	5	20	10	3	13
岡　山	31	29	60	25	26	51	16	40	56	17	29	46	25	43	68
鳥　取	8	0	8	4	1	5	3	1	4	0	1	1	2	0	2
島　根	5	1	6	5	2	7	2	0	2	2	0	2	1	0	1
香　川	3	1	4	7	1	8	3	3	6	2	0	2	1	2	3
徳　島	18	6	24	19	9	28	17	9	26	12	9	21	19	7	26
高　知	95	0	95	71	0	71	51	4	55	41	4	45	27	4	31
愛　媛	11	3	14	13	2	15	10	9	19	11	5	16	11	6	17
福　岡	322	51	373	245	51	296	213	83	296	219	82	301	164	68	232
佐　賀	29	6	35	25	7	32	12	8	20	11	2	13	12	8	20
長　崎	12	0	12	17	8	25	8	8	16	11	4	15	9	9	18
大　分	9	1	10	3	6	9	4	5	9	5	3	8	7	2	9
熊　本	38	11	49	38	15	53	20	17	37	24	8	32	19	8	27
鹿児島	50	28	78	50	22	72	46	46	92	38	49	87	34	42	76
宮　崎	15	9	24	13	7	20	13	16	29	10	10	20	7	10	17
沖　縄	122	8	130	92	4	96	112	8	120	125	8	133	157	13	170
全国合計	2,505	1,017	3,522	2,208	1,101	3,309	2,088	1,388	3,476	1,906	1,487	3,393	1,803	1,455	3,258

※法テラスからの提供データによる。

2 特定援助対象者法律相談援助

法テラスでは平成30年1月24日より「特定援助対象者法律相談援助」を実施している。

「特定援助対象者法律相談援助」とは、特定援助対象者（高齢・障がい等で認知機能が十分でない方）であって、近隣に居住する親族がいないことその他の理由により、弁護士、弁護士法人、弁護士・外国法事務弁護士共同法人又は隣接法律専門職者のサービスの提供を自発的に求めることが期待できない者を援助するため、自立した日常生活及び社会生活を営むに当たり必要な法律相談を実施するものである（総合法律支援法第30条第1項第3号）。認知機能が十分でない方は、法的問題を抱えていても、自発的に法律相談を受けるために行動することが難しい場合があるため、民事法律扶助業務運営細則で定められた特定援助機関から法テラスに申入れをすることにより、資力に関わらず出張相談（有資力者の場合は、相談料は本人負担）を行う制度である。

司法書士は、成年後見業務をはじめとして、地域の福祉機関とも日常的な連携関係を築いており、福祉機関からの申入れに基づく出張法律相談にも対応している。

3 契約司法書士・契約司法書士法人数の推移

司法書士が民事法律扶助に関する業務を行う場合、法テラスと契約を締結しなくてはならない。

以下の表は、平成30年度から令和4年度までの各契約別の契約司法書士数及び契約司法書士法人数の推移を示している。契約司法書士数及び契約司法書士法人数は、令和3年度に比べ、わずかに増加しているが、ほぼ横ばいといってよい。

■ 契約司法書士・契約司法書士法人数の推移

1. 契約司法書士数

（単位：名）

	契約司法書士数
平成 30 年度	7,440
令和 元 年度	7,453
令和 2 年度	7,500
令和 3 年度	7,525
令和 4 年度	7,555

2. 契約司法書士法人数

（単位：名）

	契約司法書士法人数
平成 30 年度	264
令和 元 年度	245
令和 2 年度	263
令和 3 年度	284
令和 4 年度	303

※法テラスからの提供データによる。

4 ▶ 法テラスへの問合せ件数等の推移

　法テラス・サポートダイヤル及び地方事務所への問合せ件数の推移は、以下の表のとおりである。令和4年度の問合せ件数は、令和3年度と比べ、法テラス・サポートダイヤル、地方事務所、いずれにおいても増加している。これらの問合せの一部については、司法書士会等が相談窓口等として紹介されている。

■ 法テラスへの問合せ件数及び司法書士会紹介割合

〈法テラスへの問合せ件数〉 (単位：件)

	平成30年度	令和元年度	令和2年度	令和3年度	令和4年度
法テラス・サポートダイヤル	362,709	395,100	349,533	377,753	399,812
地方事務所	206,269	200,333	202,211	216,639	226,110

　関係機関別の紹介件数の状況（割合）は以下の表のとおりである。
　法テラス・サポートダイヤルへの問合せのうち、資力要件を満たすものは地方事務所が紹介される。市役所の紹介が一定数あることから、行政事務に関する問合せも相当数あることが推測される。

■ 法テラスにおける司法書士会等関係機関紹介状況（割合）の推移

〈法テラス・サポートダイヤル〉 (単位：%)

	平成30年度	令和元年度	令和2年度	令和3年度	令和4年度
法テラス地方事務所	48.1	53.5	53.0	49.3	48.5
弁護士会	29.0	28.0	27.7	32.0	33.2
司法書士会	2.6	1.9	1.9	1.8	1.7
市役所	3.5	2.4	2.1	2.8	3.0
その他	16.8	14.2	15.3	14.1	13.6

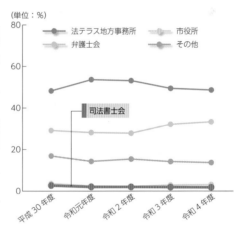

〈地方事務所〉 (単位：%)

	平成30年度	令和元年度	令和2年度	令和3年度	令和4年度
法テラス地方事務所	55.7	59.3	61.1	61.5	62.4
弁護士会	26.0	25.2	24.8	25.2	25.3
司法書士会	4.0	3.5	3.5	3.0	2.7
市役所	2.8	2.7	2.0	2.3	2.3
その他	11.5	9.3	8.6	8.0	7.3

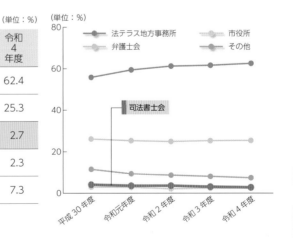

※「その他」には、消費生活センター、都道府県労働局（総合労働相談コーナー）、都道府県庁、公益財団法人日弁連交通事故相談センター、日本労働弁護団、家庭裁判所（家事調停）、女性センター・男女共同参画センター等、社会福祉協議会などが含まれる。
※法テラス白書による。

▌ 法テラス利用者から司法書士相談機関までのフロー（イメージ）

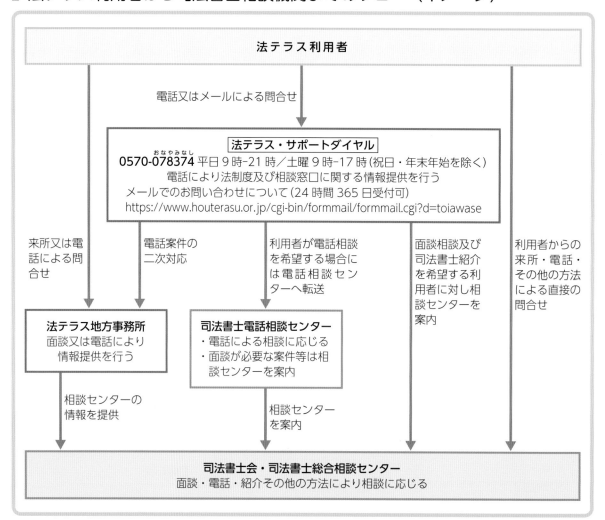

法テラス利用者

電話又はメールによる問合せ

法テラス・サポートダイヤル
0570-078374（おなやみなし）平日9時-21時／土曜9時-17時（祝日・年末年始を除く）
電話により法制度及び相談窓口に関する情報提供を行う
メールでのお問い合わせについて（24時間365日受付可）
https://www.houterasu.or.jp/cgi-bin/formmail/formmail.cgi?d=toiawase

来所又は電話による問合せ

電話案件の二次対応

利用者が電話相談を希望する場合には電話相談センターへ転送

面談相談及び司法書士紹介を希望する利用者に対し相談センターを案内

利用者からの来所・電話・その他の方法による直接の問合せ

法テラス地方事務所
面談又は電話により
情報提供を行う

司法書士電話相談センター
・電話による相談に応じる
・面談が必要な案件等は相談センターを案内

相談センターの情報を提供

相談センターを案内

司法書士会・司法書士総合相談センター
面談・電話・紹介その他の方法により相談に応じる

·3· 社会貢献・人権擁護活動

日司連では、「日司連市民の権利擁護推進室」ほか委員会等を設置し、様々な社会貢献・人権擁護活動を行うとともに、全国の司法書士会や会員のそれらの活動を支援している。

1 日司連市民の権利擁護推進室

〈活動の理念〉

司法書士は、その業務を通して日々様々な人権問題と接する立場にある。法律家としてこれらの問題を解消すべく取り組んでいくことが求められており、日司連では、日司連市民の権利擁護推進室内に以下の6つの部会を設置している。

1 経済的困窮者の権利擁護部会
2 高齢者の権利擁護部会
3 障がい者の権利擁護部会
4 子どもの権利擁護部会
5 自死問題対策部会
6 セクシュアル・マイノリティの権利擁護部会

日司連市民の権利擁護推進室を設置した目的は大きく2つある。

1つ目は、現在、日司連に設置されている人権問題に直接関係する上記6つの部会が扱う分野における取組みの推進である。そして、その推進のために部会相互の情報共有と意見交換を行っている。これにより、各部会が取り組んでいるそれぞれの分野についての議論のプロセスを知ることができ、日司連の人権問題への全体的な取組みの現状と今後の課題についても共有することができる。

2つ目は、人権侵犯被害の救済手続の推進である。これは、上記6つの部会が扱う分野に関して、法務局に対する人権侵犯被害の救済手続の申立書類作成を通じて、司法書士が人権救済の担い手となるべく、当該手続を行うにあたってのノウハウについての研修会の実施等を行っている。

また、当推進室では、毎年、司法書士人権フォーラムを開催し、様々な人権に関するテーマを取り上げ、その成果を発表している。令和5年度は、「法律相談における情報保障〜コミュニケーションバリアフリーを考える〜」をテーマにWeb配信により開催した。

このフォーラムは、司法書士以外の方にも参加していただき、身近にある人権問題を理解してもらい、それを個人の問題としてではなく、社会全体の課題としてとらえ、共に問題解決を図るためのスタートラインとすることを目的としている。

なお、日司連市民の権利擁護推進室の取組みを紹介するリーフレット「困っていませんか？くらしの中の人権」は、日司連ホームページからダウンロードができる。
(https://www.shiho-shoshi.or.jp/gallery/booklet_list/)

1. 経済的困窮者の権利擁護部会

〈活動の理念〉

　日司連及び全国の司法書士会並びに会員は、これまで消費者問題、雇用・労働事件、日常生活における紛争事件や成年後見等の業務、またこれらに関する相談を通じて、多重債務被害者救済・高齢者支援・自死防止対策・労働者派遣問題等の法律・社会的諸問題への対応に積極的に取り組んできた。

　こうした取組みの中で、我々は、自助努力ばかりが強調されるとともに、社会保障制度が十分に整備されていない日本社会において、経済的困窮者がいわば構造的に生み出されることを見据え、その救済への取組みや、国家の制度及び施策に対する積極的な意見・提言を行っていく必要があると考える。そのために、まず経済的困窮から生じる孤立・孤独により法的サービスから遠ざけられている経済的困窮者に対し、法的サービスを提供して困窮から脱却させるといった、司法書士の具体的行動を支援することが我々の第一の活動内容である。この点で、司法書士が経済的困窮者に対して生活再建を図る上で必要な法的支援を提供する等の活動により取り組みやすくするため、全国の司法書士会が実施する経済的困窮者を対象とした法律支援事業の実施にかかる助成事業を進めている。

　経済的困窮者をめぐる法制度に目を向ければ、平成 25 年から生活保護基準の段階的削減が実施されており、現在もその違法性について全国の裁判所で争われている。生活保護制度の捕捉率は低く、利用を阻む要因として自動車の保有及び使用が原則として認められていないことが挙げられる。また平成 27 年度に施行された生活困窮者自立支援法は、平成 30 年に改正され「地域社会からの孤立」を含めた支援を行うこと、そして困窮者支援を通じた地域共生社会づくりの視点を明確にしている。さらに社会福祉法の改正による重層的支援体制整備事業は、属性・世代を超えた包括的な支援と、単なる問題解決にとどまらない継続的な伴走型支援を打ち出している。このように、経済的困窮者をめぐる法制度は大きく変動している。我々は、生活保護制度やこうした新たな法制度において、国民の生存権が真に保障されているのか否かを常に注視し、必要に応じて国や地方公共団体に対して意見表明等を行わなければならない。他方で、地域共生社会づくりにも積極的に参画し、一人として排除されることのない地域を創造すべく、地域における他機関や場合によっては行政とも連携を図る必要があると考える。

〈令和 5 年度の主な事業〉

1　司法書士会が行う社会保障給付の支給等に関する相談を含む法律相談会の開催、申請同行支援等の経済的困窮者に対する法律支援事業への助成を行った。

2　生活保護制度・生活保護申請支援等をテーマとする司法書士会への講師派遣事業を行った。

3　生活保護制度等社会保障制度について調査・研究を行い、生活保護基準引下げをめぐる名古屋高等裁判所令和 5 年 11 月 30 日判決に関する会長声明を発出した。

4　年末における相談需要に対応し、かつ、市民の生活困窮状態からの脱却を支援すべく、令和 5 年 12 月 16 日に「年末困りごと相談会」を実施した。

5　経済的困窮者の権利擁護に取り組む司法書士に関する動画の作成を行った。

2. 高齢者の権利擁護部会

〈活動の理念〉

　超高齢社会の到来により、高齢者にかかわる社会問題は増加の一途をたどっている。虐待、消費者被害、認知症高齢者の行方不明の問題等、枚挙にいとまがない。高齢者の権利を擁護するために、これまでも多くの司法書士が成年後見人等の立場から、これらの問題の解決に向けた活動を行っているが、その活動を担う司法書士の裾野を広げることが高齢者の権利擁護部会の役割の一つである。

　また、高齢者の権利を擁護する活動は、地域の多くの社会資源と連携することによって、より大きな効果をもたらすことが可能となる。そのために、当部会では全国の司法書士会及び会員が地域との連携をより推進することができるようにするための事業や、高齢者がより安心・安全な生活を送ることができるように、

制度等の改善を求める対外的・社会的活動も行っている。

〈令和5年度の主な事業〉

1　国内外関係諸団体に対する調査及び研究並びに団体への参加

　　高齢者問題に関する分野においては、様々な団体等が活動を行っており、それらの団体がシンポジウムや研修会等を開催している。それらに参加することにより、最新の情報や知識を得ることが可能となる。

　　そこで、令和5年度も、新たな情報や知識を習得して部会活動に活かすため、諸団体のシンポジウムや研修会等へ積極的に参加した。

2　地域連携の推進に向けた研修会用コンテンツの改訂・利用促進

　　令和3年度事業として、全国の司法書士会が地域連携を促進するための足掛かりとするために、地域からの要請に応じて高齢者の権利擁護に関する研修会の講師を派遣する際に、司法書士会が負担なく講師を派遣できるようにするためのテキストとなるべきコンテンツを2種類（①民間事業者職員向け、②地域包括支援センター等職員向け）製作し、全国の司法書士会にデータで提供した。

　　令和5年度においては上記コンテンツについて、より詳細、より幅広い内容に改訂すべく検討を実施した。

3　高齢者に関連するサービスの実態とニーズに関する調査及び研究

　　昨今、いわゆるおひとりさま高齢者に対するサービスのニーズが高まっており、これに対応するための多くのサービスが提供されているが、中にはサービスの実態が不明なものもある。そのため、令和3年度の事業として、高齢者に関連するサービスの実態とニーズに関する調査及び研究を実施し、提供されているサービスの内容等について調査を実施した。

　　令和5年度は、この調査結果を踏まえて、さらに詳細な調査及び研究を実施した。具体的には、ニーズの分析、関連団体へのヒアリング等を行い、高齢者を対象としたサービスの中で司法書士が果たすことのできる役割についての検証を行った。

4　高齢者虐待の防止、高齢者の養護者に対する支援等に関する法律の改正に向けた活動

　　高齢者虐待の防止、高齢者の養護者に対する支援等に関する法律（以下「高齢者虐待防止法」という。）は、議員立法により平成17年11月に成立し、平成18年4月より施行された。この法律の附則3項では、法施行後3年を目途に施行状況等を勘案し、検討が加えられ、その結果に基づいて必要な措置が講ぜられるものとする旨規定されている。しかし、本法律は、施行からすでに17年以上が経過し、その間に様々な問題点や改正点等が指摘されながらも、今日に至るまで改正は行われていない。

　　本法改正に関連するこれまでの日司連の活動としては、平成21年4月15日に、リーガルサポートと共同して「高齢者虐待の防止、高齢者の養護者に対する支援等に関する法律の改正提言」を発表している。また、当部会においても、平成28年度から平成30年度にかけて、高齢者虐待防止法改正に向けた活動を実施した。その際には、具体的な法改正要望書の提出には至らなかったものの、報告書を提出し、引き続き本法の改正の動きを注視し、司法書士倫理でも規定するところの法制度の改善に貢献するために、必要となる活動を継続していくものとすると締めくくった。

　　日司連が提言書を提出して既に15年以上が経過しており、また、当部会の法改正に向けた活動の実施からも5年以上が経過した。それ以降、現在までの間に状況の変化もみられる。例えば、毎年学術大会に当部会から人員を派遣している一般社団法人日本高齢者虐待防止学会でも、平成22年7月3日に高齢者虐待防止法改正案要綱（案）を発表したものの法改正がなされないことから、法改正の必要性についての声も聞かれるところである。法改正を実現するためには、高齢者虐待の最前線にいる地域包括支援センターの職員の方々の現場の声とその声を法改正に反映させるための団体等及び法律の専門職である我々司法書士等との協働が不可欠である。

　　そこで、令和5年度事業として、日司連が前回提出した提言書を踏まえて、「高齢者虐待防止法」がより利用しやすい法律に改正するために、高齢者虐待の現場の声を拾い上げることを目的として、全国の地域包括支援センター等に対して、現在の高齢者虐待防止法の問題点等に関するWebアンケート調査を実

施した。アンケート調査実施後にはその回答内容を踏まえたうえで、より詳しく情報収集が必要であると思われる対象へのヒアリングについても実施する方針である。

3. 障がい者の権利擁護部会

〈活動の理念〉

　障害者権利条約の批准後は、「障害を理由とする差別の解消の推進に関する法律」の施行を受けて、障がい当事者による権利擁護活動が活発になっている。障がい者の権利擁護部会では、まずは障がい者が司法書士を活用しやすい環境にすることが先決であると考え、司法書士自らが、交流・連携等、障がい者及び障がい者支援団体等に積極的に働きかけることを、多種多様な側面からサポートしていく。また、障がい者に対する差別・偏見をなくすべく司法書士が活動することも目指している。

〈令和5年度の主な事業〉

1　障がい者に関する制度等の調査

　　障がい者に関する当事者団体等への訪問・ヒアリングを実施し、障がい者が抱える問題、司法書士に対して期待すること等を調査し、司法書士として障がい者問題にどのように対応していくべきかについて検討した。

2　障がい者団体との交流・連携を推進する司法書士会への支援及び派遣

　　令和4年度は、令和3年度に引き続き聴覚障がい者分野における意思疎通支援事業の利用促進を目的として、一部司法書士会の担当者を対象とした意見交換会を開催した。令和5年度はそのうち一部の司法書士会を対象として、上記意見交換会を受けた取組みの支援や再度の意見交換実施について検討した。

3　障がい者の就労に関する問題についての調査・研究

　　障がい者雇用の実態、及び当事者から見た障がい者雇用における課題や問題点について検討することを目的として、関連団体を対象としたヒアリング調査を実施した。

4　障害者虐待防止法の改正に関する検討

　　障害者虐待防止法の改正にあたって提言を提出することを目的として、病院内での虐待、通報義務、精神病院の強制入院等をテーマとして検討した。

5　令和5年度第17回司法書士人権フォーラムの開催

　　令和5年度第17回司法書士人権フォーラムは、「法律相談における情報保障〜コミュニケーションバリアフリーを考える〜」というテーマで開催され、メールによる相談や漫画パンフレットの作成等のこれまでの活動を踏まえつつ、当部会が主体となって対応した。

4. 子どもの権利擁護部会

〈活動の理念〉

　子どもであろうと、大人であろうと、人には等しく擁護されるべき権利があり、司法書士はその権利擁護を使命としている。しかし、子どもには自分で自分の権利を主張することが困難である場合が多く、大人の事情で権利がないがしろにされたり、権利が侵されたりすることがある。

　とりわけ、無戸籍問題、いじめ問題、離婚後の子どもの養育の問題については、社会的関心も高く、法的支援を求める声が多いが、十分な対応がなされているとは言えない。そのような弱い立場にあると考えられる子どもの権利擁護のため、司法書士がプロボノ活動に留まらず業務として何ができるのかを考え、会員に提案していくため、諸活動を展開した。

〈令和5年度の主な事業〉

1 いじめ予防授業の試行及び教材作成

　令和4年度に引き続き、学校におけるいじめ予防に取り組むため、ピアサポートと模擬調停プログラムの手法を織り交ぜた教材作成を行った。今後、実際の教育現場での試行を通じて教材の完成度を高め、全国の司法書士会への周知に繋げていきたい。

2 近年の子どもを取り巻く環境及び新たな類型の社会問題に関する調査（学者、支援団体との意見交換等）

　令和5年度は、家庭内で家族の世話や介護を日常的に行っている子どもたち（ヤングケアラー）への理解を深め司法書士による法的支援の方法を検討するために、有識者からヒアリングを行った。

3 子どもの権利に関する研修会

　法制審議会家族法制部会における議論の概要について理解を深め、また、実務的な観点から法改正による影響について検討することを目的として、令和6年3月3日に子どもの権利に関する研修会を開催した。

4 司法書士会が行う養育費相談会に対する支援

　全国青年司法書士協議会主催「全国一斉子どものための養育費相談会」に共催する全国の司法書士会に対し、相談会実施のための費用を一部助成した。なお、令和5年度は、インターネットや地域広報誌等への広報活動が行えるよう、広報費も助成対象とした。

5. 自死問題対策部会

〈活動の理念〉

　司法書士は、日々の業務のなかで、様々な生きづらさから「死にたい」という思いを抱く依頼者と接してきた。その絞り出すような声にゲートキーパーとしていかに応えていくべきか、「誰もが自殺に追い込まれることのない社会」の実現を目指し、自死問題対策部会は活動している。

〈令和5年度の主な事業〉

1 研修会への講師派遣

　会員に司法書士の業務で関わる可能性のある自死リスクを認識してもらうとともに、ゲートキーパーとしての役割を全うできる資質を備えてもらうことを目的とした研修を実施した。研修において、精神疾患、依存症、発達障がい等のメンタルヘルスに課題のある相談者への対応や、不動産における心理的瑕疵問題について情報提供を行った。

2 関連学会等への参加及び参加支援、自死問題に関連するシンポジウム等への参加

　当部会では、13年前から毎年自死問題に関する学会で研究発表してきた実績があり、令和5年度は下記の演題発表を実施した。

　・令和5年度第47回日本自殺予防学会（開催地：大分県）

　　司法書士の成年後見業務における認知症高齢者や障がい者の希死念慮への対応について（発表：福岡県会、日司連）

　また、最新の情報、研究成果等を収集するため、自死問題対策に関連するシンポジウムや学習会等へ参加した。

3 司法書士会への自死問題対策のための連携構築支援

　全国の司法書士会において、地域レベルの取組みに関わってもらうべく、各地域で自死問題対策に関する活動を行っている精神保健福祉センター、研究機関、医療機関、福祉施設等と司法書士会との連携関係を構築するための支援を行うことを目的として、埼玉会及び宮城県会と意見交換会を実施した。また、福岡県会が主催するメンタルヘルス・ファーストエイド研修会の実施にあたり支援した。

4 自殺総合対策大綱改正への対応

　5年に一度、自殺総合対策大綱の見直しが行われる。令和6年から次回改正（令和9年）に向けた見直しのための会議が始まることから、情報収集を行った。

5　相談技法スキルアップ研修の実施

　　自死問題対策に取り組んでいる会員やこれから取り組もうとしている会員に広く呼び掛けるとともに、司法書士会において苦情対応や会員のメンタルヘルスへの対応を担っている総務担当者にも参加いただき、自殺念慮のある方への具体的な対応技法を学ぶことで、この問題をより身近なものとして対応できる会員を増やすことを目的として、令和6年2月4日（日）に「司法書士業務のためのメンタルヘルス対応・セルフケア研修会」（メンタルヘルス・ファーストエイド研修会）を実施した。

6　令和4年度人権フォーラムにおける発表に基づく取組み

　　令和4年度人権フォーラムにおいて、高齢者、障がい者、子ども、セクシュアル・マイノリティ、経済的困窮者、多重債務者等、市民の権利擁護にかかわる様々な支援対象者の分野別に、自殺対策に関する視点からの取組みを推進したことから、実施内容について振り返りを行った。

　　また、本フォーラムを契機として、司法書士は業務の中で様々なストレスと向き合い、孤立しがちである中、社会資源としての役割を全うするためにも、司法書士自身のメンタルヘルス問題への対策の必要性について議論を開始し、具体的な検討を行った。

6. セクシュアル・マイノリティの権利擁護部会

〈活動の理念〉

　　ここ数年、LGBTとも総称される、セクシュアル・マイノリティ（性的少数者）について、社会の中で議論がなされるようになった。統計にもよるが、人口の3〜5%程度がセクシュアル・マイノリティの当事者であるとされている。しかし、社会の法や制度はセクシュアル・マイノリティの存在を考慮せずに設計されており、セクシュアル・マイノリティ当事者は生活をする上で、様々な困難に直面せざるを得ない。そのような現状の中、当事者を取り巻く環境を改善していくべきとする意識が広がりつつあり、この意識は法律分野にも広まってきた。日司連では、日司連市民の権利擁護推進室にセクシュアル・マイノリティの権利擁護部会を設置し、セクシュアル・マイノリティ当事者の法的支援について研究や広報を行っている。

　　司法書士は、当事者が直面する社会生活上の困難に対し、司法書士の従来業務を活用し、法的支援をすることができる。例えば同性カップルに対しては、パートナーシップ契約書の作成を支援することにより、カップル間の決めごとを契約にすることができ、事前に医療同意書の作成を支援することにより、パートナーは親族に優先して医療同意等の自らの意思を示すことができる。また、遺言や任意後見契約等を組み合わせることにより、同性カップルの老後を支援することもできる。

　　セクシュアル・マイノリティの権利擁護部会では、全国のセクシュアル・マイノリティに関するイベントへ参加し、セクシュアル・マイノリティ当事者や支援者に対して、司法書士はどのような支援が可能であるか広報を行い、当事者の権利擁護に資するさらなる方策について検討している。併せて、司法書士会員がセクシュアル・マイノリティに関する執務ができるよう、要請のあった司法書士会に対する研修会の講師派遣及びハンドブックの作成を行っている。

〈令和5年度の主な事業〉

1　「東京レインボープライド2023」への参加

　　例年、東京レインボープライドで相談ブースの出展、パレードの参加を行っており、「東京レインボープライド2023」についても、令和5年4月22日から23日の二日間にわたり無料相談ブースを設置して来場者からの相談に対応したほか、パレードに参加し、司法書士の存在を広くアピールした。

2　セクシュアル・マイノリティに関するイベントへの参加

　　セクシュアル・マイノリティに関する次のイベントへ参加した。
　　・令和5年6月3日「名古屋レインボープライド2023」（愛知）
　　・令和5年9月16日−17日「さっぽろレインボープライド2023」（札幌）
　　・令和5年10月7日−8日「レインボーフェスタ2023」（大阪）
　　・令和5年10月22日「岡山レインボーフェスタ2023」（岡山）

・令和5年11月4日−5日「九州レインボープライド2023」（福岡）
・令和5年11月5日「徳島レインボーフェスタ2023」（徳島）
・令和5年11月19日「みやぎにじいろパレード2023」（宮城）

3 セクシュアル・マイノリティ研修講師派遣及び統一レジュメの作成

研修会講師派遣の要請があった司法書士会に対し、講師を派遣した。

また、講師間における内容の相違を防ぐため作成した統一レジュメについて、内容の検討を行った。

4 セクシュアル・マイノリティ相談対応相談員の整備

司法書士会に対し、通知文書により、セクシュアル・マイノリティに関する相談を受けられる体制を整備するよう依頼した。

5 「性同一性障害者の性別の取扱いの特例に関する法律」における生殖不能要件を違憲とする最高裁決定を受けての会長声明

令和5年10月25日最高裁大法廷にて行われた「性同一性障害者の性別の取扱いの特例に関する法律」における生殖不能要件に関する違憲判決に対する会長声明を発出した。

2 法教育推進委員会

〈活動の理念〉

司法書士は、国民一人ひとりが自らの権利と責任を意識し、①法的トラブルを未然に防ぐことができるような力を養い、②仮に法的トラブルに巻き込まれた場合には主体的に問題を解決することが可能となるように、さらに③司法制度が真に国民によって支えられる制度となるように、これまで以上に法教育活動に積極的に取り組む必要がある。

当初は、司法書士有志による活動として展開されていた消費者教育をはじめとする法教育活動であったが、若手の司法書士を中心に構成された全国青年司法書士協議会により積極的に活動が推進され、「全国一斉市民法律教室」等が各地で実施された。

それらの活動を基礎として、日司連は、平成11年11月、初等中等教育推進委員会（その後平成18年に法教育推進委員会に改称し現在に至る）を設置し、先進的に活動が行われていた司法書士会の活動状況等を集約した上で司法書士会との意見交換を行うとともに、各種法律教室への司法書士講師の派遣推進を司法書士会に働きかけ、司法書士会における初等中等教育（特に高等学校）における「法教育」・「消費者教育」の取組みを支援した。

また、関係機関・団体との連携も積極的に進め、法教育に関する議論に参加しつつ司法書士による活動を報告するなどして、司法書士による法教育の取組みに対する市民及び社会の理解を深めてきた。

令和2年に完成した法教育教材「解釈のちから」（福岡県司法書士会）「相談のちから」「提案のちからⅠ・Ⅱ」について、引き続き教育機関やイベントで実施・推奨するように働きかけていく。

令和4年4月1日から民法改正によって、これまで「未成年者」であった若者が「大人」として扱われることに起因するトラブル予防にも対応すべく、今後ますます法教育の重要性は高まると考えられ、すべての司法書士会で法教育・消費者教育活動が行えるよう、また、すべての司法書士が同活動に取り組むことができるよう支援していくことを第一の目標として事業を継続している。

〈令和5年度の主な事業〉

1 高校生等に対する法律教室の実施支援

令和5年度は、例年どおり、全国の司法書士会に対し、「高校生等への法律教室事業」の活動等に関するアンケートを実施し、各地における実施状況等を把握するとともに、全国の司法書士会に情報をフィードバックした。平成11年度以降の実績は以下のとおりである。

司法書士を講師として派遣した学校数の推移（学校数）

	実施司法書士会数	高等学校数	専門学校数	短期大学数	大学数	特別支援学校数	中学校数	その他※	合計
平成 11 年度	23	228	4	2	－	2	4	－	240
平成 12 年度	32	248	4	4	1	1	－	－	258
平成 13 年度	37	329	1	4	2	2	1	1	340
平成 14 年度	34	361	1	2	1	1	1	－	367
平成 15 年度	39	474	－	－	－	－	－	－	474
平成 16 年度	40	533	－	－	－	－	－	－	533
平成 17 年度	39	579	3	3	6	3	8	3	605
平成 18 年度	41	583	21	7	10	7	2	8	638
平成 19 年度	40	484	7	5	7	8	5	14	530
平成 20 年度	41	517	10	4	7	6	7	8	559
平成 21 年度	42	542	17	5	7	13	8	4	596
平成 22 年度	42	496	22	5	9	16	7	9	564
平成 23 年度	43	543	24	2	15	17	6	10	617
平成 24 年度	45	502	37	4	8	11	16	44	622
平成 25 年度	46	464	38	5	12	14	9	53	595
平成 26 年度	46	432	35	4	13	12	7	65	568
平成 27 年度	47	409	39	3	12	7	7	61	538
平成 28 年度	42	369	33	2	11	10	6	90	521
平成 29 年度	43	320	29	1	10	15	9	56	440
平成 30 年度	46	325	39	1	6	29	14	54	468
令和 元 年度	44	302	41	4	17	16	18	135	533
令和 2 年度	37	178	20	2	3	10	4	19	236
令和 3 年度	38	205	27	1	5	5	9	24	276
令和 4 年度	41	231	36	2	6	14	8	62	359

※その他には小学校や講演、地方公民館等を含みます。
※－は統計をとっていません。

学校等への講師派遣校数の推移

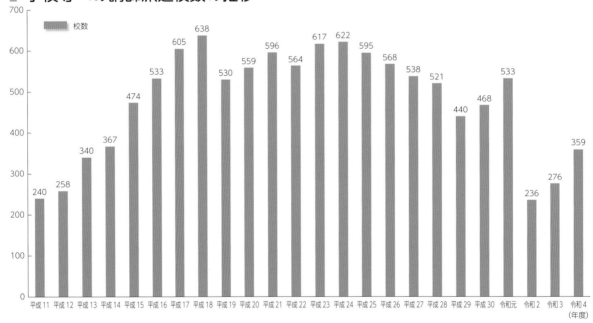

2　親子法律教室の共催

　　平成 22 年度より全国の司法書士会と共催し実施してきた「親子法律教室」については、令和 5 年度は
札幌会、宮城県会、神奈川県会、愛知県会、大阪会、京都会、兵庫県会、奈良県会、滋賀県会、広島会、
徳島県会、熊本県会の 12 会との共催で実施した。なお、法務省、法テラス及び司法書士法教育ネット
ワークのほか、各地の自治体、教育委員会、法務局、法テラス地方事務所、NPO 法人及び新聞社等の後
援を得た。

　　これまでの親子法律教室開催回数及び参加者数は、以下のとおりである。

▌親子法律教室開催回数及び参加者数

年度	平成22年度	平成23年度	平成24年度	平成25年度	平成26年度	平成27年度	平成28年度	平成29年度	平成30年度	令和元年度	令和2年度	令和3年度	令和4年度	令和5年度	合計
開催回数	1	1	2	4	9	11	11	13	16	7	6	10	13	12	116
参加人数	26	34	49	135	276	304	329	304	457	164	136	232	286	318	3,050

3 関係機関・団体等との交流及び連携等

法務省法教育推進協議会、日弁連消費者教育推進懇談会、日本消費者教育学会ほか、関連のシンポジウム等に出席し、各団体及び機関の取組み等に関して情報収集するとともに、司法書士の取組みについて報告した。

3 民事信託等財産管理業務対策部

〈活動の理念〉

当対策部は、民事信託ワーキングチーム、任意後見ワーキングチーム、財産管理ワーキングチームの計3つのワーキングチームによって構成され、民事信託を中心とした権利擁護としての財産管理業務を強く推進していくために、令和3年度に新設された。

【民事信託ワーキングチーム】

当ワーキングチームは、高齢者や障がい者の生活支援や福祉の向上に寄与するための民事信託（福祉型信託＝Welfare Trust）支援業務の研究、並びに会員が実際に当該業務に取り組む際に参考となる、民事信託支援業務の留意事項及び業務モデル（契約書やその解説、登記申請書の例等）の策定、周知を主な目的としている。また、全国の司法書士会からの要請により講師派遣に応じることや、学術的研究のための学会等への参加及び大学教授等との交流を図ること、また権利擁護の観点からの信託と成年後見制度との連携・併用に関する調査・研究等、民事信託に関連する活動を幅広く実施していく。

民事信託支援業務は、他の財産管理業務と異なり、司法書士自らが信託の受託者として財産管理業務を行うのではなく、主に委託者の家族や親族等が受託者となる信託について、周辺から適正な支援を行うことにより、業務を行う点に特色があるため、信託設定後の適正な支援とは何かについても調査研究を実施していく。

〈令和5年度の主な事業〉

1 既存業務モデルの分析・検討
2 民事信託支援業務の推進
3 「民事信託支援業務の流れと留意事項」の策定並びに会員への周知検討
4 各会員に対するアンケート調査の実施検討
5 外部団体・関係機関との意見交換会
6 日司連「民事信託等財産管理業務ニュースレター」発刊に向けた検討
7 民事信託支援業務におけるガイドラインの策定のための検討・準備
8 Web意見交換会の開催検討
9 報酬についてのアンケート実施検討
10 シンポジウムの開催

【任意後見ワーキングチーム】

　我が国における任意後見制度については、成年後見制度の中でも最も本人の自己決定権を尊重することができる制度であるという国内外の研究者らからの高い評価がある。それにもかかわらず成年後見制度利用促進法施行後において、いまだに、ドイツ、イギリス、シンガポール、アメリカ等の諸外国に比して、その利用が低迷しているという現状を鑑みて、制度の適正な利用の促進及び国民への周知を図るため、周辺の財産管理・承継制度と連携して積極的に事業を推進していく。

　任意後見制度の利用促進にあたっては、会員及び国民への広報も重要であるが、普及のための大前提として、利用者にとってメリットが実感できる（第一期成年後見制度利用促進基本計画）制度・運用であることが重要である。そのためには、欧米諸国ではエステート・プランニングにおける国際標準ともいえる「信託制度」の活用や、既に研究者らによって提唱されている、「任意後見結合型受託者裁量信託（商事信託）」の民事信託版のモデル化・提言を視野に入れ、関係機関・団体とも連携を取りながら、調査研究を進めていく。公益社団法人商事法務研究会主催の「成年後見制度の在り方に関する研究会」についての議論の内容も踏まえ、任意後見制度の在り方についての調査研究も実施していく。

〈令和 5 年度の主な事業〉

1　任意後見制度に関する調査・研究
2　任意後見対応福祉型民事信託モデル（仮称）の構築に向けた有識者・関係機関との連携・意見交換会の実施
3　任意後見制度を中心とした、民事信託等財産管理業務（横断モデル）に関するチラシの作成
4　任意後見制度に関するコンテンツ（パワーポイント等）作成のための検討
5　会員向けアンケートの実施及び分析（任意後見業務の実態把握）
6　任意後見に関する学会・研究会・外部研修会等への参加、情報収集及び調査

【財産管理ワーキングチーム】

　司法書士法施行規則（以下「施行規則」という。）第 31 条に規定される管財人・管理人を、裁判所において選任される財産管理人等に限定せず、私的契約に基づく財産管理人等への就任についても広く規定しているものと解し、その業務の在り方について検討している。

　遺産承継関連業務等の財産管理について一定のニーズが見込まれるが、司法書士法第 3 条に規定される業務でないこと等を理由として、それらの業務を取り扱うことに積極的でない会員もいると思われる。

　しかし、施行規則第 31 条における私的契約を基礎とする管理人等の職務は、司法書士が有する専門的な法律知識と高度な倫理観を活用し、国民の権利を擁護し、もって自由かつ公正な社会の形成に寄与しうるものであり、その推進を図るものである。

〈令和 5 年度の主な事業〉

1　遺産承継業務 Handbook の改訂・遺産承継業務モデルの周知
2　死後事務委任契約の調査研究、実務の在り方の検討
3　"所有者不明土地の解消に向けた民事基本法制の見直し（民法・不動産登記法等一部改正法・相続土地国庫帰属法）"に関する法定財産管理業務の横断的ハンドブックの作成準備及び研修会の開催

4 ▶ 多重債務問題対策委員会

〈活動の理念〉

　多重債務者対策本部において策定された「多重債務問題改善プログラム」に基づく各関係団体との協力により、多重債務者数の減少に繋がった。

しかし、新型コロナウイルス感染症の影響を受け公的資金による過剰融資がなされた結果、新型コロナウイルス感染症の収束に伴い、返済の猶予がなされていた融資の返済期日が迫り、一時的に廃業や失業を免れた多くの事業者や労働者が廃業、失業及び減収に追い込まれており、今後も自己破産件数の増加が懸念される。

一方、任意整理統一基準を遵守しない一部の債権者や、時効期間経過後の債権を取得して訴訟提起や強制執行を行うサービサー等による悪質な行為が見受けられ、当委員会においても情報収集、対策及び実務対応できる司法書士の養成が急がれる。

また、特定複合観光施設区域の整備に関する計画の認定が進んでいる状況を踏まえ、ギャンブル等依存症問題に配慮できる司法書士の養成、全国の司法書士会における地域の包括的な連携協力体制への参画、ギャンブル等依存症問題に関する相談支援の体制の構築を進めていくため、令和5年度は、「ギャンブル等依存症対策と司法書士の果たすべき役割〜地域連携を考える〜」をテーマにシンポジウムを開催した。

〈令和5年度の主な事業〉
1 各種シンポジウムへの参加、各関係機関との協議等
2 特定複合観光施設区域整備法に基づく区域整備計画に関する対応
3 貸金業協会、銀行協会、宅建業協会、金融庁、警察庁等関係機関との協議等
4 倒産手続のIT化についての研究・提言
5 全国の地方裁判所の運用についての把握と検討
6 ギャンブル等依存症対策推進基本計画に基づく各司法書士会の取組み状況調査
7 ギャンブル等依存症の支援関係機関との連携構築
8 シンポジウム「ギャンブル等依存症対策と司法書士の果たすべき役割〜地域連携を考える〜」の開催
（令和6年2月14日）

5 民事事件対応委員会

〈活動の理念〉
毎年実施している「裁判業務に関する調査」の統計結果によれば、司法書士の一般民事事件への関与は、平成25年をピークに減少している。当委員会では、市民の司法アクセスの充実拡大を図るという簡裁代理権が司法書士に付与された法改正の目的を念頭に、会員の一般民事事件への関与促進を図ることにより、その減少に歯止めをかけ、さらには司法書士が真に国民の紛争解決、予防司法の担い手として確立した地位を築くことを目的に活動を行う。

〈令和5年度の主な事業〉
1 裁判業務に関する調査の実施
裁判業務の受任推進にあたっては、その受任状況を調査し、現状及びその推移を把握することが必要不可欠であることから、令和5年度も引き続き「裁判業務に関する調査」を実施し、その内容についての検証を行った。
2 不動産賃貸トラブルに関する事件の受託体制の整備
不動産賃貸トラブルに関する事件の受託体制整備のため、モデル会として選定した熊本県会と連携し、これまで相談員の養成と相談センターの設置、事件の受託体制の構築を支援してきた。令和5年度は令和4年度に引き続き、申込みのあった司法書士会担当者と協議を実施し、本モデル事業に関する情報提供を行った。
3 少額の裁判を対象とした報酬の助成制度の実施
平成24年度より継続して実施している同助成制度について、令和5年度は15司法書士会（札幌会・

山形県会・東京会・埼玉会・静岡県会・長野県会・新潟県会・大阪会・京都会・兵庫県会・広島会・岡山県会・福岡県会・熊本県会・宮崎県会）から助成申請があった。当委員会としては、同助成制度のさらなる普及を目指して、より利用しやすい形への変更を検討した。

4　不動産関連事件の受託推進

　　平成 30 年相続法改正により、相続による権利の承継は、法定相続分を超える部分については、対抗要件を備えなければ第三者に対抗することができないこととなった（民法第 899 条の 2 第 1 項、令和元年 7 月 1 日施行）。また、相続登記の申請義務が令和 6 年 4 月 1 日に施行されたことにより法定相続分を前提とした相続登記がなされる件数が増加することも見込まれる。

　　そこで、令和 5 年度は、平成 30 年民法改正により対抗要件主義が適用されることとなった点を中心として、改正法が不動産登記訴訟に与える影響に関する会員向け研修会を以下のとおり実施した。

【日　　程】令和 6 年 3 月 9 日（土）

【開催方法】Zoom ウェビナーによる Web 配信

5　民事事件の受託推進に関する司法書士会担当者会議の開催

　　司法書士の民事裁判業務の受託を推進するために、同趣旨の担当部署を設置し独自の活動を行っている司法書士会の担当者等を招集し、各司法書士会の取組み状況について情報交換するとともに、当委員会の活動報告を行うため、民事裁判業務受託推進のための意見交換会を以下のとおり実施した。

【日　　程】令和 6 年 1 月 23 日（火）

【開催方法】Zoom ミーティングによる Web 会議

6　家事事件対応委員会

〈活動の理念〉

　　最近の裁判所の事件受理数をみると、未成年の子の親権や監護権あるいは養育費や面会交流を求める事件や、高齢者等の権利保護のための成年後見事件等の事件数が激増し、離婚事件や遺産分割事件など、他の家事事件も事件数が増加傾向にあり、家事事件は今後も増加していくと予想される。

　　また令和 6 年 4 月より相続登記の申請が義務化されたことにより、過去の相続登記が掘り起こされ、複雑な相続事件の増加が見込まれる。その中には当事者同士の協議では解決し得ない事件も相当数含まれることが予想され、それに伴い遺産分割調停をはじめとした事件を司法書士申立てに関与する機会も当然に増加することになるであろう。

　　さらに、近年、所有者不明土地問題の解消、相続登記の促進が国の重要課題となっており、これらの問題解決のためには、遺産分割、成年後見制度の利用、不在者の財産管理等が円滑になされる必要があるなど、家事事件の重要性がますます高まってきている。

　　これら家事事件については、司法書士は書類作成を通じて、当事者を支援できる立場にあり、すべての司法書士が積極的に関与できるよう活動を行っている。

〈令和 5 年度の主な事業〉

1　会員向け家事事件研修レジュメの作成

　　会員向け家事事件研修レジュメをまとめ、各司法書士会の要請等で研修会の講師を行う際、より質の高い研修を行うことができるようレジュメの精査を行った。

2　司法書士会への講師派遣

　　講師派遣の依頼のあった司法書士会に対し、遺産分割調停・離婚調停を研修テーマとし講師の派遣を行った。

3　家事調停委員である司法書士会員との意見交換会

　　全国の司法書士会の家事調停委員とのネットワークを構築すべく、意見交換会を開催した。

7 ADR・仲裁対応委員会

〈活動の理念〉

　民間の紛争解決機関として法的トラブルを抱えた当事者の事情に配慮し、より柔軟な解決手法を提供すべく、令和5年12月現在で31の司法書士会が司法書士会調停センターを設置している。新規のセンター開設時の相談及び既存センターへの研修や情報提供等による支援を行うことで司法書士会調停センターの活動が市民に周知・利用され、ひいては市民の紛争解決手段の一翼を担うことを目指している。さらに、紛争解決の手段として仲裁を利用することにより、司法書士による紛争解決の幅を広げ、事案に応じた紛争解決方法を提示できることを理念としている。

〈令和5年度の主な事業〉

　1　司法書士会調停センター担当者会議の開催

　　コロナ禍を契機として、調停がインターネット会議システムを介したオンラインにおいて行うことが可能となり、隔地者間における調停の方法について選択肢が広がったが、その運用についてはまだまだ手探りの状況にある。そこで、県をまたぐ隔地者間の調停実施ついての意見交換を行い、隔地者間の調停実施に際して必要となる調停センター間の連携について検討を図るため、令和6年3月4日（月）に担当者会議を開催した。

　2　ADR人材養成・事業活性化のための研修会の開催

　　令和5年4月28日に公布された「裁判外紛争解決手続の利用の促進に関する法律の一部を改正する法律」により、ADRの和解合意について執行力の付与ができることになったことから、執行力付与についての考え方、合意書の具体的な内容など、今後の調停センター運営に欠くことのできない知識を習得する場を提供すること、執行力の付与により、国民にとって紛争を解決する手段として選択肢が広がることを周知するためにも、依頼者を含む様々な相談に対応する全国の司法書士会員に対して、改正法についての情報を共有することを目的に、令和6年2月10日（土）に研修会を開催した。

　3　司法書士会調停センターの事業活性化

　　法務省が12月1日をADRの日、同日から12月7日までをADR週間と定めたことから、その期間に集中的に広報活動を行い、調停センターの周知と取扱件数の増加に結び付けるため、YouTube動画を作成し、日司連ホームページやSNS等に掲載したほか、山形県会調停センターをモデル会に選定し、地元のラジオ番組でCMを流すことで事業活性化の一助とした。

　4　新規認証申請・変更認証申請の費用助成

　　司法書士会調停センターの法務省への（1）新規認証申請（2）震災等自然災害の被災者支援に係る変更認証申請（3）取扱う紛争の範囲を「紛争の目的の価額が140万円以下の民事に関する紛争」から「民事・家事を問わず弁護士関与型」とする変更認証申請（4）オンライン調停を実施するための変更認証申請につき手数料の助成を準備したが、令和5年度は実施に至らなかった。

8 民事裁判IT化対応委員会

〈活動の理念〉

　令和4年5月に成立した「民事訴訟法等の一部を改正する法律（法律第48号）」において、民事裁判のIT化が具体的に示され、令和8年5月24日までに完全施行される。

　また、令和5年6月に成立した「民事関係手続等における情報通信技術の活用等の推進を図るための関係法律の整備に関する法律」により、家事事件、倒産事件、民事執行手続等のIT化についても、令和10年6月13日まで完全施行されることとなった。

　さらに、裁判手続のIT化に留まらず、民事判決情報データベース化検討会においては、民事判決のオー

プンデータ、ビッグデータとしての利活用に関する議論もされており、民事司法の新たな地平へ向かっている局面である。

このような状況において、本人訴訟の当事者及び簡易裁判所での訴訟実務につき、司法書士としての専門的知見を活かし、よりよい民事裁判手続の IT 化の実現をすべく、活動している。

〈令和 5 年度の主な事業〉

1　民事判決情報データベース化検討会への対応

令和 4 年 10 月、法務省に「民事判決情報データベース化検討会」が設置された。検討会には、司法書士も委員として参画している。提供される民事判決情報の個人情報の保護、集約された民事判決情報の利活用など、司法書士実務に大きな影響があるため、バックアップ会議を開催し、委員の発言内容について確認している。

バックアップ会議については、当委員会構成員のみならず、Web 会議によりすべての司法書士会から参加者を募り、全国の司法書士会員からの意見の集約を図っている。

2　民事関係手続等における情報通信技術の活用等の推進を図るための関係法律の整備に関する法律の施行に向けた対応

令和 5 年 6 月に「民事関係手続等における情報通信技術の活用等の推進を図るための関係法律の整備に関する法律（令和 5 年法律第 53 号）」が成立し、同月 14 日に公布され、民事訴訟以外の民事裁判手続もデジタル化されることになったことから、情報収集を行っている。

3　研修会「IT 化された裁判手続の現在地～改正民訴法成立後の動きと実務～」の実施

一橋大学大学院の山本和彦教授を招いて改正民事訴訟法成立後の司法の IT 化について、日司連会長及び当委員会委員長による司法書士の裁判実務について講義後、パネルディスカッションでは村上純也弁護士を招いて、弁護士の視点、司法書士の視点から、司法書士業務の未来を考える契機とするため、令和 6 年 1 月 27 日に研修会を実施した。

4　民事裁判 IT 化に関する民事訴訟法改正についての書籍出版に向けた対応

民事法研究会「市民と法」に寄稿した改正論点の解説論考について、より統一的、網羅的な説明を加えた内容を周知する必要があるため、書籍の出版について検討した。

5　民事裁判 IT 化に関する実務対応

司法書士の裁判業務への意識喚起を目的としたポスターの制作を進めた。

また、民事裁判 IT 化の完全施行に向けて、市民の認知度を図り、今後の司法書士による裁判 IT 化に向けた支援活動実施の資料とするための調査実施について検討した。

6　民事裁判 IT 化に関する民事訴訟法等改正に関する最高裁規則制定に関する対応

民事裁判 IT 化に関する民事訴訟法等のうち、訴状の提出等に関する事件管理システムについては、令和 8 年 5 月 24 日までに施行されることとなっている。詳細は最高裁規則に委ねられ、最高裁判所において、具体的に検討されているところである。

事件管理システムの仕様は、司法書士の裁判業務に直結することから、情報収集し、司法書士及び本人訴訟の当事者の利便性向上につながる要望活動を行った。

7　民事裁判 IT 化に関する助成制度の創設に向けた規程等の準備

民事裁判 IT 化では、士業者の事件管理システムの利用が義務付けられるとともに、本人訴訟当事者も利便性を享受するために、事件管理システムを利用することが望まれている。司法書士が市民の利用促進のために本人サポートを実施した場合の助成制度について検討した。

8　学者、有識者等からの情報収集及び意見交換

民事判決情報データベース化検討会委員である小塚荘一郎学習院大学教授を招いて意見交換を行った。

9 消費者問題対策委員会

〈活動の理念〉

　消費者取引に関する被害の件数は依然として高止まりの傾向にあり、被害額も甚大である。さらに、インターネット上での非対面取引の増加、クレジット決済・プリペイド決済等の決済手段の多様化、高齢化社会の進展、成年年齢の引下げ等により、消費者被害が深刻化・複雑化していくことが懸念される。司法書士は、簡裁訴訟代理権が認められており、裁判手続き等を通じて取引被害の回復を行う役割を担っている。

　当委員会では、今後もトラブルが散見される被害事例に関して、情報収集及び研究を重ね、被害の未然防止を図るために広く社会に注意喚起を行っていきたい。

〈令和5年度の主な事業〉

1　シンポジウム「再考　デジタル化時代の消費者取引の課題Ⅱ～取引における人・目的物・契約の各論点及び立証方法等の実務的課題を検証する～」の開催（令和6年2月3日）
2　消費者関連法規の改正に対するパブリックコメント対応等
3　消費者契約法、割賦販売法、特定商取引法及びその他消費者被害救済に資する法律の改正作業に関する情報収集、論点整理及び研究
4　各種講演会、研修会等への参加及び内閣府消費者委員会、国民生活センター等の外部機関との協議・連携
5　消費者被害に関する意見書や提言の作成にあたって、外部有識者へのヒアリングの実施

10 相談事業推進委員会

〈活動の理念〉

　相談センターは、司法アクセスの拡充という面において大きな役割を果たしているだけではなく、司法書士制度の広報にも寄与している。同時に、法テラスの指定相談場所となっている相談センターも多く、経済的困窮者に対する支援などプロボノ活動の拠点としての意義も有している。このような相談センターをより多くの市民に知っていただき、利用していただくことが司法書士制度の発展につながっていくものと確信している。

　相談センターを中心とした相談事業のデジタルトランスフォーメーションを推進するための基幹となる司法書士総合相談センター相談受付・管理システム（以下「NCMS」という。）が令和3年11月に稼働した。これにより、相談予約受付のWeb化に伴う予約受付事務の自動化、相談票のデジタル化に伴う集計作業の効率化だけではなく、利用者のアクセシビリティーが向上し、利用者層の拡大にもつながっている。また、NCMSを使うことでWeb会議アプリを利用したリモート面談相談を容易に行うこともできることから、新たな相談チャンネルを構築することも可能になった。

　当委員会では、NCMSの利用が進み相談データが蓄積されていくことで、これまで単なる件数の集計にとどまっていた内容が、より精度の高い情報として分析を行うことが可能となることから、司法書士会に対してNCMSの利用を呼びかけ、より多くの相談データの収集・蓄積を目指す。また、今後は収集した相談データの分析方法や分析結果の活用について検討するほか、相談チャンネルの拡充としてテキストチャット等を活用した相談について研究し、その実施に向けた取り組みを行う。

　また、諸外国において、ODR（Online Dispute Resolution）の利用が活発化している。

　こうした国際的な潮流を受け、日本では、令和元年9月以降、政府が日本経済再生本部に「ODR活性化検討会」を設置し、次いで、法務省にADR（民間の裁判外紛争解決手続）の見直しの検討も含めた「ODR推進検討会」が設置され、審議が行われた。同検討会により令和4年3月に「ODRの推進に関する基本方針～ODRを国民に身近なものとするためのアクション・プラン」が策定され、アクション・プランの推進

のため、令和 4 年 8 月から、法務省に「ODR 推進会議」が設置された。日司連は、ODR 推進会議に委員として参画しており、また同推進会議内に設置されたワーキンググループのメンバーにもなっている。政府として、今後の我が国における民事紛争等の新たな解決手段として ODR の普及・推進を目指す方向性が示されたといえる。

当委員会では、司法書士が ODR の実施者として市民の紛争解決に尽力する体制を確立することを目指し、相談センターに寄せられた市民からの相談を解決するための手段として、ODR をどのように活用できるか検討している。

〈令和 5 年度の主な事業〉

1 NCMS の改修

令和 2 年度から構築に着手していた標記システムについて、令和 3 年 11 月に全面稼働した。本システムは、相談の Web 予約受付、Web 会議アプリと連携したリモート面談相談、相談票データの作成、蓄積及び集計を、Web 上で一括して行うことができるものである。

令和 5 年度は、システム上の不具合修正や相談員の利便性を向上させる項目について、改修を行った。

2 全国相談担当者会議

司法書士会における NCMS の導入を円滑に進めることや司法書士会の相談事業における ODR の活用方法の検討を目的として標記会議を開催した。同会議においては、NCMS 導入の意義、活用方法、改修予定等を説明するとともに、ODR の手法・メリット等の説明を行い、全国の司法書士会の相談事業に関して意見交換を行った。

3 「ODR 推進会議」での委員の発言内容の検討、バックアップ会議の実施

「ODR 推進会議」においては、諸外国の ODR を踏まえた最新の知見が共有されるため、司法書士の ODR に対してどのように活用できるか、検討を重ねている。

11 後見制度対策部

司法書士は成年後見制度の周知と利用促進に長年関わってきており、日司連では、成年後見等の申立手続や後見事務、報酬等のあり方について検討し、(公社)成年後見センター・リーガルサポート(以下「リーガルサポート」という。)と連携・協働しながら、適時に官公庁との協議等を行っている。

また、司法書士が未成年後見業務の担い手としてその評価を維持するためには、個々の司法書士が適正な業務を行う必要がある。リーガルサポートにおいては、令和 5 年 8 月に未成年後見事業を行うための公益目的事業の追加的変更の認定を受けたが、日司連でも、リーガルサポートの未成年後見分野の事業が安定的に運営されるまでの当面の間、研修会の開催をはじめとする業務に関する情報提供や、司法書士がこの分野に取り組む意義を伝える活動等を行っている。

〈令和 5 年度の主な事業〉

【成年後見ワーキングチーム】

1 成年後見制度の利用促進基本計画への参画推進

厚生労働省の成年後見制度利用促進専門家会議における第二期基本計画下の議論状況を把握するため、同会議に設置された各ワーキング・グループ会議を視聴すること等により、情報収集を進めた。

2 成年後見制度の在り方に関する意見交換

自らの判断能力の低下を補うために成年後見制度を必要とする人々が、医療や介護を利用するのと同じように、誰もが後見制度を利用することができる環境を整えるため、成年後見制度の在り方について、公益社団法人商事法務研究会主催の「成年後見制度の在り方に関する研究会」の議論状況を把握するとともに、リーガルサポート等と意見交換を行った。

【未成年後見ワーキングチーム】

　1　「未成年後見に関する研修会」のリーガルサポートとの共催

　　　すでに未成年後見人等として活動している会員に加え、いまだ未成年後見人等としての活動経験はない
　　ものの未成年後見業務に関心を持つ会員に対し、未成年後見の実務や未成年後見制度、子どもの人権や児
　　童福祉等に関する講義を行うことにより、未成年後見業務に必要な知見を得ていただくことを目的とし
　　て、リーガルサポートと共催で以下のとおり会員向け研修会を開催した。

　【日　　　程】令和 6 年 1 月 28 日（日）

　【開催方法】ハイブリッド形式（集合形式と Zoom ウェビナーによる Web 配信）

　2　未成年後見制度利用促進に関する児童養護施設向け研修会講師派遣及び視察

　　　未成年後見制度の適切な利用促進のため、令和 6 年 2 月 13 日に鹿児島県の社会福祉法人友愛学園を
　　訪問し、同施設職員向けに研修会を実施した。また、現場の声をヒアリングするため、令和 6 年 2 月 21
　　日に三重県の社会福祉法人アパティア福祉会が運営する児童養護施設エスペランス四日市を視察した。

　3　未成年後見制度に関する他団体との意見交換

　　　公益社団法人日本社会福祉士会との間で、未成年後見制度に対する取組状況や制度上の問題点などにつ
　　いて協議をした。

·4· 司法過疎対策

1 司法書士の存在状況

■ 司法書士・認定司法書士が管轄内に存在する簡易裁判所数

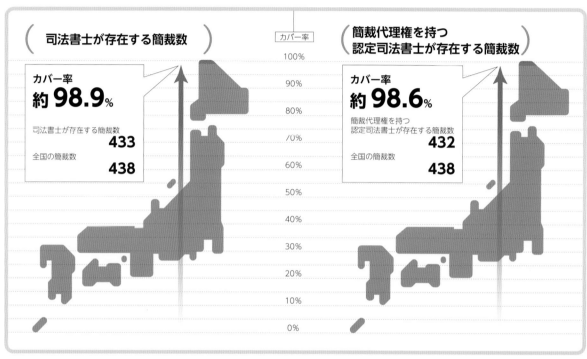

司法書士が存在する簡裁数

カバー率
約 **98.9**%

司法書士が存在する簡裁数 **433**
全国の簡裁数 **438**

簡裁代理権を持つ
認定司法書士が存在する簡裁数

カバー率
約 **98.6**%

簡裁代理権を持つ
認定司法書士が存在する簡裁数 **432**
全国の簡裁数 **438**

※令和 5 年 4 月 1 日現在。

■ 司法書士・認定司法書士が存在する市区町村数

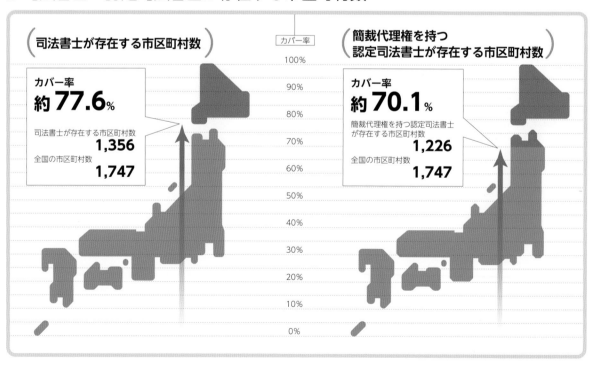

司法書士が存在する市区町村数

カバー率
約 **77.6**%

司法書士が存在する市区町村数 **1,356**
全国の市区町村数 **1,747**

簡裁代理権を持つ
認定司法書士が存在する市区町村数

カバー率
約 **70.1**%

簡裁代理権を持つ認定司法書士
が存在する市区町村数 **1,226**
全国の市区町村数 **1,747**

※令和 5 年 4 月 1 日現在。

2 日司連が実施する司法過疎地開業支援事業

　日司連は、市民の司法へのアクセスが困難な地域において、司法サービスの提供に積極的に取り組む司法書士及び司法書士法人を支援している。

　具体的には、地域司法拡充事業の一環として実施する司法過疎地開業支援により、一定の要件の下、当該地域において期間内に開業又は開業予定の会員等（司法書士となる資格を有する者を含む。）に対し、開業及び定着のための支援金を貸与するなど、財政的な支援を行うものである。

　これまでに本事業により、91名の司法書士と4つの司法書士法人を支援した。

■ 日司連が司法過疎地開業支援事業を実施した地域

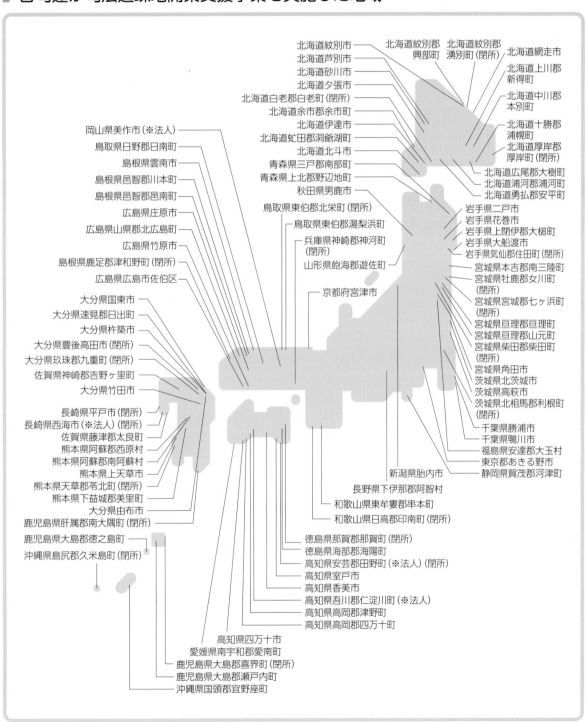

岡山県美作市（※法人）
鳥取県日野郡日南町
島根県雲南市
島根県邑智郡川本町
島根県邑智郡邑南町
広島県庄原市
広島県山県郡北広島町
広島県竹原市
島根県鹿足郡津和野町（閉所）
広島県広島市佐伯区
大分県国東市
大分県速見郡日出町
大分県杵築市
大分県豊後高田市（閉所）
大分県玖珠郡九重町（閉所）
佐賀県神崎郡吉野ヶ里町
大分県竹田市
長崎県平戸市（閉所）
長崎県西海市（※法人）（閉所）
佐賀県藤津郡太良町
熊本県阿蘇郡西原村
熊本県阿蘇郡南阿蘇村
熊本県上天草市
熊本県天草郡苓北町（閉所）
熊本県下益城郡美里町
大分県由布市
鹿児島県肝属郡南大隅町（閉所）
鹿児島県大島郡徳之島町
沖縄県島尻郡久米島町（閉所）

北海道紋別市
北海道芦別市
北海道砂川市
北海道夕張市
北海道白老郡白老町（閉所）
北海道余市郡余市町
北海道伊達市
北海道虻田郡洞爺湖町
北海道北斗市
青森県三戸郡南部町
青森県上北郡野辺地町
秋田県男鹿市
鳥取県東伯郡北栄町（閉所）
鳥取県東伯郡湯梨浜町
兵庫県神崎郡神河町（閉所）
山形県飽海郡遊佐町
京都府宮津市

北海道紋別郡興部町
北海道紋別郡湧別町（閉所）
北海道網走市
北海道上川郡新得町
北海道中川郡本別町
北海道十勝郡浦幌町
北海道厚岸郡厚岸町（閉所）
北海道広尾郡大樹町
北海道浦河郡浦河町
北海道勇払郡安平町
岩手県二戸市
岩手県花巻市
岩手県上閉伊郡大槌町
岩手県大船渡市
岩手県気仙郡住田町（閉所）
宮城県本吉郡南三陸町
宮城県牡鹿郡女川町（閉所）
宮城県宮城郡七ヶ浜町（閉所）
宮城県亘理郡亘理町
宮城県亘理郡山元町
宮城県柴田郡柴田町（閉所）
宮城県角田市
茨城県北茨城市
茨城県高萩市
茨城県北相馬郡利根町（閉所）
千葉県勝浦市
千葉県鴨川市
福島県安達郡大玉村
東京都あきる野市
静岡県賀茂郡河津町

新潟県胎内市
長野県下伊那郡阿智村
和歌山県東牟婁郡串本町
和歌山県日高郡印南町（閉所）

徳島県那賀郡那賀町（閉所）
徳島県海部郡海陽町
高知県安芸郡田野町（※法人）（閉所）
高知県室戸市
高知県香美市
高知県吾川郡仁淀川町（※法人）
高知県高岡郡津野町
高知県高岡郡四万十町

高知県四万十市
愛媛県南宇和郡愛南町
鹿児島県大島郡喜界町（閉所）
鹿児島県大島郡瀬戸内町
沖縄県国頭郡宜野座町

※令和5年11月現在。

3 司法過疎地開業支援フォーラム・開業シンポジウム

これまで司法書士は、「身近なくらしの中の法律家」として、市民が頼れる地域の身近な存在としての活躍の場を広げ、司法アクセス充実の一翼として司法サービスの提供に取り組んできた。

しかし、現在の会員数をみると都市部への集中傾向が強く、十数年前の会員数と比べて地方における会員数が減少している。

司法書士へのアクセスの拡充は、司法制度改革が目指す総合法律支援の実施及び体制整備に直結する活動であり、日司連事業としても重要なものである。

司法書士は、全国にあまねく存在し、司法へのアクセスポイント機能をより充実していかなければならない。そのためには司法過疎地における開業を促進し、定着を図り、当該地域の司法過疎を根本的に解消する必要がある。そこで、司法過疎地での開業を志す会員及び司法書士となる資格を有する者に対し、司法過疎地での開業のメリットや魅力等を紹介するとともに、開業にあたっての疑問や不安を解消する機会として、平成18年度から平成30年度まで毎年（平成19年度以降は東会場、西会場の2か所で開催）「司法過疎地開業支援フォーラム」を開催してきた。

また、令和元年度以降は上記の司法過疎地の問題に加え、会員及び司法書士となる資格を有する者だけでなく、学生や司法書士試験受験生も主な対象に含めた「司法書士開業シンポジウム」に刷新し、開催している（令和元年度は東京1か所で、令和2年度以降はオンラインにて開催）。

これらのフォーラム・シンポジウムでは、日司連の担当者から各地の実情についての説明及び情報提供をするとともに、実際に司法過疎地で開業した会員から開業までの経緯や現在の状況等が参加者に伝えられている。

なお、令和5年度のシンポジウムの概略は次のとおりである。

1　基調講演／テーマ：地域社会の法的ニーズと対応のあり方
2　パネルディスカッション／テーマ：都市部と地方での司法書士の業務の違い
3　日司連の指針及び取組み（主に開業支援・地域司法拡充基金の説明）について
4　司法書士会及びブロック会による開業者募集PR
5　質疑応答

▎司法過疎地開業支援フォーラム（日司連主催のもの）

開催回数	開催日	会場
第1回開業支援フォーラム	平成18年　8月　5日	日司連ホール
第2回開業支援フォーラム	平成19年　3月24日	神戸国際会議場
第3回開業支援フォーラム	平成20年　1月26日（西会場） 平成20年　1月27日（東会場）	WTCホール 日司連ホール
第4回開業支援フォーラム	平成21年　1月17日（東会場） 平成21年　1月25日（西会場）	日司連ホール 梅田センタービル
第5回開業支援フォーラム	平成22年　1月16日（東会場） 平成22年　1月23日（西会場）	日司連ホール TKP大阪淀屋橋カンファレンスセンター
第6回開業支援フォーラム	平成23年　1月15日（東会場） 平成23年　1月22日（西会場）	日司連ホール TKP大阪淀屋橋カンファレンスセンター
第7回開業支援フォーラム	平成24年　3月17日（東会場） 平成24年　3月24日（西会場）	日司連ホール TKP大阪梅田ビジネスセンター
第8回開業支援フォーラム	平成24年11月10日（東会場） 平成24年11月17日（西会場）	日司連ホール TKP大阪梅田ビジネスセンター
第9回開業支援フォーラム	平成26年　1月18日（西会場） 平成26年　1月25日（東会場）	TKP大阪梅田ビジネスセンター TKP東京市ヶ谷カンファレンスセンター
第10回開業支援フォーラム	平成26年11月　8日（東会場） 平成26年11月15日（西会場）	日司連ホール TKPガーデンシティ大阪梅田
第11回開業支援フォーラム	平成28年　1月30日（東会場） 平成28年　1月31日（西会場）	日司連ホール TKPガーデンシティ大阪梅田
第12回開業支援フォーラム	平成28年10月29日（東会場） 平成28年10月30日（西会場）	日司連ホール TKPガーデンシティ大阪梅田
第13回開業支援フォーラム	平成29年10月14日（西会場） 平成29年10月15日（東会場）	TKPガーデンシティ大阪梅田 日司連ホール
第14回開業支援フォーラム	平成30年10月13日（東会場） 平成30年10月14日（西会場）	日司連ホール TKPガーデンシティ大阪梅田
第1回Fresh Green司法書士シンポジウム	令和元年11月　2日	日司連ホール
司法書士開業シンポジウムONLINE	令和3年　1月30日	Zoomウェビナーを使用して開催
司法書士開業シンポジウムONLINE	令和3年11月　6日	Zoomウェビナーを使用して開催
司法書士開業シンポジウムONLINE	令和4年11月　5日	Zoomウェビナーを使用して開催
司法書士開業シンポジウムONLINE	令和5年11月18日	Zoomウェビナーを使用して開催

4 ▶ 地方の司法書士会における開業支援事業

全国の司法書士会の会員数を 20 年前と比較すると、大都市圏もしくは高裁所在地のようなその地方の中核地域の司法書士会の会員数は増加している一方で、それ以外の多くの司法書士会の会員数は減少傾向にある。会員の都市部偏在化の傾向は強くなっている。

会員数の維持は、司法書士会としての活動を維持するための生命線であり、その減少は司法アクセスに寄与する事業の担い手の不足を招くことにもつながる事態でもある。

そこで、司法過疎地に留まらない、地方の司法書士会での開業を支援する事業として、令和 5 年 9 月 17 日（日）に東京国際フォーラムで開催された移住相談イベント「ふるさと回帰フェア 2023」に昨年度に引き続きブース出展を行い、14 名の会員等より地方開業に関する相談を受けた。

5 ▶ 司法過疎地相談所

司法過疎地域の中でも、法律家の開業が特に希求される地域でありながら司法書士が存在せず、司法書士会及びブロック会において早急な対応が必要であると認める地域を対象として、司法過疎対策を目的とした司法過疎地相談所を以下のとおり設置している。

司法過疎地相談所は、司法書士総合相談センターといわゆる公設事務所の中間に位置するような形態であり、担当司法書士が定期的に相談を受け付け、相談後の受任及び受託を含めたサポートをすることにより、当該地域の法的サービス拡充を図るものである。

南大隅地区司法書士法律相談センター

(1) 所　　在　鹿児島県肝属郡錦江町城元 1043-4
(2) 開 所 日　平成 23 年 2 月 1 日
(3) 相談実績　（令和 4 年 4 月 1 日から令和 5 年 3 月 31 日）※毎週月曜日に開催。
　　　　　　・相談件数合計　82 件
　　　　　　・内　訳　①登記・供託関係　55 件　②民事　6 件　③多重債務　3 件
　　　　　　　　　　　④家事　17 件　⑤財産管理　0 件　⑥企業法務　0 件　⑦社会問題　0 件
　　　　　　　　　　　⑧その他　1 件
　　　　　　・相談員数（延べ）　50 名

6 司法書士巡回法律相談

　84頁の「司法書士の存在状況」のとおり、全国438の簡易裁判所の管轄地域のうち、司法書士は433の管轄地域に存在している。

　司法書士が管轄内に存在していない簡易裁判所は、天塩（北海道）、寿都（北海道）、松前（北海道）、新島（東京都）、甑島（鹿児島県）の5つである。

　この5つの簡易裁判所の管轄地域は人口が少なく、司法書士事務所の開設も難しく、司法過疎地相談所の設置も困難であると思われるので、司法書士事務所や司法過疎地相談所を設置する代わりに、当該地域での巡回法律相談を定期的に実施している。天塩、寿都、新島、甑島は平成26年度より、松前は平成30年4月より巡回法律相談を実施している。

■ 簡易裁判所管轄における司法書士0（ゼロ）地域のサービス拡充を目的とした巡回法律相談の実施

令和4年度実施分

①天塩・中頓別

令和4年5月10日（火）	相談件数　0件
令和4年5月28日（土）	相談件数　0件
令和4年6月7日（火）	相談件数　0件
令和4年6月25日（土）	相談件数　2件
令和4年7月12日（火）	相談件数　0件
令和4年7月23日（土）	相談件数　0件
令和4年8月9日（火）	相談件数　0件
令和4年8月27日（土）	相談件数　1件
令和4年9月6日（火）	相談件数　0件
令和4年9月17日（土）	相談件数　0件
令和4年10月11日（火）	相談件数　0件
令和4年10月22日（土）	相談件数　4件
令和4年11月8日（火）	相談件数　1件
令和4年11月26日（土）	相談件数　1件
令和4年12月6日（火）	相談件数　0件
令和4年12月17日（土）	相談件数　0件
令和5年1月10日（火）	相談件数　3件
令和5年1月21日（土）	相談件数　3件
令和5年2月7日（火）	相談件数　0件
令和5年2月25日（土）	相談件数　0件
令和5年3月7日（火）	相談件数　0件
令和5年3月25日（土）	相談件数　0件

②寿都

令和4年4月20日（水）	相談件数　1件
令和4年5月18日（水）	相談件数　0件
令和4年6月15日（水）	相談件数　0件
令和4年7月20日（水）	相談件数　0件
令和4年8月17日（水）	相談件数　0件
令和4年9月21日（水）	相談件数　3件
令和4年10月19日（水）	相談件数　0件
令和4年11月16日（水）	相談件数　0件

③松前

令和4年5月8日（日）	相談件数　2件
令和4年6月12日（日）	相談件数　2件
令和4年7月10日（日）	相談件数　1件
令和4年8月21日（日）	相談件数　4件
令和4年9月11日（日）	相談件数　3件
令和4年10月16日（日）	相談件数　3件
令和4年11月13日（日）	相談件数　7件
令和4年12月11日（日）	相談件数　3件
令和5年1月15日（日）	相談件数　4件
令和5年2月12日（日）	相談件数　3件
令和5年3月12日（日）	相談件数　2件

④新島・神津島・式根島

（新島）	
令和4年4月8日（金）	相談件数　1件
令和4年6月10日（金）	相談件数　3件
令和4年7月8日（金）	相談件数　5件
令和4年8月12日（金）	相談件数　3件
令和4年9月9日（金）	相談件数　7件
令和4年10月14日（金）	相談件数　4件
令和4年11月11日（金）	相談件数　3件
令和4年12月9日（金）	相談件数　4件
令和5年1月13日（金）	相談件数　3件
令和5年2月10日（金）	相談件数　2件
令和5年3月10日（金）	相談件数　1件
（神津島）	
令和4年8月8日（月）	相談件数　4件
令和4年10月3日（月）	相談件数　2件
令和5年2月6日（月）	相談件数　5件
（式根島）	
令和4年9月9日（金）	相談件数　3件

⑤甑島

令和4年4月23日（土）	相談件数　1件
令和4年5月28日（土）	相談件数　5件
令和4年6月25日（土）	相談件数　2件
令和4年7月23日（土）	相談件数　1件
令和4年8月27日（土）	相談件数　6件
令和4年9月24日（土）	相談件数　3件
令和4年10月22日（土）	相談件数　3件
令和4年11月26日（土）	相談件数　1件
令和5年3月25日（土）	相談件数　3件

5. 男女共同参画推進事業

男女共同参画推進室

　男女共同参画推進室は、会員が性別に関わりなくその個性と能力を十分に発揮できる執務及び会務環境の整備に向けた活動並びに男女共同参画社会の実現に積極的に寄与するための活動を行っている。

　第81回定時総会において可決承認された決議『日本司法書士会連合会は、「男女共同参画社会」の実現に向けた取組みを、組織的・横断的・計画的に推進するため、男女共同参画推進室（仮称）を設置する。』に基づき、男女共同参画推進室を設置した。令和5年度までの5か年にわたって、「日司連男女共同参画基本計画（第一次）」（令和元年5月29日策定）による諸施策を実施してきたところ、令和6年度以降は「日司連男女共同参画基本計画（第二次）」を策定し、さらなる男女共同参画を推進していく。

〈令和5年度の主な事業〉

1　男女共同参画推進室研究会の開催

　社会状況に対応した男女共同参画の取組みを行うため、組織運営や事業執行の観点から男女共同参画の有用性について情報提供を行い、意見交換することで、男女共同参画の視点からの意見が反映されるよう基盤整備を行うことを目的として「男女共同参画推進室研究会」を開催した。

　第1回（令和5年10月10日）参議院議員　伊藤たかえ氏

　第2回（令和6年2月27日）弁護士　佐藤倫子氏（香川県弁護士会／日弁連 男女共同参画推進本部事務局次長）

2　女性司法書士増加のための女性司法書士会員に対するインタビュー動画作成

　女性会員の割合が少ない現状においては、相談者が女性の司法書士に相談したいと考えても、女性司法書士へのアクセスが困難なことにより問題解決に至らないという事態が生ずることが懸念されるところ、司法書士の認知度を高め、司法書士になりたいと思う女性を増やすため、昨年度に引き続き、PR動画として各地で活躍している女性司法書士のインタビュー動画を作成し、YouTube に掲載を行った。

3　司法書士の職業の魅力を発信するシンポジウムの開催

　司法書士が女性にとっても魅力ある職業であることを伝え、職業選択を促すことを目的として、司法書士資格の取得を希望する学生、社会人等の裾野を広げるべく、令和3年度に引き続き、令和6年3月23日に「あなたも司法書士になりませんか〜活躍中の女性司法書士に聞いてみよう！〜2024」と題したシンポジウムを法務省及び内閣府男女共同参画局の後援を得て開催した。

4　司法書士会に対する男女共同参画の視点からの組織運営に向けた対応

　「能力や意欲のある会員が、ライフイベントや家庭環境にかかわらず会務活動に参加しやすい環境を構築することは、男女共同参画社会の実現に向けた要請であるとともに、司法書士会事業の維持発展のために必要不可欠である」との認識のもとで、各司法書士会において男女共同参画推進の観点から会務について考える機会を提供することを目的として、司法書士会における「子育て世代のための会務のあり方を考える車座ミーティング」と題したミーティングの開催支援を実施した。令和5年度は実施を希望する司法書士会を5会募集したところ、5会から応募があり、応募があった司法書士会すべてを実施会に指定して開催を支援した。なお、1会については令和4年度も実施しており、その成果を計るという意味でも令和5年度も連続開催したものである。

以下のグラフは、全国 50 の司法書士会と日司連の女性役員割合と全国の女性会員割合の推移を示したものである（資料編 164・165 頁もあわせて参照）。女性会員割合は毎年わずかながら上昇しているものの 20％に届いておらず、役員の割合については会員の割合を下回る状況が続いている。

　「国際社会において、2030 年までにジェンダー平等の達成を目指していることも踏まえ、2020 年代の可能な限り早期に指導的地位に占める女性※ の割合が 30％程度となるよう目指して取組を進める。」との国の目標（第 5 次男女共同参画基本計画）の下、あらゆる分野で取組みが強化されていることに照らすと、会員及び役員の男女比がアンバランスなままであることは、司法書士制度への信頼に否定的な影響を与えかねない。

　一方、役員の割合の推移に注目すると、令和 4 年度は 16％となりこれまでにない変化が生じている。司法書士会内において男女共同参画推進に関する意識や取組みの強化が反映されてきたものと思われるところ、今後はモニタリングに基づきより具体的・効果的な方策に基づく改善へつなげていく必要がある。

※指導的地位に占める女性とは、特に、議会議員、法人・団体等における課長相当職以上の者、専門的・技術的な職業のうち特に専門性が高い職業に従事する者を指す。

▌ 全国の司法書士会女性役員割合と司法書士女性会員割合の推移

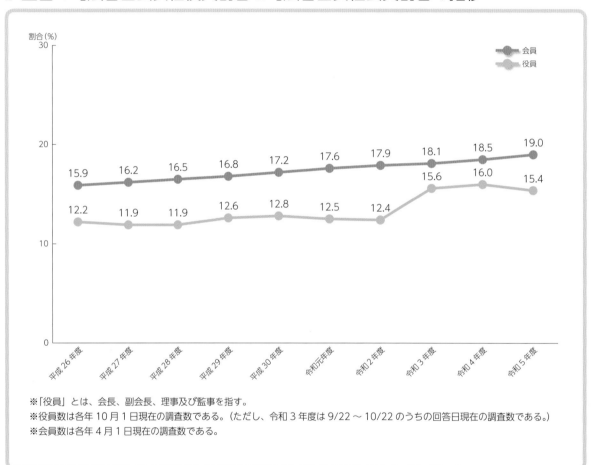

※「役員」とは、会長、副会長、理事及び監事を指す。
※役員数は各年 10 月 1 日現在の調査数である。（ただし、令和 3 年度は 9/22 〜 10/22 のうちの回答日現在の調査数である。）
※会員数は各年 4 月 1 日現在の調査数である。

6 裁判外紛争解決手続等

1 司法書士会調停センター

　平成 13 年 6 月に公表された「司法制度改革審議会意見書」において、「(前略) ADR が、国民にとって裁判と並ぶ魅力的な選択肢となるよう、その拡充、活性化を図るべきである。」と提言された。これを受けて制定された裁判外紛争解決手続の利用の促進に関する法律は平成 19 年 4 月に施行された。同法による法務大臣の認証を取得した機関(認証紛争解決事業者)として、全国 31 か所に司法書士会調停センターが設置されている(令和 6 年 1 月末日現在)。

■ 法務大臣の認証を取得した司法書士会調停センター (令和 6 年 1 月末日現在)

	認証紛争解決事業者名	認証取得日	認証番号	愛称	取扱う紛争の範囲
1	神奈川県司法書士会調停センター	H20.6.13	14	−	民事に関する紛争 (紛争の価額が 140 万円以下のものに限る。)
2	東京司法書士会調停センター	H20.12.10	22	すてっき	民事に関する紛争 (全般)
3	静岡県司法書士会調停センター	H21.1.19	25	ふらっと	民事に関する紛争 (全般)
4	滋賀県司法書士会調停センター	H21.1.20	26	和 (なごみ)	民事に関する紛争 (紛争の価額が 140 万円以下のものに限る。)
5	熊本県司法書士会調停センター	H21.9.8	40	−	民事に関する紛争 (紛争の価額が 140 万円以下のものに限る。)
6	宮城県司法書士会調停センター	H21.9.14	42	−	民事に関する紛争 (紛争の価額が 140 万円以下のものに限る。)
7	山口県司法書士会調停センター	H21.11.30	48	−	民事に関する紛争 (紛争の価額が 140 万円以下のものに限る。)
8	福島県司法書士会調停センター	H22.1.22	54	−	民事に関する紛争 (紛争の価額が 140 万円以下のものに限る。)
9	福岡県司法書士会 ADR センター	H22.1.22	55	よかよ	民事に関する紛争 (全般)
10	宮崎県司法書士会調停センター	H23.2.25	89	−	民事に関する紛争 (紛争の価額が 140 万円以下のものに限る。)
11	千葉司法書士会調停センター	H23.3.9	90	−	民事に関する紛争 (紛争の価額が 140 万円以下のものに限る。)
12	鹿児島県司法書士会調停センター	H23.3.16	91	−	民事に関する紛争 (紛争の価額が 140 万円以下のものに限る。)
13	札幌司法書士会 ADR センター	H23.6.29	101	−	民事に関する紛争 (紛争の価額が 140 万円以下のものに限る。)
14	茨城司法書士会調停センター	H23.9.1	103	−	民事に関する紛争 (紛争の価額が 140 万円以下のものに限る。)
15	京都司法書士会調停センター	H23.11.11	108	−	民事に関する紛争 (全般 (ただし、登記手続関連の家事事件以外の家事事件を除く。))
16	香川県司法書士会調停センター	H24.2.6	109	−	民事に関する紛争 (紛争の価額が 140 万円以下のものに限る。)
17	愛知県司法書士会調停センター	H24.8.3	118	−	民事に関する紛争 (紛争の価額が 140 万円以下のものに限る。)、不動産賃貸借に関する紛争、相続に関する紛争 (相続財産に不動産を含むものに限る。)
18	長野県司法書士会調停センター	H25.2.1	122	−	民事に関する紛争 (紛争の価額が 140 万円以下のものに限る。)
19	新潟県司法書士会調停センター	H25.3.12	124	話し合いサポートセンター (R1.5.25 名称変更)	民事に関する紛争 (紛争の価額が 140 万円以下のものに限る。)、相続に関する紛争
20	兵庫県司法書士会調停センター	H25.9.3	127	ぽると	民事に関する紛争 (紛争の価額が 140 万円以下のものに限る。)
21	秋田県司法書士会調停センター	H25.10.1	128	りりぃふ	民事に関する紛争 (紛争の価額が 140 万円以下のものに限る。)
22	鳥取県司法書士会調停センター	H25.10.1	129	−	民事に関する紛争 (紛争の価額が 140 万円以下のものに限る。)
23	埼玉司法書士会調停センター	H26.6.16	132	はなしあい解決支援センター "いっぽ"(R4.5.21 名称変更)	民事に関する紛争 (紛争の価額が 140 万円以下のものに限る。)
24	山形県司法書士会調停センター	H27.1.5	133	ハーモニー	民事に関する紛争 (紛争の価額が 140 万円以下のものに限る。)
25	山梨県司法書士会調停センター	H27.1.23	134	ちょっくらはなすけ	民事に関する紛争 (紛争の価額が 140 万円以下のものに限る。)
26	栃木県司法書士会調停センター	H27.5.15	138	こんぱす	民事に関する紛争 (紛争の価額が 140 万円以下のものに限る。)
27	佐賀県司法書士会調停センター	H28.2.15	142	−	民事に関する紛争 (紛争の価額が 140 万円以下のものに限る。)
28	青森県司法書士会調停センター	H28.4.1	146	まる〜く	民事に関する紛争 (紛争の価額が 140 万円以下のものに限る。)
29	岐阜県司法書士会調停センター	H29.4.1	152	あゆみ	民事に関する紛争 (紛争の価額が 140 万円以下のものに限る。)
30	広島司法書士会調停センター	H30.2.6	154	−	民事に関する紛争 (紛争の価額が 140 万円以下のものに限る。)
31	大分県司法書士会調停センター	R1.5.16	165	−	民事に関する紛争 (紛争の価額が 140 万円以下のものに限る。) 民事に関する紛争 (登記手続への協力を求めることを目的とするものに限る。) 家事・相続に関する紛争 (登記手続への協力を求めることを目的とするものに限る。)

※大阪会が積極的に運営に関与している認証紛争解決事業者として「公益社団法人民間総合調停センター」がある。

■ 法務大臣の認証を取得した司法書士会調停センターの新受件数実績

	年　度	平成 25 年度	平成 26 年度	平成 27 年度	平成 28 年度	平成 29 年度	平成 30 年度	令和 元 年度	令和 2 年度	令和 3 年度	令和 4 年度
認証機関	総　数	23	26	28	29	31	31	31	31	31	31
	回答数	22	26	28	29	31	29	31	30	31	31
新受事件	件　数	77	88	95	103	104	97	79	58	48	45
	1 機関平均件数	3.50	3.38	3.39	3.55	3.35	3.34	2.55	1.93	1.55	1.45

【ADR と司法書士】

ADR とは、裁判とは異なる法的トラブルの解決方法である。"Alternative Dispute Resolution" の略で、一般的に『裁判外紛争解決』と訳される。ADR と一口に言ってもその方法は様々で、主なものとして "調停" と "仲裁" がある。調停での話し合いによる解決が適している法的トラブルとしては、不動産の賃貸借、マンションの居住者同士の騒音、友人や親族との金銭の貸し借り、会社での人間関係、親族間のトラブル、相続、夫婦関係などが挙げられる。上記のように、解決しても人間関係が継続する人同士の問題や、感情面での行き違いに大きな原因があるものなどが、話し合いによる解決に適しているといえる。

調停人は、第三者の立場から法的トラブルの事実を確認して解決方法を提示するのではなく、当事者相互の理解を図ることにより合意への道筋をつける、つまり当事者の話し合いを解決へ向けて促進する。そういった当事者主体の解決方法が調停である。お互いを理解するためには、お互いに相手の話を聴き、自分の話を相手に伝えることが重要である。また、それができるような環境をつくる調停人が必要となる。司法書士会の調停センターでは、このような調停人の役割に関するトレーニングを受けた司法書士が調停人となっている。

以下の表は平成25年から令和4年までに全国の認定司法書士が取り扱った「裁判外和解手続等」の件数の推移である。合計数は平成26年まで40万件前後で推移した。平成27年以降、減少傾向にあったが、平成30年から増加傾向にある。令和4年の事件数（498,379件）は平成25年（396,013件）と比較して125.8%（102,366件増）となっている。

■ 司法書士取扱事件数報告・裁判外和解手続等 <small>（※日司連定時総会資料に基づく）</small>

（単位：件）

会　　名	平成25年	平成26年	平成27年	平成28年	平成29年	平成30年	令和元年	令和2年	令和3年	令和4年
札　幌　会	4,107	5,431	5,125	5,106	3,955	3,666	4,301	4,985	5,413	7,532
函　館　会	158	114	208	160	96	84	52	50	41	39
旭　川　会	186	138	125	182	102	79	83	76	36	46
釧　路　会	362	214	112	108	89	83	35	55	19	31
宮 城 県 会	976	1,001	743	541	373	1,517	1,655	2,005	2,099	2,298
福 島 県 会	1,576	1,318	972	583	448	412	174	159	180	110
山 形 県 会	421	195	354	174	87	77	59	80	34	30
岩 手 県 会	523	677	294	263	193	236	200	153	127	80
秋 田 県 会	1,064	489	277	280	289	305	268	219	232	252
青 森 県 会	433	461	135	160	163	114	91	77	79	90
東　京　会	225,060	251,905	180,445	199,233	160,089	211,102	287,230	277,310	328,683	329,053
神 奈 川 県 会	16,344	28,385	19,020	7,000	6,943	6,394	4,931	5,879	2,478	3,863
埼　玉　会	12,933	20,089	11,746	3,692	4,627	4,348	1,794	1,236	1,252	1,723
千　葉　会	6,157	18,736	12,041	3,381	2,711	2,755	1,874	1,092	1,007	689
茨　城　会	845	817	1,186	795	1,256	1,463	401	515	484	230
栃 木 県 会	1,132	1,129	963	609	651	615	437	227	179	143
群　馬　会	447	420	1,271	859	1,346	1,031	331	402	384	327
静 岡 県 会	2,444	1,853	2,158	1,657	1,516	1,894	1,238	1,287	1,142	895
山 梨 県 会	94	40	79	56	35	13	13	26	20	118
長 野 県 会	1,819	1,152	1,120	1,096	774	684	590	496	399	235
新 潟 県 会	1,681	1,725	1,951	1,024	739	254	187	221	223	104
愛 知 県 会	8,275	5,858	5,404	4,322	4,359	7,908	18,432	19,159	17,245	19,815
三 重 県 会	1,107	619	721	497	362	279	284	242	185	175
岐 阜 県 会	1,133	604	848	647	467	391	235	186	199	161
福 井 県 会	143	69	102	73	50	28	39	28	35	27
石 川 県 会	1,106	1,076	400	101	144	133	105	130	134	55
富 山 県 会	691	1,023	460	79	59	73	118	114	94	352
大　阪　会	46,174	50,566	56,557	46,668	52,994	63,117	73,298	79,950	81,711	85,647
京　都　会	24,779	1,183	915	1,255	3,041	707	1,156	1,233	1,155	8,578
兵 庫 県 会	4,040	2,732	3,142	2,998	5,112	2,914	2,091	3,885	2,326	2,838
奈 良 県 会	559	483	394	305	196	223	220	208	207	160
滋 賀 県 会	885	570	536	575	586	286	556	230	283	205
和 歌 山 県 会	696	385	319	234	243	170	458	186	130	125
広　島　会	2,741	2,715	3,462	3,148	3,136	1,686	4,315	3,680	3,580	3,721
山 口 県 会	769	731	690	427	411	290	249	184	189	133
岡 山 県 会	1,711	1,578	2,540	1,514	2,033	1,348	940	847	1,060	1,423
鳥 取 県 会	418	812	1,005	802	364	109	87	70	70	44
島 根 県 会	224	102	111	88	46	49	43	47	29	49
香 川 県 会	245	267	180	214	270	50	82	66	88	31
徳 島 県 会	187	216	175	124	59	121	86	236	125	73
高 知 県 会	1,197	1,403	1,436	967	624	670	608	561	436	803
愛 媛 県 会	2,035	1,567	1,094	1,162	1,129	794	840	392	319	753
福 岡 県 会	9,338	6,785	8,308	5,705	4,979	6,911	14,516	15,191	17,720	22,092
佐 賀 県 会	1,181	642	549	293	139	139	97	119	66	70
長 崎 県 会	1,049	514	485	219	149	119	113	211	124	186
大 分 県 会	515	294	304	147	177	114	313	179	171	95
熊 本 県 会	2,063	1,144	1,338	534	590	549	734	629	668	820
鹿 児 島 県 会	1,632	946	952	485	526	371	311	215	366	217
宮 崎 県 会	868	500	273	151	225	230	169	76	92	89
沖 縄 県 会	1,490	2,264	1,972	2,002	2,328	2,002	1,397	1,644	1,637	1,754
計	396,013	423,937	334,997	302,695	271,280	328,907	427,836	426,448	474,955	498,379

【裁判外和解手続等】

裁判外和解手続等とは、依頼者の代理人として相手方との和解、示談交渉につき下記の一部又は一連の業務をすることである。
(1) 和解又は示談交渉に要する委任状を徴求　(2) 依頼者への適切な助言及び説明　(3) 相手方への提案書（和解案）を提示　(4) 相手方への和解示談交渉
(5) 和解条件の再検討　(6) 和解契約書の締結　(7) 以上訴訟手続前の一連又は一部の業務に関連した業務

7. 災害復興支援活動

日司連の取組み

1. 市民救援活動組織と市民救援基金について

(1) 市民救援活動組織

　日司連は、「日司連災害対策及び市民等の救援に関する規則」（以下「市民救援規則」という。）第5条に基づき、常設機関として日司連災害対策室を設置しており、災害発生時の迅速な判断並びに対応（日司連及び司法書士会が被災した際の危機管理体制の構築及び整備に関する事業、被災した市民に対する司法書士の法的サービスの提供その他の市民救援活動及びその支援に関する事業。）を行うとともに、平時から災害に備えるための諸施策に取り組んでいる。

　ここでは、災害発生時の市民救援活動として以下の事業を行うものとしている。

① 相談会の実施及び電話による相談等の相談活動の支援
② 常設の相談場所の設置（災害復興支援事務所の設置）
③ 災害に係る紛争につき司法書士会が行う裁判外紛争解決手続（ADR）の支援
④ 被災した市民のための説明会及び市民救援活動を行う会員のための研修会等の開催並びに開催の支援
⑤ 上記の事業の広報及び広報の支援

　これらに加えて、司法書士が被災者から受託した業務に係る報酬を減免した場合に行う助成事業を支援できる仕組みとしている。

　また、災害対策室からの委託を受けて具体的な活動を担う常設の機関として市民救援委員会（市民救援規則第12条）を設置している。具体的には、災害発生時の市民救援活動を開始するための現地調査や被災地における司法書士会の活動への支援、研修会の講師派遣等を行うとともに、平時から、災害発生時に速やかな対応ができるような体制作り等を行っており、より迅速な災害無料電話等相談の受付が可能となる体制が構築されている。これは、災害発生後2〜3日の間に被災者からの相談を受け付け、各種支援制度の説明や法律相談を行うことで、被災者が抱える災害発生直後の不安の払しょくに寄与しようとするものである。

(2) 市民救援基金

　日司連では、市民救援活動の財源として市民救援基金を設置している。そして、日司連や被災地司法書士会が実施する前出の市民救援活動（無料相談会及び災害復興支援事務所の設置運営、その他の救援活動等）に必要な費用は、「市民救援規則」、「日司連市民救援基金特別会計規則」、「日司連災害対策及び市民等の救援に関する規則運用のための要領」等に基づき、同基金から支出している。

　市民救援基金は、全国の会員から拠出された会費で成り立っているが、今後の自然災害発生時に行う市民救援活動に効果的に使えるような仕組み作りを検討している。なお、令和5年度末における基金額は約5億4,200万円となっている。

2. 司法書士会における相談員養成の支援について

　日司連は、市民救援委員会が作成した「災害時相談事例Q＆A」を司法書士会に配付し、これまでに発生した自然災害対応を踏まえて随時見直しを行う平時からの「備え」としての活動も行っている。

3. 被災者支援のためのネットワークの構築及び広報活動の実施

　災害時の相談には、被災者支援に関する諸制度への理解とともに、時の経過による被災者の心理状況の変化に配慮した対応が求められる。このためには、行政、福祉関係者及び被災者支援団体等の関係機関との連携の

強化や日常的な情報収集が必要となる。

　日司連は、災害ボランティアの全国組織である特定非営利活動法人全国災害ボランティア支援団体ネットワーク（JVOAD）との連携を深め、情報を共有するとともに、被災現場で被災者に寄り添い活動する災害ボランティアからの情報を被災地司法書士会へ提供している。

　また、災害発生時における市民救援活動を通じて日司連、被災地司法書士会ともに多くの関係団体、関係機関との連携が深まり、災害時に災害現場で組織的に活動する司法書士の姿が強く認識されつつある。こうした周知活動としての側面もあることから、この連携は平時から継続的に行うべきであると認識しており、災害時に自治体と協力して直ちに相談活動が行えるよう、司法書士会と自治体との災害協定締結を促進している。令和 4 年度末には日本赤十字社とパートナーシップ協定を締結し、災害に備えた平時からの連携協力関係を構築した。

　市民救援委員会では、被災した市民及び自治体向けに以下のパンフレットを作成し、被災地司法書士会や自治体に配布しており、随時その内容を見直している。

　・「天災等罹災後のトラブル解決ガイド　困った！」（被災者向け）
　・「司法書士会との災害協定締結ガイド」（自治体向け）

4. 東日本大震災及び東京電力福島第一原子力発電所事故

（1）はじめに

　東日本大震災及び東京電力福島第一原子力発電所事故（以下「原発事故」という。）が発生してから 13 年が経過した。この間、国が主導した復興事業は、震災後新たに設置された復興庁に司令塔としての機能を持たせて、関係省庁間の縦割り行政の弊害を解消して取り組むことを目指してきた。国は、平成 23 年度からの 5 年間を「集中復興期間」、平成 28 年度からの 5 年間を「復興・創生期間」として位置づけ、10 年間の復興期間の「総仕上げ」を行い、「前例のない手厚い支援」により被災地の復興は成果をあげてきたと評価している。その後、令和 2 年 7 月、政府は「令和 3 年度以降の復興の取組み」を決定し、令和 3 年度から 7 年度までの 5 年間を新たな復興期間として「第 2 期復興・創生期間」として、令和 13 年 3 月まで設置が延長された復興庁を中心に引き続き復興事業に取り組んでいる。地震・津波地域のハード面での復興は進展しており、その終結を迎えようとしている一方、原発事故被災地の復興はようやくその端緒についたところである。また、被災者の心の復興は未だ道半ばであり、被災地の復興とともに被災により傷ついた被災地域の住民の心のケアは長期的な取組みが求められている。

　日司連は、震災、原発事故発生直後から統合災害対策本部を設置して、被災地司法書士会に設置した災害対策実施本部への支援、全国の司法書士会による被災地・被災者支援活動の調整等を行ってきた。さらには、法務省、復興庁、国土交通省、環境省、内閣府（原子力災害対策本部）、文部科学省（原子力損害賠償対策室、原子力損害賠償紛争解決センター）等の関係省庁、法テラス、被災自治体や関係諸団体と連携協力して災害復興支援活動及び市民救援活動を行ってきた。

　この 13 年間で被災者は応急仮設住宅、みなし仮設住宅から災害公営住宅や災害復興住宅への入居、さらには自宅の再建と住まいの確保は進んでいる。しかしながら、自宅再建が叶わずに避難先での生活を継続している被災者も少なくなく、また災害復興住宅等の新しい環境の中での生活になじめずに孤立する被災者もいる。さらには、原発事故による被害者は、未だに多くの方が全国各地で避難生活を強いられている。長期の避難生活による心身の強いストレスを原因とする震災関連死者や自死者数の増加、原発事故避難者の子どもに対するいじめの問題や避難者への偏見による人権問題、災害援護資金の返済問題等、問題は複雑化・多様化・深刻化しており、13 年という時の経過がこれら問題の全てを解決してくれるものではない。

　さらに、被災地の一部はその後の自然災害を受け、東日本大震災及び原発事故からの復興途上で二重に被災した避難者・被災者もいる。世界的な気候変動により自然災害が頻発化している現在では、被災者が復興を遂げる前に再び被災するような状況も考えられる。また、新型コロナウイルス感染症の拡大により、生活環境や就業状況の変化に伴い経済的に困窮している避難者・被災者の声も相談を通じて受け止めている。

　こうした状況の中で、日司連は今後も引き続き、「心のケア」、「被災者の孤立化防止」を意識した被災者の支援活動を継続していく所存である。

(2) 東日本大震災における日司連の取組み

① 無料相談会の実施

　被災者に対する救援活動の中心は、司法書士による無料相談活動である。相談活動は被災地司法書士会を中心に行い、それを全国の司法書士会が協力し、日司連はその支援と連絡調整の役割を担っている。

　発災当初は避難所や仮設住宅を回り、その後は、みなし仮設住宅や災害復興公営住宅に入居している被災者のもとへ足を運んで相談活動を行う等、被災地・被災者の状況に応じて相談活動の方法や対象の変化に応じた取組みを今も行っている。災害を起因とした相談は少なくなっている現実があるが、災害援護資金の償還が困難な被災者の相談等新たな問題への対応も生じてきている。また、消費者庁の専門家派遣事業のスキームに基づき法テラスが実施する相談会にも引き続き相談員を派遣している。

　岩手県会では、仮設住宅の集約が進み入居者が減少している中、効率的に巡回し、見守り活動も兼ねた相談会を継続するとともに、民間企業や大学との連携による企画相談会等にも取り組んだ。

　宮城県会では災害復興支援士業連絡会における士業間の情報共有を緊密にしつつ、精神保健福祉関係者とともに行動する「心のケア」を意識した相談活動にも取り組んだ。また、日本赤十字社宮城県支部との共催により、被災者支援のための相続・遺言講座並びに相談会を企画開催した。

　福島県会では、社会福祉協議会との連携事業として、被災市民向けセミナーと相談を併催する事業を行うほか、原発事故による避難指示が解除された地域における相談活動も行っている。これらの相談活動は、全国の司法書士会の支援を受けて継続してきたが、被災地司法書士会の自立した活動へと移行している。しかし、全国各地への避難者に対しては、避難先の司法書士会との連携した活動は引き続き行っていく必要がある。

　さらに、リーガルサポートが主催する福祉関係者との同行相談制度も引き続き各被災地司法書士会で活用されている。この同行相談制度は、令和4年度から原発事故により全国に避難する広域避難者をも対象とすることとされた。

　相談会を実施した司法書士会は、相談票を集計し、その件数を日司連に報告している。震災から13年が経過した今、相談件数は減少傾向となり、震災を直接原因としている内容は減ってきているものの、その内容は複雑化し、1件1件が重いものとなっている。

② 災害復興支援事務所の設置運営

　日司連では、被災により司法書士の法的サービスを受けることが困難になった地域における常設の活動拠点として、災害復興支援事務所を設置してきた。

　災害復興支援事務所は、司法書士会の相談センターとしての機能を併せ持ち、司法書士が常駐して無料で相談に応じるとともに、司法書士業務の依頼に対応している。事務所の設置・運営費用、相談員費用及び常駐司法書士の事務所運営にかかる費用については市民救援基金から支出している。

　東日本大震災以降これまで、宮城県の4か所（女川町、気仙沼市、南三陸町、山元町）、岩手県の3か所（大槌町、宮古市、陸前高田市）、福島県の2か所（広野町、南相馬市）に災害復興支援事務所が設置され、被災地の法的ニーズに応えてきた。その後、被災地の復興の進展に伴い、順次閉鎖をしてきたが、原発事故の被害者への法的支援の拠点としての期待が寄せられているふたば災害復興支援事務所（福島県双葉郡広野町）は、令和6年度末まで設置運営することが決定している。

　なお、岩手県の大槌町、宮城県の南三陸町、山元町ならびに女川町の災害復興支援事務所は令和3年3月末をもって閉鎖したが、常駐会員が引き続き同じ場所で日司連の司法過疎対策事業として開業をし、被災地支援にあたっている。

③ 市民救援活動組織

　市民救援活動の組織としては、岩手県会と宮城県会に設けられた災害対策実施本部が令和2年3月末日に、福島県会では令和4年度末で廃止となった。いずれの会においても未だ支援の手を求めている被災者は少なくなく、その対応は司法書士会の活動として継続していくことになる。

　なお、日司連では市民救援委員会が福島県会と連携をしながら原発事故被害者救済に組織として対応している。

5. 原発事故被害者に対する救援活動について

（1）原発事故被害にかかる損害賠償請求手続支援

　日司連の市民救援委員会が、原発事故被害者、広域避難者及び帰還者等の支援を行っている。福島県会（東日本大震災災害対策実施本部及び原子力損害賠償対策室は、令和4年度末で廃止となった。）と協力しながら、被害に遭われた方々の相談に対応する体制を構築するとともに、損害賠償請求に資する情報の提供を行っている。特に原子力損害賠償紛争解決センターとの連携を強化し、損害賠償請求手続の一つである原子力損害賠償紛争解決センターへの申立て（以下「原発ADR」という。）を支援するパンフレット「原子力損害賠償紛争解決センターへの申立ての手引き（令和2年度日司連制作）」を活用した相談活動等を展開している。

　原発事故による損害賠償請求に関する相談については、「東京電力福島第一原子力発電所事故における市民等の救援に関する事業の実施に関する要領」に基づき、各司法書士事務所で無料相談（令和5年4月1日より面談相談に電話相談が加わった。）ができるよう被害者の相談費用の支援を行っている。この制度利用による相談件数は、令和6年1月末日時点で、計921件である。

（2）原発事故による避難者の支援

　原発事故による福島県から県外への避難者は20,279名（令和6年2月1日付「全国の避難者の数」復興庁調査）である。発災から13年が経過した今でも全都道府県に避難者がおり、広域的な支援を継続していく必要がある。日司連では、令和4年度に引き続き、福島県が全国各地26か所に設けた福島県県外避難者生活再建支援拠点等の支援団体・組織等との連携を強化し、かつ避難先となっている全都道府県の司法書士会の協力を得ながら避難者が正確な情報をもとに安心して帰還、移住等の選択をし、平穏な生活を送ることができるよう支援を行っている。例としては、新型コロナウイルス感染症の影響により回数は減少したものの、この支援団体等が避難先で開催する避難者交流会等において、原発ADRに関する説明会や相談会を行う際に相談員等を派遣している。また、避難先での生活相談先として、地元司法書士会の総合相談センターを紹介する等、きめ細やかな支援を行えるような体制作りを継続している。

　そして、これらの支援をより効果的なものとするために、福島県県外避難者支援事業の中核を担っている一般社団法人ふくしま連携復興センターとの情報共有会議を継続的に開催している。避難者が福島県内に帰還した後の原発ADR、生活再建等の支援については、福島県会が「ふたばワールド2023inおおくま」等の被災地の復興イベントへ相談ブースを出店する際等に相談員の派遣や広報活動等に協力するかたちで支援を行っている。

（3）今後の支援について

　損害賠償請求権の存在を知っているにもかかわらず、精神的な負担等から賠償請求をしない方、未請求の賠償項目の存在を知らない方等が未だに多く存在する。風評被害等、原子力発電所事故に起因する損害賠償請求の問題は継続しており終わりが見えない。原子力損害賠償紛争審査会がこれまでに策定した「東京電力株式会社福島第一、第二原子力発電所事故による原子力損害の範囲の判定等に関する中間指針」等に基づく賠償では十分な賠償がなされているとは言えないとする集団訴訟の判決が確定したことを踏まえ、同審査会は中間指針の見直しを行い、令和4年12月20日に中間指針第五次追補版を公表した。東京電力は中間指針第五次追補等を踏まえた追加賠償を行っているが、原発事故から13年が経過し、損害賠償請求権の相続や離婚等に伴う世帯分離の問題等、追加賠償に関する相談需要が高まっている。この改定後の東京電力の対応、損害賠償請求に関する訴訟の動向、消滅時効の問題等を注視しながら、今後もこれらの問題に対応すべく、原発事故被害者・避難者及びその支援者等の声に耳を傾け、文部科学省をはじめとした関係省庁等との連携を継続していく。そして、原発ADRの最新の和解事例といった損害賠償請求に関するタイムリーな情報の提供を強化する等、損害賠償請求支援の担い手育成を含め、従前の支援策を検証し、随時改良しながら効果的な支援策を講じていく。だれ一人として取り残さない真の賠償の実現、一人ひとりの人権の回復に寄与するよう、災害ケースマネジメントの手法を取り入れ他機関と連携しながら、組織として救援活動に取り組んでいく。

6. 東日本大震災復興支援に向けた新たな課題と司法書士の役割

東日本大震災と原発事故の発生から13年が経過し、被災者の生活再建やインフラの整備は進んでいる一方で、心のケアを必要とする被災者が今も多く存在している。また、その後全国各地で発生した自然災害への対応を通じて、司法書士は、被災者と向き合う中で、法律相談以外の声にも耳を傾け、必要に応じて関係機関へつなぐ役割も担っている。これこそが司法書士の被災者支援の姿ではないだろうか。被災者支援の「拠点」となり、ファーストコンタクト窓口として被災者と向き合えるのは司法書士が最もふさわしい資格者であると確信する。

東日本大震災における被災地の復興の妨げとなった大きな要因として、相続登記未了問題がある。この解決のために各被災地で司法書士が専門性を活かして業務を通じて取り組み、日司連としても支援を行った。この問題解決への努力が今次の相続関連法改正にもつながったと認識をしている。これは、現場での体験が法改正、諸制度の見直しにもつながるということのひとつの証左でもある。

また、東日本大震災の復興のための国の用地取得迅速化プログラムの一環として、復興庁と協力関係のもと、被災自治体に司法書士となる資格を有する者が常勤職員として勤務していた。任期満了後も非常勤嘱託職員として要請を受けて被災自治体で勤務する体制も整備された。これら職員は、司法書士としての知見を活かして、派遣先自治体の総合的な法的アドバイザーとしての役割を果たしており、復興事業の終結を迎えつつある自治体からも派遣要請が復興庁に寄せられ、令和5年度も宮城県女川町に1名常勤職員（身分は駐在職員）として派遣されている。

日司連では、これら職員や派遣先自治体との意見交換会を開催するとともに、常勤職員となるための要件として登録の取消しをした司法書士資格者に対して、情報提供や研修機会の提供の支援を行っている。

この被災自治体への派遣制度については、登録の取消し等の課題があり、今後の自然災害時、また平時から自治体の中で司法書士を活用する制度として充実させていくためには、登録を残したままでの派遣制度等を検討する必要がある。この点の改善のために次期司法書士法改正大綱の中でも議論をしているところである。

7. 令和6年能登半島地震

令和6年1月1日16時10分頃、石川県能登地方を震源とするマグニチュード7.6の強い地震が発生し、石川県志賀町で震度7、七尾市・輪島市・珠洲市・穴水町で震度6強を観測した。この地震により多くの死傷者が発生し、建物倒壊、津波、土砂崩れ、液状化現象などの甚大な被害も生じた。

本災害において、日司連災害対策室は石川県会と富山県会に災害対策実施本部を設置し、同年1月9日から「災害時無料電話相談」を実施しており、その相談件数は123件（令和6年3月31日現在）である。また、会員事務所の被害もあり、日司連では被災した会員及び司法書士会のための義援金の呼びかけも行った。

石川県会・富山県会においてもそれぞれ積極的に市民救援活動に取り組んでおり、電話相談や面談相談を実施している。

8. その他の災害への対応

（1）令和5年度に実施した自然災害への対応

①令和5年奥能登地震

令和5年5月5日14時42分頃、能登半島沖を震源とするマグニチュード6.5の強い地震が発生し、石川県珠洲市で震度6強の大きな揺れを観測した。石川県内において3,000棟を超える住家被害（一部損壊を含む）を出した。

石川県会は、石川県士業団体協議会の一員として同協議会と石川県が共催する相談会に相談員を派遣した。

②令和5年梅雨前線による大雨にかかる災害

令和5年6月28日から7月13日にかけて、活動の活発な梅雨前線や上空の寒気の影響で、沖縄地方を除いて全国的に大雨となった。その中でも、被害が大きかった秋田県など8県においては災害救助法が適用された。

秋田県会は、浸水被害が特に大きかった秋田市及び五城目町において被災者向けの相談会を開催した。

(2) 令和4年度以前に発生した市民救援活動を継続する自然災害への対応

　○令和4年台風第15号

　　発災から1年以上が経過している現在も、引き続き静岡市が区役所において実施する士業合同相談会（生活なんでも相談会）に相談員を派遣している。

9. 最後に

　平成7年に発生した「阪神・淡路大震災」を機に前述の「市民救援基金」が創設され、この大災害時における司法書士の被災者支援活動が「市民救援活動」として今も現場で被災者と向き合うという姿勢とともに引き継がれている。司法書士らしい市民救援活動とは、被災者のもとに出向き、ひざを突き合わせてその声を聴くことである。また、司法書士が拠点となって、様々な専門職や関係機関をつなぐことにより、多面的かつ重層的な支援をすることもできるのである。さらには、これら市民救援活動を通じて知り得た支援制度や法制度の改善を求めていくことも被災者の代弁者としての司法書士の重要な役割であろう。

　災害の記憶は時の経過とともに風化していくものであるが、各災害における市民救援活動を検証、記録をすることにより、現場で体験したことを次に活かすこととなる。

　今後も平時の「備え」を忘れずに、市民救援活動に取り組んでいきたい。

2024年（令和6年）1月5日

令和6年能登半島地震による被害に関する会長談話

日本司法書士会連合会
会長　小　澤　吉　徳

　令和6年1月1日午後4時10分頃に発生した石川県能登地方を震源とする地震により、石川県や北陸地方の広範囲に被害が生じています。

　この度の災害により犠牲となられた方々に心より哀悼の意を表するとともに、被災された方々にお見舞いを申しあげます。

　被災地では、火災や建物等の倒壊が多数発生し、未だ余震が断続的に発生しています。今後も建物が崩壊する可能性があるなど、十分に警戒を必要とする状況が続いていると考えられますので、身の安全を最優先にして、命を守る行動を心がけてください。

　当連合会では、被災状況の把握に努めており、早急に被災した地域の司法書士会や関係機関と緊密に連携をして、被災された方々や被災地で不安な思いを抱いている方々に寄り添い、支援活動に取り組んでいく所存です。

　まずは、当連合会において、1月9日から以下のとおり災害無料電話相談窓口を開設し、被災された皆様からの電話による相談をお受けします。ご心配なことがありましたら、お気軽にご相談ください。

【災害無料電話相談】
電話番号：0120-315199（サイガイキュウキュウ（災害救急））

■実施期間：令和6年1月9日（火）から6月30日（日）まで（土日・祝日を含む）
　※終了日は変更する可能性があります
■受付時間：午後5時から午後8時まで
■災害対応実績のある司法書士に直接つながります

▶ 会長談話

2024年（令和6年）3月11日

東日本大震災、東京電力福島第一原子力発電所事故から13年
〜寄り添い、語り継ぐ大切さを胸に刻んで〜

日本司法書士会連合会

会長　小澤　吉徳

　東日本大震災と東京電力福島第一原子力発電所の事故の発生から13年となりました。巨大地震、大津波、原発事故の複合災害により、関連死を含む死者・行方不明者は22,212人に上ります。あらためて、この震災で犠牲になった方々のご冥福をお祈りするとともに、未だふるさとを離れ、全国各地で避難生活を送らざるを得ない方々に心よりお見舞いを申しあげます。

　政府は、2021年度から2025年度までを「第2期復興・創生期間」と位置づけ、「被災地の自立につながり、地方創生のモデルとなるような復興を実現する」という第1期復興・創生期間の理念を継承して、復興事業の取組みを進めてきました。地震・津波被災地域における人びとの住まいや産業、なりわいの再生は順調に進展していると評価されています。その一方で原子力災害被災地域の福島県では、帰還困難区域を含めて避難指示が解除され、住民帰還のための施策が取り組まれていますが、原発事故による福島県内外への避難者が26,000人余りいるという厳しい現実もあります。

　さらには、令和5年8月22日に決定されたALPS処理水の海洋放出による風評被害への懸念も払しょくされていません。現在中間貯蔵施設で保管されている原発事故に伴う除染で生じた土壌を30年以内（2045年3月）に福島県外で処分完了するという法律に基づく施策についても、実現の道筋すら不透明な状況です。また、原子力損害賠償紛争審査会による中間指針第五次追補を踏まえた追加賠償についても、連絡先が特定できない対象者の把握に懸命な取組みがなされています。

　このような状況のもと、被災者の高齢化や避難生活の長期化に伴う相談内容の変容にも対応する必要があり、当連合会では、被災地を始め、避難者が居住する全国各地の司法書士会と連携をしながら、誰もが気軽に相談できる環境を整備しています。原子力損害賠償請求については、迅速かつ着実な賠償の実現に向けて対象者への広報に協力をするとともに、今も初回申立ての件数が半数を超える原子力損害賠償紛争解決センターへの和解仲介申立（原発ADR）手続にも関与しているところです。

　震災と原発事故の記憶の風化が懸念される中、経験を伝え継ぐ営みは防災の礎にもなります。本年1月1日に発生した令和6年能登半島地震における被災者支援においても、司法書士が現場での経験を活かした活動を行っています。

　「東北の復興なくして日本の再生なし」の言葉を具現化するためにも、私たち司法書士は、引き続き被災地、被災者に寄り添い、そして経験と教訓を語り継ぐ大切さを胸に刻み、これからも復興の道をともに歩んでいきます。

第 3 章

※注記のないデータは法務省登記統計並びに最高
裁司法統計による。なお、登記統計では不動産
登記事件数について「件数」と「個数」で集計
されているが、本白書においては全て「件数」
を用いている。

護り続ける司法書士
～司法書士業務を取り巻く状況～

1. 不動産登記事件

1 不動産登記（表題に関する登記及び権利に関する登記）事件数の推移

　以下のグラフ及び表は、平成25年から令和4年までの不動産登記（表題に関する登記及び権利に関する登記）事件数の推移である。

　土地の登記事件数は、平成13年（15,545,069件）が最大値であるが、これは平成12年に751,905件であった地図訂正の事件数が、平成13年に2,533,572件へと激増（1,781,667件増）したことが主因であり、傾向としてのピークは平成7年（15,292,653件）である。ここ10年間は、平成25年から減少傾向が続き、平成30年に一旦増加に転じた後、再びゆるやかな減少傾向にある。令和4年はピーク時の平成7年比で47.7%（7,994,259件減）となっている。

　建物の登記事件数は、平成8年（5,730,982件）がピークである。ここ10年間は、細かな増減を繰り返しながら緩やかに減少しており、土地の登記数に比して増減は小さい。令和4年はピーク時の平成8年比で56.6%（2,484,880件減）となっている。

　土地建物の登記事件の合計数は、平成8年（20,886,548件）がピークである。ここ10年間は、1,100万件から1,200万件台の件数があったが、令和2年より1,000万件台に減少した。令和4年はピーク時の平成8年比較で50.5%（10,342,052件減）となっている。

▌不動産登記事件数の推移

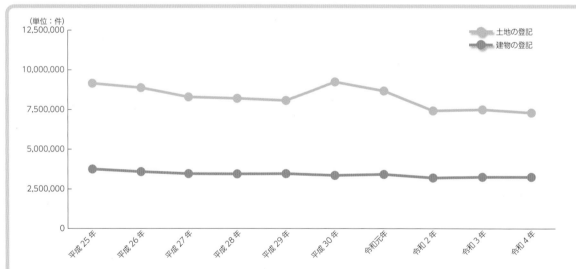

（単位：件）

	土地の登記	建物の登記	合　計
平成 25 年	9,148,462	3,748,720	12,897,182
平成 26 年	8,870,563	3,583,427	12,453,990
平成 27 年	8,287,977	3,456,625	11,744,602
平成 28 年	8,200,517	3,439,101	11,639,618
平成 29 年	8,068,662	3,457,594	11,526,256
平成 30 年	9,234,065	3,350,453	12,584,518
令和 元 年	8,666,364	3,415,453	12,081,817
令和 2 年	7,421,651	3,194,074	10,615,725
令和 3 年	7,495,127	3,245,700	10,740,827
令和 4 年	7,298,394	3,246,102	10,544,496

【不動産登記とは】
不動産（土地及び建物）の所在、家屋番号、地積等の物理的状況及び当該不動産の所有者や抵当権者等の住所、氏名などを、国家機関である「登記所」が調製している不動産登記簿に記載し、これを広く公開（公示）することにより、不動産取引の安全や円滑化が図られている。

【表題登記とは】
不動産登記簿の表題部になされる権利対象となる不動産（土地・建物）の物理的状況を公示するための登記であり、土地又は建物の調査、測量、申請手続又は審査請求の代理手続は土地家屋調査士が業としている。

2 権利に関する登記事件数の推移

　以下のグラフ及び表は、平成25年から令和4年までの権利に関する登記事件数（土地、建物の合計）の推移である。

　権利に関する登記事件数（土地、建物の合計）は、平成9年（12,973,298件）をピークに、前年比で増加する年はあるものの減少傾向が続いており、令和4年も前年と比較して68,868件の減少となった。なお、令和4年をピーク時の平成9年と比較すると60.3%（5,147,770件減）である。

　令和4年の各項目の事件数を10年前の平成25年と比較すると、「所有権の保存」が87.9%（83,447件減）、「相続その他一般承継による所有権の移転」が130.6%（309,577件増）、「遺贈又は贈与による所有権の移転」が87.4%（29,632件減）、「売買による所有権の移転」が103.6%（57,843件増）、「抵当権の設定」が87.3%（150,925件減）、「根抵当権の設定」が81.8%（37,424件減）、「登記名義人の氏名等の変更・更正」が89.5%（101,776件減）、「登記の抹消」が67.0%（586,809件減）である。ここ10年間では、「相続その他一般承継による所有権の移転」が増加傾向にある。なお、「相続その他の一般承継による所有権移転登記」の大幅な増加は、令和6年4月1日より相続登記の申請義務化が開始することが影響しているものと思われる。

■ 権利に関する登記事件数の推移（合計：土地・建物）

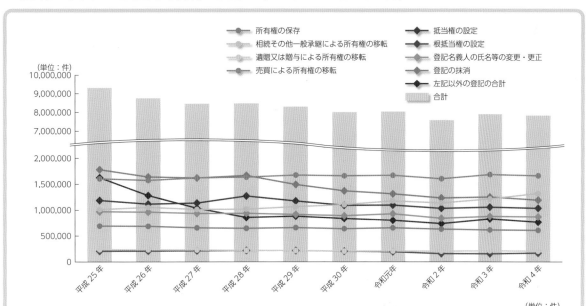

（単位：件）

	所有権の保存	相続その他一般承継による所有権の移転	遺贈又は贈与による所有権の移転	売買による所有権の移転	抵当権の設定	根抵当権の設定	登記名義人の氏名等の変更・更正	登記の抹消	左記以外の登記の合計	合計
平成25年	690,937	1,010,772	234,637	1,604,179	1,186,767	205,600	970,200	1,779,750	1,625,708	9,308,550
平成26年	685,489	1,052,821	232,449	1,573,346	1,117,266	208,304	961,865	1,639,710	1,281,258	8,752,508
平成27年	655,427	1,013,221	228,413	1,620,533	1,136,237	212,420	935,349	1,619,321	1,036,285	8,457,206
平成28年	645,003	1,017,730	219,594	1,635,540	1,271,932	218,759	937,957	1,667,012	858,563	8,472,090
平成29年	657,988	1,064,695	216,638	1,673,829	1,176,045	216,370	916,096	1,492,686	881,939	8,296,286
平成30年	637,388	1,104,986	206,123	1,660,894	1,091,658	204,350	891,481	1,370,249	837,414	8,004,543
令和元年	654,571	1,176,239	206,614	1,669,450	1,095,956	192,791	927,448	1,312,238	800,990	8,036,297
令和2年	629,491	1,137,332	203,565	1,603,113	1,033,202	157,228	841,150	1,233,083	736,528	7,574,692
令和3年	614,197	1,215,112	211,203	1,684,620	1,056,801	155,144	877,931	1,252,237	827,151	7,894,396
令和4年	607,490	1,320,349	205,005	1,662,022	1,035,842	168,176	868,424	1,192,941	765,279	7,825,528

【権利登記】

権利登記とは、不動産に関する権利関係を登記したもの。権利関係については権利部の甲区に所有権、乙区に所有権以外の権利が登記される。権利部における権利関係の登記に関しては司法書士が資格者代理人として手続の代理を行うことができる。

以下のグラフ及び表は、平成25年から令和4年までの権利に関する登記事件数（土地）の推移である。

　権利に関する登記事件数（土地）は、平成9年（9,885,770件）をピークに、前年比で増加する年はあるものの減少傾向が続いていたが、令和4年は前年と比較して89,793件の減少となった。なお、令和4年をピーク時の平成9年と比較すると57.3％（4,219,401件減）となっている。

　令和4年の各項目の事件数を10年前の平成25年と比較すると、「所有権の保存」が71.3％（10,559件減）、「相続その他一般承継による所有権の移転」が132.4％（277,821件増）、「遺贈又は贈与による所有権の移転」が85.3％（29,115件減）、「売買による所有権の移転」が101.8％（23,448件増）、「抵当権の設定」が82.6％（140,477件減）、「根抵当権の設定」が77.2％（36,876件減）、「登記名義人の氏名等の変更・更正」が87.8％（95,169件減）、「登記の抹消」が65.2％（486,068件減）である。この10年で「相続その他一般承継による所有権の移転」の増加が顕著である。

▌権利に関する登記事件数の推移（土地）

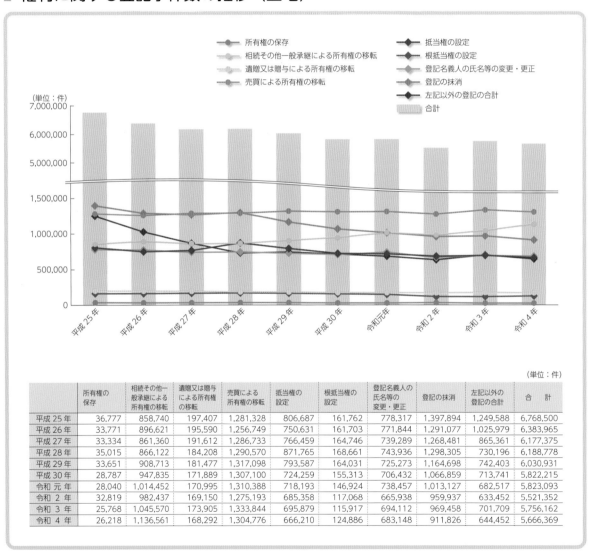

（単位：件）

	所有権の保存	相続その他一般承継による所有権の移転	遺贈又は贈与による所有権の移転	売買による所有権の移転	抵当権の設定	根抵当権の設定	登記名義人の氏名等の変更・更正	登記の抹消	左記以外の登記の合計	合　計
平成 25 年	36,777	858,740	197,407	1,281,328	806,687	161,762	778,317	1,397,894	1,249,588	6,768,500
平成 26 年	33,771	896,621	195,590	1,256,749	750,631	161,703	771,844	1,291,077	1,025,979	6,383,965
平成 27 年	33,334	861,360	191,612	1,286,733	766,459	164,746	739,289	1,268,481	865,361	6,177,375
平成 28 年	35,015	866,122	184,208	1,290,570	871,765	168,661	743,936	1,298,305	730,196	6,188,778
平成 29 年	33,651	908,713	181,477	1,317,098	793,587	164,031	725,273	1,164,698	742,403	6,030,931
平成 30 年	28,787	947,835	171,889	1,307,100	724,259	155,313	706,432	1,066,859	713,741	5,822,215
令和 元 年	28,040	1,014,452	170,995	1,310,388	718,193	146,924	738,457	1,013,127	682,517	5,823,093
令和 2 年	32,819	982,437	169,150	1,275,193	685,358	117,068	665,938	959,937	633,452	5,521,352
令和 3 年	25,768	1,045,570	173,905	1,333,844	695,879	115,917	694,112	969,458	701,709	5,756,162
令和 4 年	26,218	1,136,561	168,292	1,304,776	666,210	124,886	683,148	911,826	644,452	5,666,369

以下のグラフ及び表は、平成25年から令和4年までの権利に関する登記事件数（建物）の推移である。

権利に関する登記事件数（建物）は、平成9年（3,087,528件）をピークに、前年比で増加する年はあるものの減少傾向が続いていたが、令和4年は前年と比較して20,925件の増加となった。なお、令和4年をピーク時の平成9年と比較すると69.9%（928,369件減）となっている。建物の登記件数は土地の登記件数に比べて減少幅が小さい傾向がある。

令和4年の各項目の事件数を10年前の平成25年と比較すると、「所有権の保存」が88.9%（72,888件減）、「相続その他一般承継による所有権の移転」が120.9%（31,756件増）、「遺贈又は贈与による所有権の移転」が98.6%（517件減）、「売買による所有権の移転」が110.7%（34,395件増）、「抵当権の設定」が97.3%（10,448件減）、「根抵当権の設定」が98.7%（548件減）、「登記名義人の氏名等の変更・更正」が96.6%（6,607件減）、「登記の抹消」が73.6%（100,741件減）である。この10年で「相続その他一般承継による所有権の移転」「売買による所有権の移転」が増加している。

■ 権利に関する登記事件数の推移（建物）

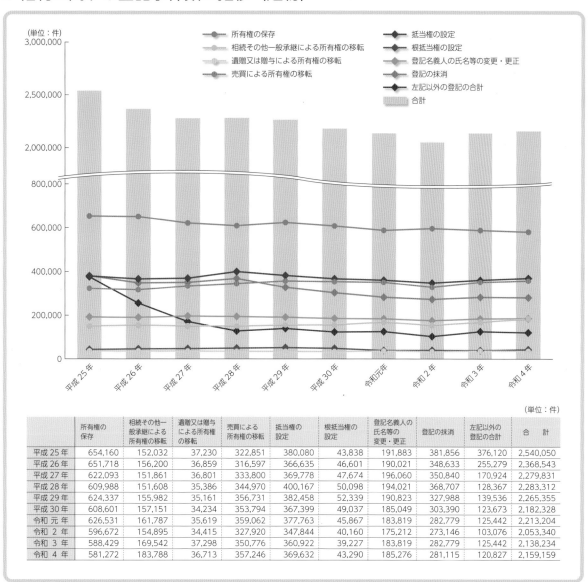

（単位：件）

	所有権の保存	相続その他一般承継による所有権の移転	遺贈又は贈与による所有権の移転	売買による所有権の移転	抵当権の設定	根抵当権の設定	登記名義人の氏名等の変更・更正	登記の抹消	左記以外の登記の合計	合　計
平成25年	654,160	152,032	37,230	322,851	380,080	43,838	191,883	381,856	376,120	2,540,050
平成26年	651,718	156,200	36,859	316,597	366,635	46,601	190,021	348,633	255,279	2,368,543
平成27年	622,093	151,861	36,801	333,800	369,778	47,674	196,060	350,840	170,924	2,279,831
平成28年	609,988	151,608	35,386	344,970	400,167	50,098	194,021	368,707	128,367	2,283,312
平成29年	624,337	155,982	35,161	356,731	382,458	52,339	190,823	327,988	139,536	2,265,355
平成30年	608,601	157,151	34,234	353,794	367,399	49,037	185,049	303,390	123,673	2,182,328
令和元年	626,531	161,787	35,619	359,062	377,763	45,867	183,819	282,779	125,442	2,213,204
令和2年	596,672	154,895	34,415	327,920	347,844	40,160	175,212	273,146	103,076	2,053,340
令和3年	588,429	169,542	37,298	350,776	360,922	39,227	183,819	282,779	125,442	2,138,234
令和4年	581,272	183,788	36,713	357,246	369,632	43,290	185,276	281,115	120,827	2,159,159

3 ▶ 管区法務局管内別の権利に関する登記事件数と司法書士1人あたりの件数

　以下の表は、平成30年から令和4年までの権利に関する登記事件数（合計：土地・建物）の管区法務局（札幌法務局、仙台法務局、東京法務局、名古屋法務局、大阪法務局、広島法務局、高松法務局、福岡法務局）管内別の推移である。

　令和3年と比較すると札幌法務局管内では94.2％、仙台法務局管内では95.1％、東京法務局管内では99.2％、名古屋法務局管内では98.7％、大阪法務局管内では101.6％、広島法務局管内では99.5％、高松法務局管内では96.4％、福岡法務局管内では100.3％となり、ほぼ全ての管内で減少した。

　司法書士1人あたりの権利に関する登記事件数の全国平均は司法書士1人あたり341.6件であり、前年（令和3年）の347.5件から5.9件減少した。最多は仙台法務局管内の455.9件、最少は大阪法務局管内の268.7件である。

※過去5年間の法務局管轄別の権利に関する登記事件数（合計：土地・建物）の推移と、当該登記事件の司法書士1人あたりの事件数は、資料編172・173頁を参照。

■ 管区法務局管内別の権利に関する登記事件数（合計：土地・建物）の推移

	平成30年	令和元年	令和2年	令和3年	令和4年		
	件数	件数	件数	件数	件数	会員数	人割件数
札幌法務局管内	292,118	297,562	282,194	292,446	275,357	702	392.2
仙台法務局管内	550,641	541,206	516,251	537,270	511,117	1,121	455.9
東京法務局管内	3,457,860	3,432,355	3,231,043	3,387,684	3,361,849	9,569	351.3
名古屋法務局管内	878,841	890,696	845,109	869,128	857,535	2,341	366.3
大阪法務局管内	1,278,023	1,306,092	1,189,167	1,238,388	1,257,943	4,682	268.7
広島法務局管内	436,846	440,253	428,333	433,812	431,546	1,327	325.2
高松法務局管内	227,087	229,304	225,480	233,072	224,678	670	335.3
福岡法務局管内	883,127	898,829	857,115	902,596	905,503	2,495	362.9
総数	8,004,543	8,036,297	7,574,692	7,894,396	7,825,528	22,907	341.6

■ 管区法務局管内別の権利に関する登記事件数（合計：土地・建物）と司法書士1人あたりの件数

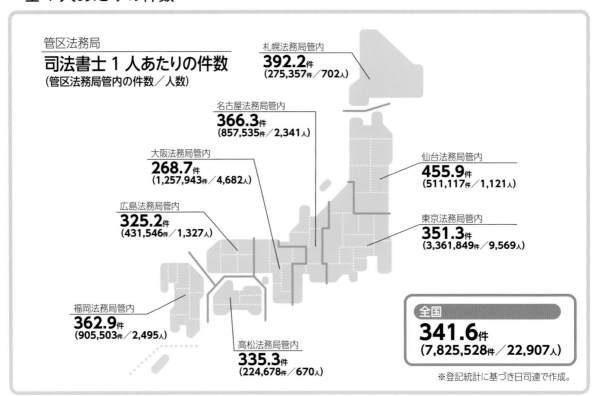

管区法務局
司法書士1人あたりの件数
（管区法務局管内の件数／人数）

札幌法務局管内
392.2件
（**275,357**件／**702**人）

名古屋法務局管内
366.3件
（**857,535**件／**2,341**人）

大阪法務局管内
268.7件
（**1,257,943**件／**4,682**人）

広島法務局管内
325.2件
（**431,546**件／**1,327**人）

仙台法務局管内
455.9件
（**511,117**件／**1,121**人）

東京法務局管内
351.3件
（**3,361,849**件／**9,569**人）

福岡法務局管内
362.9件
（**905,503**件／**2,495**人）

高松法務局管内
335.3件
（**224,678**件／**670**人）

全国
341.6件
（**7,825,528**件／**22,907**人）

※登記統計に基づき日司連で作成。

·2· 商業・法人登記事件

1 会社の登記及び法人登記等の登記事件数の推移

　以下の表は、平成25年から令和4年までの会社の登記及び法人登記等の登記事件数の推移を表している。

　会社の登記事件数は、最低資本金制度が導入された平成7年（2,133,339件）、新会社法が施行された平成18年（1,841,937件）に件数が大きく増加しており、法改正に大きく影響を受けることが見受けられる。平成19年以降は登記件数が一旦減少傾向となり、平成26年以降はゆるやかな増加傾向にある。登記件数が最も多かった平成7年と令和4年を比較すると、59.0%（875,548件減）となっている。

　会社の登記以外に関しては、平成25年と比較すると一般社団法人の登記数の増加が目につくが、令和4年と令和3年とを比較すると、「一般社団法人」の登記は101.0%（481件増）、「一般財団法人」の登記は97.4%（431件減）、「相互会社」の登記は120%（3件増）、「特定目的会社」の登記は112.5%（379件増）、「投資法人」の登記は104.9%（7件増）、「組合及びその他の法人」の登記は90.3%（22,436件減）と、「一般財団法人」「組合及びその他の法人」以外の法人形態で増加している。

■ 会社の登記及び法人登記等の登記事件数の推移

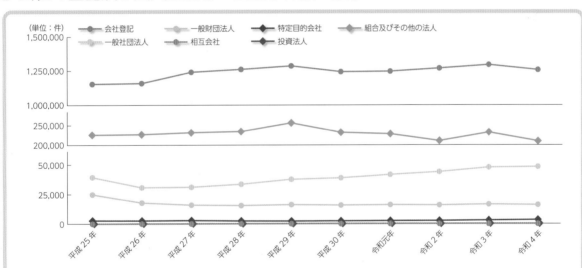

（単位：件）

	会社の登記	一般社団法人	一般財団法人	相互会社	特定目的会社	投資法人	組合及びその他の法人
平成25年	1,154,979	39,402	24,980	16	2,748	62	225,981
平成26年	1,160,289	30,810	17,883	14	2,642	112	227,189
平成27年	1,241,610	31,167	15,979	21	2,868	133	231,901
平成28年	1,261,476	33,600	15,518	15	2,449	127	234,521
平成29年	1,286,102	37,679	16,211	13	2,278	111	256,347
平成30年	1,243,780	38,893	15,787	16	2,406	167	232,200
令和 元 年	1,246,751	41,672	16,125	20	2,558	116	228,284
令和 2 年	1,269,403	44,033	15,899	12	2,623	101	210,813
令和 3 年	1,295,084	47,838	16,543	15	3,028	144	232,492
令和 4 年	1,257,791	48,319	16,112	18	3,407	151	210,056

【会社の登記とは】

株式会社、有限会社（特例有限会社を含む）、合名会社、合資会社、合同会社、外国会社の登記のことをいう。

2 ▶ 会社の登記事件数の推移

　以下の表は、平成25年から令和4年までの株式会社、特例有限会社、合名会社、合資会社、合同会社、外国会社の登記事件数の推移である。

　令和4年の当該登記事件数は、現行の会社法が施行された平成18年と比較すると、株式会社は72.0％（383,237件減）、特例有限会社は35.8％（290,370件減）、合名会社は52.6％（683件減）、合資会社は29.5％（6,470件減）と大幅減少となっている。一方、合同会社は2523.3％（98,531件増）と順調に件数を伸ばしている。ここ10年間の傾向としては、どの会社形態もほぼ横ばいか減少傾向にある中、合同会社の登記件数の増加が著しい。

　また、令和3年と令和4年を比較すると、株式会社は96.9％（31,709件減）、特例有限会社は94.2％（9,980件減）、合名会社は94.8％（42件減）、合資会社は91.1％（265件減）、合同会社は104.8％（4,725件増）となっている。

■ 会社の登記事件数の推移

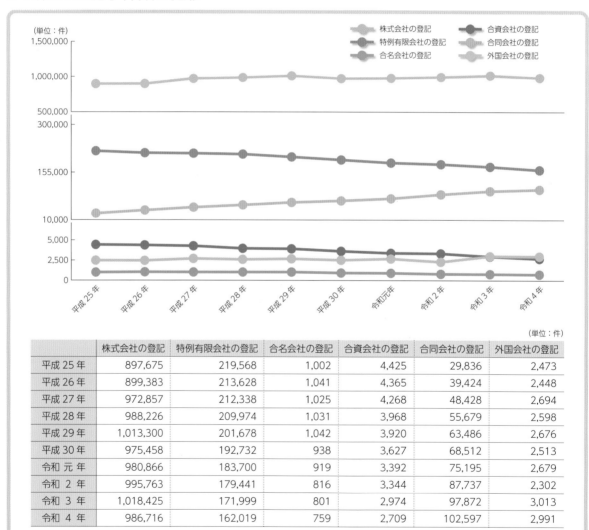

（単位：件）

	株式会社の登記	特例有限会社の登記	合名会社の登記	合資会社の登記	合同会社の登記	外国会社の登記
平成25年	897,675	219,568	1,002	4,425	29,836	2,473
平成26年	899,383	213,628	1,041	4,365	39,424	2,448
平成27年	972,857	212,338	1,025	4,268	48,428	2,694
平成28年	988,226	209,974	1,031	3,968	55,679	2,598
平成29年	1,013,300	201,678	1,042	3,920	63,486	2,676
平成30年	975,458	192,732	938	3,627	68,512	2,513
令和 元 年	980,866	183,700	919	3,392	75,195	2,679
令和 2 年	995,763	179,441	816	3,344	87,737	2,302
令和 3 年	1,018,425	171,999	801	2,974	97,872	3,013
令和 4 年	986,716	162,019	759	2,709	102,597	2,991

3 ▶ 管区法務局管内別の会社の登記事件数と司法書士1人あたりの件数

　以下の表は、平成30年から令和4年までの会社の登記事件数の管区法務局（札幌法務局、仙台法務局、東京法務局、名古屋法務局、大阪法務局、広島法務局、高松法務局、福岡法務局）管内別の推移である。

　令和3年と比較すると、札幌法務局管内が95.9％（1,867件減）、仙台法務局管内が96.2％（2,229件減）、東京法務局管内が97.4％（17,258件減）、名古屋法務局管内が96.5％（4,238件減）、大阪法務局管内が98.3％（3,586件減）、広島法務局管内が96.0％（2,191件減）、高松法務局管内が97.1％（785件減）、福岡法務局管内が95.6％（5,139件減）とすべての管内で減少した。

　司法書士1人あたりの会社の登記事件数の全国平均は54.9件であり、前年（令和3年）の57.0件から2.1件減少した。最多は東京法務局管内の67.7件、最少は高松法務局管内の39.0件である。

※過去5年間の法務局管轄別の会社の登記事件数（総数）の推移と、当該登記事件の司法書士1人あたりの事件数は、資料編174・175頁を参照。

■ 管区法務局管内別の会社の登記事件数（総数）の推移

	平成30年	令和元年	令和2年	令和3年	令和4年		
	件 数	件 数	件 数	件 数	件 数	会員数	人割件数
札幌法務局管内	44,554	44,450	45,232	45,287	43,420	702	61.9
仙台法務局管内	60,094	58,997	59,333	58,746	56,517	1,121	50.4
東京法務局管内	637,213	636,309	650,013	664,966	647,708	9,569	67.7
名古屋法務局管内	117,319	117,937	119,160	121,157	116,919	2,341	49.9
大阪法務局管内	196,946	197,674	201,061	206,311	202,725	4,682	43.3
広島法務局管内	53,482	54,777	54,666	55,465	53,274	1,327	40.1
高松法務局管内	26,443	26,889	27,197	26,938	26,153	670	39.0
福岡法務局管内	107,729	109,718	112,741	116,214	111,075	2,495	44.5
総　数	1,243,780	1,246,751	1,269,403	1,295,084	1,257,791	22,907	54.9

■ 管区法務局管内別の会社の登記事件数と司法書士1人あたりの件数

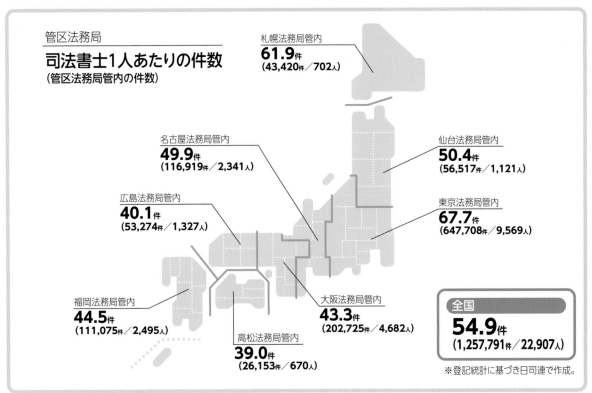

3 供託・その他の登記

1 法務局管轄別の供託事件数（受高・払高）の推移

　以下の表は、平成30年から令和4年までの供託（受高・払高）に関する法務局管轄別の件数推移である。なお、令和4年の法務局管轄別の供託事件数等の合計は、資料編176・177頁、司法書士による供託事件の取扱事件数の推移（日司連定時総会資料に基づく）は、同178頁参照。

■ 法務局管轄別の供託事件数（受高・払高）の推移 （※法務省供託統計による。）

	平成30年		令和元年		令和2年		令和3年		令和4年	
	受高	払高	受高	払高	受高	払高	受高	払高	受高	払高
札幌法務局管内	6,792	5,836	6,606	7,116	5,164	5,906	5,573	7,882	6,724	6,468
札　幌	4,297	3,817	4,246	4,697	3,175	3,153	3,403	4,827	3,932	3,993
函　館	1,085	815	902	814	823	1,523	866	1,383	882	844
旭　川	715	607	654	762	530	513	558	646	822	718
釧　路	695	597	804	843	636	717	746	1,026	1,088	913
仙台法務局管内	12,618	10,275	11,723	9,822	20,222	22,532	11,429	11,022	11,771	10,289
仙　台	4,571	2,415	3,320	2,490	10,863	2,456	2,714	2,711	2,703	2,766
青　森	1,912	1,587	1,283	1,638	1,455	1,099	1,296	1,784	1,671	1,501
盛　岡	1,106	1,261	1,880	1,247	1,371	1,202	1,281	1,165	1,342	1,221
秋　田	1,412	1,607	1,249	774	1,250	1,243	1,434	1,240	1,425	1,383
山　形	1,579	1,195	1,309	1,335	954	13,902	1,044	1,900	1,290	981
福　島	2,038	2,210	2,682	2,338	4,329	2,630	3,660	2,222	3,340	2,437
東京法務局管内	187,867	130,599	216,419	123,754	150,809	116,873	171,522	139,938	104,822	132,209
東　京	132,245	79,743	142,207	71,742	104,307	67,746	126,344	90,830	55,146	80,951
水　戸	3,822	3,302	5,750	4,361	3,129	3,772	3,235	3,953	3,721	3,894
宇都宮	2,619	2,769	2,672	3,454	2,551	2,333	2,469	2,778	2,861	2,545
前　橋	3,498	2,247	2,869	2,893	2,192	2,628	2,025	1,885	2,556	3,475
さいたま	8,359	8,315	15,809	8,453	7,321	8,577	7,433	8,767	8,307	7,850
千　葉	7,927	7,178	11,703	7,269	6,273	6,124	5,675	7,026	6,848	8,427
横　浜	19,519	17,698	19,220	16,584	16,079	16,198	13,720	15,076	15,279	15,451
新　潟	2,594	2,102	4,172	2,136	1,820	2,109	3,595	1,980	2,324	1,997
甲　府	1,442	1,426	1,437	1,095	1,295	2,084	1,331	1,304	1,507	1,446
長　野	2,036	1,850	2,132	1,814	2,511	1,861	2,391	2,598	2,620	2,470
静　岡	3,806	3,969	8,368	3,953	3,331	3,441	3,304	3,741	3,653	3,703
名古屋法務局管内	20,850	15,361	18,563	21,391	16,089	15,439	16,336	15,882	16,554	18,096
名古屋	13,226	9,270	11,418	14,066	9,931	9,197	7,948	9,527	8,846	9,427
富　山	1,140	867	995	920	1,079	895	919	975	1,075	1,096
金　沢	1,177	911	1,487	999	771	821	2,904	893	1,461	2,952
福　井	1,265	838	906	842	912	761	809	839	1,035	928
岐　阜	1,979	1,457	2,140	2,765	1,905	2,094	2,147	1,759	2,338	1,945
津	2,063	2,018	1,617	1,799	1,491	1,671	1,609	1,889	1,799	1,748
大阪法務局管内	47,870	43,580	45,331	39,034	42,095	40,263	37,723	39,138	37,893	33,305
大　阪	27,837	24,608	27,213	21,961	25,673	24,501	20,968	21,636	20,817	18,461
大　津	1,148	1,000	1,103	1,173	1,004	959	1,238	1,192	1,231	1,043
京　都	7,783	6,983	7,578	5,960	7,066	4,279	6,774	4,681	7,075	5,647
神　戸	7,768	8,753	7,071	7,352	6,245	8,479	6,508	9,150	6,168	5,989
奈　良	2,250	1,133	1,361	1,435	1,159	891	1,242	1,503	1,416	1,067
和歌山	1,084	1,103	1,045	1,153	948	1,154	993	976	1,186	1,098
広島法務局管内	11,546	8,624	10,361	10,036	8,599	8,037	8,923	11,646	9,361	8,792
広　島	5,297	3,868	4,923	4,326	3,373	3,777	3,396	5,489	3,569	3,385
鳥　取	1,152	700	626	584	592	486	787	746	872	926
松　江	1,010	704	786	773	826	797	983	918	864	783
岡　山	2,255	2,035	2,097	1,948	2,059	1,879	1,993	2,541	2,264	2,004
山　口	1,832	1,317	1,929	2,405	1,749	1,098	1,764	1,952	1,792	1,694
高松法務局管内	7,108	4,905	5,497	4,736	5,147	4,588	5,346	5,037	5,871	5,225
高　松	1,706	1,317	1,306	1,589	1,369	1,457	1,384	1,445	1,663	1,301
徳　島	2,082	890	838	875	881	834	1,036	1,019	1,022	1,127
松　山	2,075	1,699	2,208	1,580	1,827	1,624	1,625	1,744	1,781	1,515
高　知	1,245	999	1,145	692	1,070	673	1,301	829	1,405	1,282
福岡法務局管内	44,163	28,664	32,391	24,746	27,879	24,774	31,178	27,497	29,471	35,676
福　岡	12,236	10,372	9,005	7,832	6,395	6,868	6,336	7,253	7,667	6,602
佐　賀	1,043	1,274	784	1,124	727	893	1,113	1,038	886	918
長　崎	2,892	3,766	2,448	1,976	2,001	2,199	2,033	1,963	2,405	1,404
熊　本	4,918	2,677	2,619	2,191	2,452	2,456	2,435	1,889	2,524	2,182
大　分	1,999	1,357	2,624	1,993	1,756	1,423	1,571	1,522	1,761	1,147
宮　崎	4,105	2,165	1,824	1,802	1,549	1,380	1,989	1,563	1,832	1,393
鹿児島	5,182	3,336	2,527	2,509	2,213	2,602	2,365	2,124	2,291	2,201
那　覇	11,788	3,717	10,580	5,319	10,786	6,953	13,336	10,145	10,105	19,829
総　数	338,814	247,844	346,931	240,635	276,004	238,412	288,030	258,042	222,467	250,060

【供託と司法書士】

供託とは、法律等によって供託が義務とされている場合や供託をすることが許容されている場合に、金銭などを国家機関である供託所に提出することにより、一定の法律上の効果を生じさせる制度。司法書士法第3条第1項第1号により司法書士は供託に関する手続について代理することを業務としている。

2 債権譲渡・動産譲渡登記事件数の推移

　以下のグラフ及び表は、平成25年から令和4年までの債権譲渡登記事件数及び動産譲渡登記事件数の推移である。

　「債権譲渡の対抗要件に関する民法の特例等に関する法律」が平成10年10月1日に施行されたことによって創設された債権譲渡登記事件数は平成17年まで急増した。その後、平成20年（48,578件）をピークに減少傾向にあったが、現在は3万件台で推移している。件数が最も多かった平成20年と令和4年を比較すると70.6％（14,263件減）となっている。

　「動産及び債権の譲渡の対抗要件に関する民法の特例等に関する法律」が平成17年10月3日に施行されたことによって創設された動産譲渡登記事件数も増加傾向にあった。令和元年（8,991件）がこれまでで最も件数が多くなっているが、令和4年の件数を令和元年と比較すると、81.3％（1,683件減）であり、頭打ちの状況にある。

■ 債権譲渡登記・動産譲渡登記事件数の推移

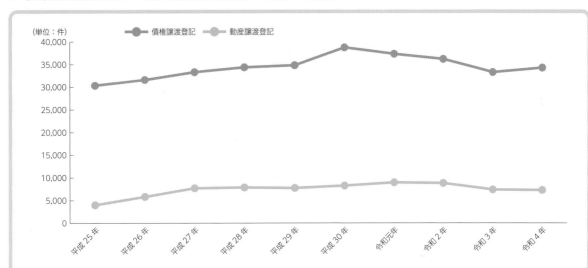

（単位：件）

	債権譲渡登記	動産譲渡登記
平成10年	524	－
平成25年	30,382	4,035
平成26年	31,647	5,851
平成27年	33,356	7,734
平成28年	34,406	7,894
平成29年	34,850	7,769

（単位：件）

	債権譲渡登記	動産譲渡登記
平成30年	38,781	8,296
令和 元 年	37,342	8,991
令和 2 年	36,221	8,850
令和 3 年	33,329	7,417
令和 4 年	34,315	7,308

【債権譲渡登記、動産譲渡登記と司法書士】

債権譲渡登記制度は、民法の特例として指名債権譲渡のうち法人がする金銭債権の譲渡や金銭債権を目的とする質権の設定について、簡易に債務者以外の第三者に対する対抗要件を具備するための制度。

動産譲渡登記制度は、法人が行う動産の譲渡として、民法が規定する対抗要件具備の方法によるほか、民法の特例として公示性に優れた登記によって対抗要件を具備するための制度。

司法書士法第3条第1項第1号により司法書士はこれらの登記に関する手続について代理することを業務としている。

以下のグラフ及び表は、平成25年から令和４年までの筆界特定手続の事件数及びその内訳の推移である。

平成18年１月20日、不動産登記法改正により創設された「筆界特定制度」の受理件数は増減を繰り返し、令和４年の受理件数は令和３年と比較して93.2％（303件減）と微減している。年間既済件数は平成30年から減少傾向にあったが、令和３年から増加に転じ、令和４年も前年と比較して101.5％（36件増）となった。未済件数は毎年増減を繰り返しているが、令和４年は1,600件台まで減少した。

■ 筆界特定手続の事件数の推移と内訳

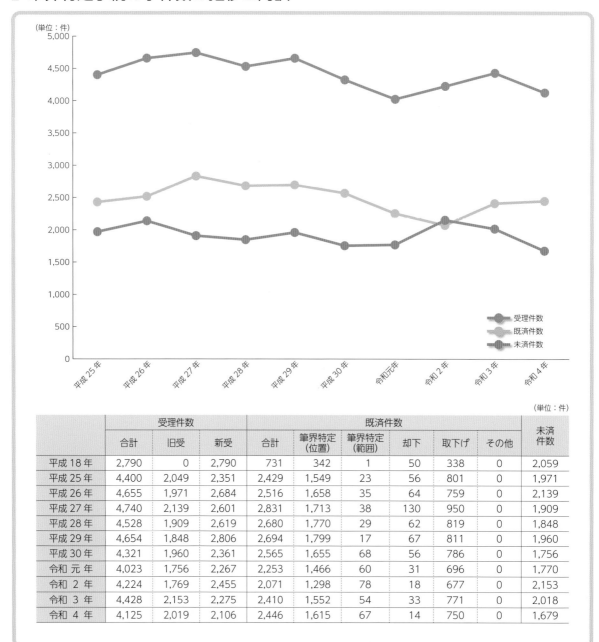

（単位：件）

	受理件数			既済件数						未済件数
	合計	旧受	新受	合計	筆界特定（位置）	筆界特定（範囲）	却下	取下げ	その他	
平成18年	2,790	0	2,790	731	342	1	50	338	0	2,059
平成25年	4,400	2,049	2,351	2,429	1,549	23	56	801	0	1,971
平成26年	4,655	1,971	2,684	2,516	1,658	35	64	759	0	2,139
平成27年	4,740	2,139	2,601	2,831	1,713	38	130	950	0	1,909
平成28年	4,528	1,909	2,619	2,680	1,770	29	62	819	0	1,848
平成29年	4,654	1,848	2,806	2,694	1,799	17	67	811	0	1,960
平成30年	4,321	1,960	2,361	2,565	1,655	68	56	786	0	1,756
令和 元 年	4,023	1,756	2,267	2,253	1,466	60	31	696	0	1,770
令和 ２ 年	4,224	1,769	2,455	2,071	1,298	78	18	677	0	2,153
令和 ３ 年	4,428	2,153	2,275	2,410	1,552	54	33	771	0	2,018
令和 ４ 年	4,125	2,019	2,106	2,446	1,615	67	14	750	0	1,679

【筆界特定制度と司法書士】

筆界特定制度とは、土地の所有者として登記されている人などの申請に基づいて、筆界特定登記官が、外部専門家である筆界調査委員の意見を踏まえて、現地における土地の筆界の位置を特定する制度。

司法書士法第３条第２項の司法書士は、同法第３条第１項第８号に規定される範囲内の手続につき業務として代理することができる。

4 公共嘱託登記

　以下のグラフ及び表は、平成25年度から令和4年度までの全国公共嘱託登記司法書士協会協議会に所属する協会の社員合計数、受託事件数及び報酬総額の推移である。

　確認できる資料では、社員数は平成17年度（9,392人）から減少傾向にあり、令和4年度は平成17年度と比較して21.2％（7,401名減）である。受託事件数及び報酬総額は、平成18年度から平成19年度（受託事件数平成19年度：191,440件、報酬総額平成18年度：1,189,859,385円）をピークに減少傾向が続いていた。平成30年より開始した「長期相続登記等未了土地解消作業」を全国各地の公共嘱託登記司法書士協会が受託した結果、令和元年度は受託事件数・報酬総額とも、前年と比較してほぼ2倍に増加し、令和2年度も報酬総額が微増したが、令和3年度より再び減少した。

■ 全国公共嘱託登記司法書士協会協議会の社員合計数及び受取報酬総額の推移

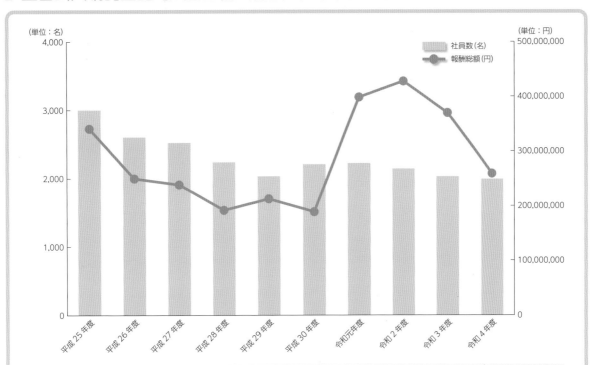

	社員数（名）	受託事件数							報酬総額（円）
		所有権保存（件）	所有権移転（件）		名義人表示変更・更正（件）	権利の抹消変更他（件）	その他（件）	合計（件）	
			相続	相続外					
平成25年度	3,002	487	1,070	10,430	1,979	1,283	1,957	18,468	340,661,531
平成26年度	2,604	127	1,145	9,478	1,362	837	2,120	16,077	249,804,108
平成27年度	2,523	165	900	7,937	1,103	717	6,665	18,642	238,540,821
平成28年度	2,238	161	934	7,668	853	522	3,404	14,484	191,929,229
平成29年度	2,034	72	853	6,217	724	2,021	2,857	13,459	212,650,277
平成30年度	2,207	121	609	5,792	438	611	1,933	11,028	188,893,283
令和 元 年度	2,223	546	1,102	6,404	355	630	12,066	21,987	398,549,460
令和 2 年度	2,142	62	1,077	4,525	586	527	11,085	18,416	427,624,333
令和 3 年度	2,029	86	1,016	5,082	418	245	12,032	19,337	369,933,328
令和 4 年度	1,991	82	339	4,803	548	381	6,579	13,194	258,976,554

※受託事件数は、各地の協会からの報告を集計したもの。一部協会は合計数のみ報告しているため、各項目の合計と総合計は一致しない。
※全司協からの提供資料による。

【公共嘱託登記と公共嘱託登記司法書士協会について】

「公共嘱託登記」とは官公署等が行う公共の利益になる事業に伴って必要となる不動産の権利に関する登記のことをいう。
昭和60年の司法書士法改正（同法第68条の創設）により、公共嘱託登記の受託組織として「社団法人公共嘱託登記司法書士協会」が全国に50協会設立された。
これと同時に設立された公共嘱託登記司法書士協会の連絡調整を目的として、都道府県にある単位協会の相互の協力により、「全国公共嘱託登記司法書士協会協議会」が発足した。近時の経済状況の変化、公共嘱託登記への競争入札制度の導入等により、各単位協会の運営が非常に厳しくなり、一部の協会の解散あるいは全国公共嘱託登記司法書士協会協議会からの脱退等があり、現在の所属協会は15単位協会（令和5年4月1日現在）となっている。

4. 簡易裁判所

1 民事事件新受事件数の推移

　以下のグラフ及び表は、全国の簡易裁判所における平成25年から令和4年までの民事事件新受事件数の推移とその内訳である。

　簡易裁判所における新受事件数は、平成15年（2,121,085件）をピークに減少傾向にある。なお、平成15年は、平成14年司法書士法改正により認定司法書士が簡易裁判所で訴訟活動を行えるようになった年である。

　訴訟事件と調停事件をそれぞれみると、調停事件の減少が特に顕著であり、平成15年（613,260件）のピーク時と比べると、令和4年は25,789件と4.2%（587,471件減）となっている。これは特定調停事件の件数の大幅な減少が主因となっている。訴訟事件は平成21年（685,777件）をピークとして減少傾向にあるが、ここ10年は35万件前後で推移しており、令和4年は337,049件で、ピーク時と比べて49.1%（348,728件減）である。

■ 簡易裁判所民事事件の新受事件数の推移

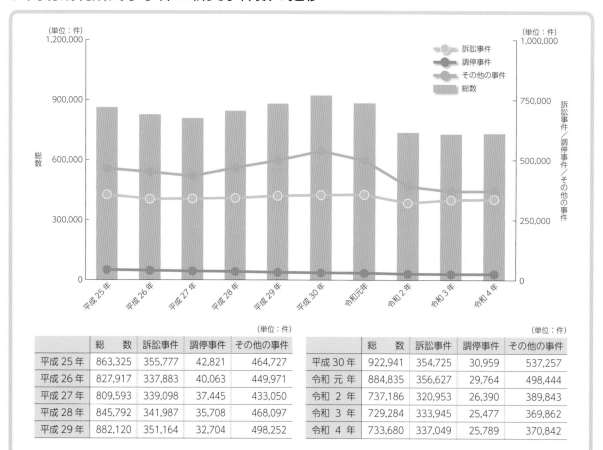

	総　　数	訴訟事件	調停事件	その他の事件
平成 25 年	863,325	355,777	42,821	464,727
平成 26 年	827,917	337,883	40,063	449,971
平成 27 年	809,593	339,098	37,445	433,050
平成 28 年	845,792	341,987	35,708	468,097
平成 29 年	882,120	351,164	32,704	498,252

	総　　数	訴訟事件	調停事件	その他の事件
平成 30 年	922,941	354,725	30,959	537,257
令和 元 年	884,835	356,627	29,764	498,444
令和 2 年	737,186	320,953	26,390	389,843
令和 3 年	729,284	333,945	25,477	369,862
令和 4 年	733,680	337,049	25,789	370,842

2 事件記録符号別新受事件数の推移

　以下の表は、全国の簡易裁判所における平成25年から令和4年までの民事事件の事件記録符号別新受事件数の推移である。

　通常訴訟事件は平成21年（658,227件）のピーク時から大幅な減少傾向にあり、令和4年は326,443件でピーク時と比較すると49.6%（331,784件減）となっている。これは、不当利得返還請求事件（いわゆる過払訴訟）の急激な減少が主な要因と推測される。同じく、督促事件や少額訴訟事件も減少傾向にあり、令和4年において前者は232,427件で平成21年（420,196件）のピーク時と比較すると55.3%（187,769件減）、後者は6,594件で平成21年（21,233件）のピーク時と比較すると31.1%（14,639件減）となっている。特定調停事件も激減しており、平成21年（55,904件）と比較すると令和4年は2,569件と4.6%（53,335件減）もの事件数となっている。特定調停は特定債務者と債権者（主に貸金業者・信販業者）との間の「債務整理」の手段として利用されてきたが、債務整理事案の減少に伴い、事件数も減少したと推測される。督促事件も同様と考えられるが、減少率が少ないことを考えると、簡易な請求方法として定着している可能性がある。

■ 簡易裁判所民事事件の事件記録符号別新受事件数の推移

（単位：件）

事件名	平成25年	平成26年	平成27年	平成28年	平成29年	平成30年	令和元年	令和2年	令和3年	令和4年
（イ）和解	3,364	3,188	2,837	2,781	2,682	2,530	2,281	1,887	1,920	1,851
（ロ）督促	256,359	248,477	236,492	275,165	296,159	329,120	304,355	235,362	230,914	232,427
（ハ）通常訴訟	333,746	319,070	321,666	326,170	336,384	341,349	344,101	309,363	322,673	326,443
（手ハ）手形・小切手訴訟	66	36	29	28	16	16	8	19	2	2
（少コ）少額訴訟	13,240	12,109	11,542	11,030	10,041	9,310	8,542	7,944	7,094	6,594
（少エ）少額訴訟判決に対する異議申立て	212	198	215	205	189	129	171	145	158	191
（ハレ）控訴提起	8,434	6,396	5,584	4,519	4,494	3,877	3,771	3,442	3,983	3,783
（ハツ）飛躍上告提起	0	0	1	0	0	0	1	0	1	0
（少テ）少額異議判決に対する特別上告提起	9	10	3	12	8	5	10	5	2	7
（ニ）再審	70	64	26	37	43	47	30	35	44	36
（ヘ）公示催告	986	960	835	851	805	748	704	650	565	468
（ト）保全命令	1,904	1,640	1,792	1,930	2,142	2,088	1,967	1,430	1,357	1,398
（ハソ）抗告提起	533	469	746	413	689	785	719	500	901	867
（借）借地非訟	0	0	0	0	0	0	1	0	0	0
（ノ）一般調停	25,213	23,032	21,224	20,180	18,361	17,171	16,266	15,070	15,153	15,146
（ユ）宅地建物調停	4,723	4,479	4,217	4,135	3,939	3,976	4,148	3,559	3,467	3,851
（セ）農事調停	21	15	25	26	18	16	22	8	16	16
（メ）商事調停	5,904	6,168	5,809	5,521	4,615	4,178	4,216	3,484	3,125	2,978
（交）交通調停	3,059	2,923	3,003	2,658	2,319	2,248	2,078	1,819	1,430	1,189
（公）公害等調停	75	88	100	104	84	76	75	47	54	40
（特ノ）特定調停	3,826	3,358	3,067	3,084	3,368	3,294	2,959	2,403	2,231	2,569
（少ル）少額訴訟債権執行	1,057	1,007	977	1,000	844	791	726	578	618	451
（ア）過料	60,505	63,209	72,836	65,772	60,567	57,264	54,603	47,869	33,557	29,460
（キ）共助	2	17	38	24	58	84	112	147	205	314
（行ア）行政共助	0	0	6	0	0	0	0	0	0	1
（サ）雑	139,767	130,785	116,370	120,005	134,198	143,716	132,888	101,367	99,753	103,529
（行イ）行政雑	249	202	123	134	90	105	77	54	59	71
合計	863,324	827,900	809,563	845,784	882,113	922,923	884,831	737,187	729,282	733,682

※最高裁判所からの提供データによる。

【特定債務者】

特定債務者とは「金銭債務を負っている者であって、支払不能に陥るおそれのあるもの若しくは事業の継続に支障を来すことなく弁済期にある債務を弁済することが困難であるもの又は債務超過に陥るおそれのある法人をいう。」（特定債務等の調整の促進のための特定調停に関する法律第2条第1項）

3 地方裁判所管内別・通常訴訟事件数の推移

　以下の表は、地方裁判所管内ごとの簡易裁判所民事事件の通常訴訟事件を合計した数の平成25年から令和4年までの推移である。令和4年の全体事件数は326,443件であり、令和3年と比較すると101.2%（3,770件増）である。平成27年から令和元年までは増加傾向にあり、令和2年は一旦減少したが、再び増加した。

■ 簡易裁判所民事事件通常訴訟事件数（新受）の推移（地方裁判所管内別）

（単位：件）

地裁管内	平成25年	平成26年	平成27年	平成28年	平成29年	平成30年	令和元年	令和2年	令和3年	令和4年
全簡裁総数	333,746	319,070	321,666	326,170	336,384	341,349	344,101	309,363	322,673	326,443
札　幌	11,691	10,792	10,802	10,269	10,335	10,145	9,954	10,669	12,020	11,410
函　館	651	618	591	529	574	509	485	445	429	425
旭　川	973	940	845	871	796	747	713	601	614	514
釧　路	1,215	1,087	1,021	943	967	918	879	833	727	578
仙　台	4,262	3,842	4,028	4,118	4,093	4,601	4,097	3,909	3,405	3,316
青　森	1,800	1,525	1,420	1,272	1,178	1,336	1,227	1,020	840	873
盛　岡	1,377	1,269	1,209	1,106	957	1,168	1,118	954	807	846
秋　田	1,485	1,140	1,006	1,025	923	929	812	628	578	550
山　形	1,189	1,035	1,028	879	885	991	784	647	620	548
福　島	2,633	2,450	2,183	2,346	2,528	2,477	2,111	1,820	1,628	1,654
東　京	112,877	111,198	118,574	119,768	124,995	129,798	134,620	122,317	135,263	143,109
水　戸	3,956	3,456	3,280	3,297	3,666	3,554	3,224	2,449	2,311	2,171
宇都宮	5,851	5,934	4,178	5,253	5,122	5,074	4,867	4,504	4,216	4,415
前　橋	2,550	2,267	2,137	2,335	2,325	2,400	2,179	1,861	1,495	1,558
さいたま	8,360	8,419	8,718	9,250	9,479	9,845	9,478	7,958	7,799	7,508
千　葉	8,490	7,933	7,552	8,038	8,322	8,795	7,614	6,168	5,892	5,229
横　浜	11,126	11,425	10,293	10,547	11,003	11,846	13,658	13,475	13,734	13,767
新　潟	2,089	1,675	1,624	1,597	1,694	1,641	1,594	1,324	1,225	1,283
甲　府	1,020	976	893	939	938	941	914	882	790	698
長　野	2,605	2,183	2,041	2,012	1,839	1,872	1,875	1,546	1,405	1,288
静　岡	7,288	6,340	5,641	6,918	7,872	7,677	7,469	6,869	8,329	10,884
名古屋	12,303	11,335	12,617	12,540	11,566	11,416	10,794	11,361	11,525	11,339
富　山	1,063	1,016	924	857	803	849	1,001	831	658	715
金　沢	1,338	1,128	1,171	1,068	1,155	1,036	1,001	825	675	659
福　井	912	921	827	958	987	794	962	813	619	566
岐　阜	2,122	1,834	1,865	1,793	1,689	1,807	1,755	1,424	1,282	1,192
津	2,104	2,039	2,054	1,968	2,051	2,138	1,860	1,529	1,426	1,455
大　阪	41,848	44,399	46,555	45,751	46,259	45,083	43,147	37,790	40,329	36,633
大　津	2,054	1,796	1,605	1,483	1,733	1,570	1,609	1,284	1,311	1,779
京　都	4,998	4,834	4,306	3,866	4,526	6,917	7,951	6,512	5,640	4,788
神　戸	8,207	7,345	6,785	5,990	5,687	5,696	5,706	4,708	4,151	4,248
奈　良	1,758	1,718	1,478	1,322	1,290	1,260	1,279	1,031	1,007	899
和歌山	1,155	957	919	853	853	913	900	791	738	584
広　島	4,645	4,434	4,681	4,908	5,432	4,858	4,885	4,453	4,281	4,268
鳥　取	1,297	1,063	1,066	983	988	960	918	771	618	601
松　江	817	627	506	577	527	494	520	356	343	365
岡　山	5,492	5,458	5,451	5,235	4,445	3,391	3,090	2,618	2,172	1,815
山　口	2,331	1,998	1,795	1,545	1,342	1,344	1,305	1,276	1,063	1,212
高　松	1,351	1,397	1,441	1,348	1,523	1,414	1,282	1,070	1,018	843
徳　島	825	858	871	735	720	702	724	636	603	532
松　山	2,836	2,035	1,916	1,938	1,832	1,899	2,673	1,885	1,706	1,620
高　知	1,175	1,113	989	900	882	830	749	672	580	589
福　岡	22,486	19,294	20,113	23,629	26,245	24,910	26,467	23,644	26,183	26,697
佐　賀	1,491	1,113	1,021	908	854	894	848	770	699	652
長　崎	2,316	1,906	1,564	1,523	1,540	1,516	1,441	1,279	1,199	1,073
熊　本	3,199	2,623	2,385	1,715	2,291	2,282	2,394	1,916	1,819	1,646
大　分	2,452	2,145	1,945	1,923	1,868	2,018	2,070	1,881	1,338	1,422
宮　崎	1,886	1,608	1,473	1,429	1,386	1,500	1,398	1,167	954	1,014
鹿児島	3,176	3,008	2,102	2,121	2,127	2,081	2,015	1,799	1,663	1,584
那　覇	2,621	2,564	2,227	2,992	3,292	3,513	3,685	3,392	2,946	3,029

※最高裁判所からの提供データによる。

4 民事事件通常訴訟における代理人選任別既済事件数の推移

　以下のグラフは、平成 25 年から令和 4 年までの全国の簡易裁判所における民事事件のうち、通常訴訟事件についての代理人選任別既済事件数の推移である。

　増加傾向にあった総件数は平成 25 年から平成 26 年にかけて大幅に減少したが、平成 27 年以降に微増に転じた。その後は 30 万件前後で推移している。

　民事事件通常訴訟における司法書士関与率は、平成 22 年の 21.2％をピークに徐々に減少しており、令和 4 年は 4.6％である。ただし、不動産に関する訴訟に注目すると、土地に関する訴訟については 59.1％、建物に関する訴訟については 36.4％と高い関与率がある。

　令和 4 年の地方裁判所管内別の簡易裁判所民事事件通常訴訟事件代理人選任別既済事件数及び司法書士関与数合計並びに司法書士関与率については、資料編 180 頁参照。

▌ 簡易裁判所民事事件通常訴訟事件代理人選任別既済事件数の推移

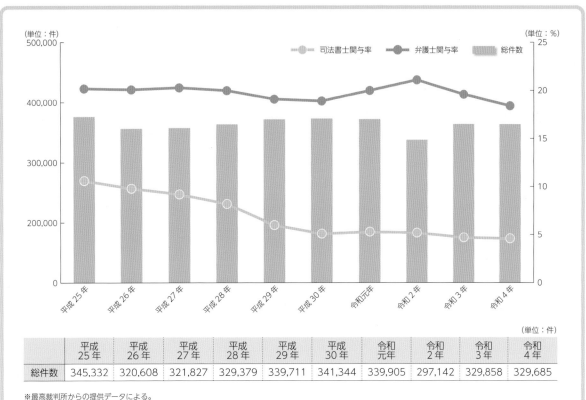

	平成 25 年	平成 26 年	平成 27 年	平成 28 年	平成 29 年	平成 30 年	令和 元年	令和 2 年	令和 3 年	令和 4 年
総件数	345,332	320,608	321,827	329,379	339,711	341,344	339,905	297,142	329,858	329,685

※最高裁判所からの提供データによる。

5 地方裁判所

1 民事事件新受事件数の推移

　以下のグラフ及び表は、全国の地方裁判所における平成25年から令和4年までの民事事件新受事件数の推移とその内訳である。

　地方裁判所における事件総数は、平成15年（1,354,961件）をピークに、平成16年及び平成17年に大きく減少した。平成16年及び平成17年に事件数が減少したのは、平成16年4月に簡易裁判所の事物管轄の上限が金90万円から金140万円に引き上げられたことが影響していると推測される。なお訴訟事件のピークは平成21年（259,309件）、調停事件のピークは平成23年（11,882件）である。

　令和4年の訴訟事件数は146,150件であり、前年と比較すると97.4％（3,910件減）、ピーク時の平成21年と比較すると56.4％（113,159件減）となっている。調停事件数は8,145件であり、前年と比較すると128.7％（1,816件増）、ピーク時の平成23年と比較すると68.5％（3,737件減）となっている。訴訟事件はほぼ横ばいだが、令和に入って以降調停事件が増加している。

　事件記録符号別新受事件数の推移は、資料編182頁参照。

■ 地方裁判所民事事件の新受事件数の推移

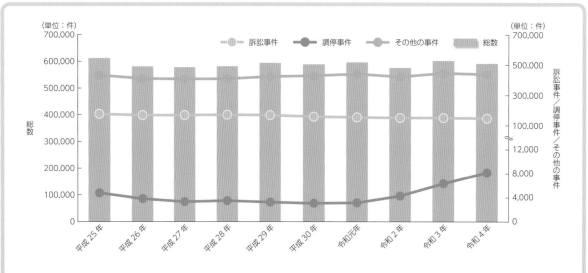

（単位：件）

	総　　数	訴訟事件	調停事件	その他の事件
平成 25 年	611,751	174,947	4,768	432,036
平成 26 年	580,546	167,056	3,792	409,698
平成 27 年	577,531	167,284	3,300	406,947
平成 28 年	581,473	169,921	3,471	408,081
平成 29 年	593,794	167,294	3,231	423,269

（単位：件）

	総　　数	訴訟事件	調停事件	その他の事件
平成 30 年	588,921	157,399	3,047	428,475
令和 元 年	596,383	153,191	3,129	440,063
令和 2 年	575,678	149,702	4,272	421,704
令和 3 年	602,178	150,060	6,329	445,789
令和 4 年	591,602	146,150	8,145	437,307

2　破産事件の新受事件数の推移

　以下のグラフ及び表は、全国の地方裁判所における平成25年から令和4年までの破産事件の新受事件数の推移である。

　破産事件の新受事件数は、平成15年（251,800件）をピークに減少傾向にあり、令和4年は70,602件で、平成15年と比較すると28.0％（181,198件減）、前年と比較すると96.1％（2,855件減）となっている。

　自然人の破産事件数は減少傾向にあったが、平成29年から一時微増し令和2年から再び減少に転じた。令和4年は64,982件であり、ピーク時の平成16年（211,860件）※と比較すると30.7％（146,878件減）、前年と比較すると95.0％（3,431件減）となっている。一方、法人等の破産事件数は、リーマン・ショック時の平成20年と21年に急増し、平成21年がピークである。令和4年は5,620件であり、ピーク時の平成21年（11,424件）と比較すると49.2％（5,804件減）、前年と比較すると111.4％（576件増）である。

※破産件数の自然人・法人別が公表されるようになったのは平成16年からであり、それ以前にピークがあった可能性がある。

■ 地方裁判所破産事件の新受事件数の推移

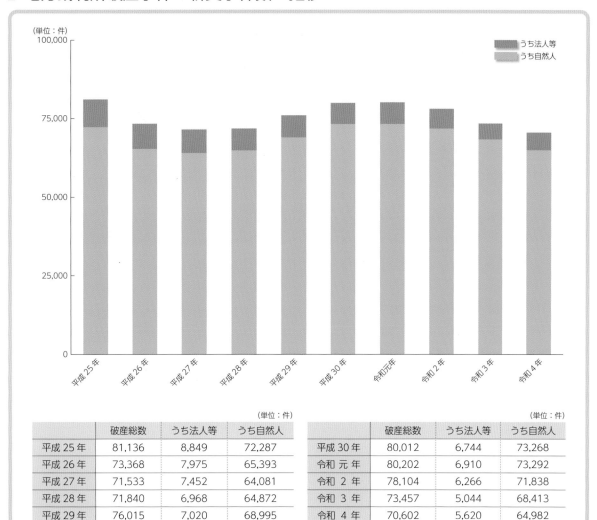

（単位：件）

	破産総数	うち法人等	うち自然人
平成25年	81,136	8,849	72,287
平成26年	73,368	7,975	65,393
平成27年	71,533	7,452	64,081
平成28年	71,840	6,968	64,872
平成29年	76,015	7,020	68,995

（単位：件）

	破産総数	うち法人等	うち自然人
平成30年	80,012	6,744	73,268
令和 元 年	80,202	6,910	73,292
令和 2 年	78,104	6,266	71,838
令和 3 年	73,457	5,044	68,413
令和 4 年	70,602	5,620	64,982

※最高裁判所からの提供データによる。

3 個人再生事件の新受事件数の推移

　以下のグラフ及び表は、全国の地方裁判所における平成25年から令和4年までの個人再生事件の新受事件数の推移である。

　個人再生事件は「小規模個人再生事件」と「給与所得者等再生事件」に分かれているが、全体の事件数は平成19年（27,672件）をピークに平成26年まで減少を続け、平成27年に増加に転じたものの、令和2年から再び減少した。令和4年の事件数は9,764件であり、ピーク時の平成19年と比較すると35.3%（17,908件減）、前年と比較すると86.8%（1,485件減）である。なお、全体のうち「給与所得者等再生事件」が占める割合は、平成20年以降、総数の10%以下で推移している。

■ 地方裁判所個人再生事件の新受事件数の推移

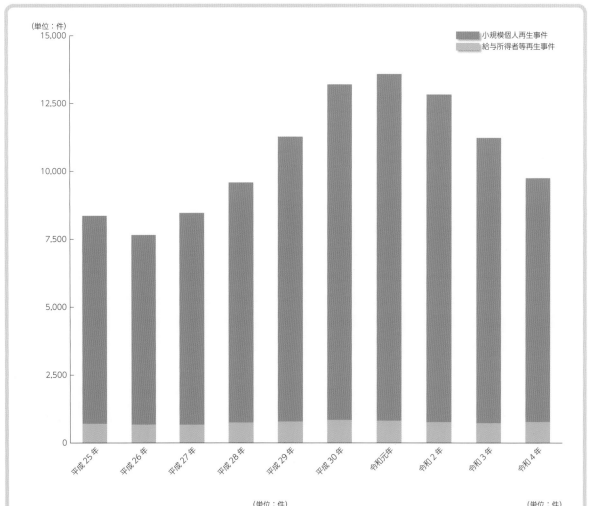

(単位：件)

	個人再生総数	小規模個人 再生事件	給与所得者等 再生事件
平成 25 年	8,374	7,655	719
平成 26 年	7,668	6,982	686
平成 27 年	8,477	7,798	679
平成 28 年	9,602	8,841	761
平成 29 年	11,284	10,488	796

(単位：件)

	個人再生総数	小規模個人 再生事件	給与所得者等 再生事件
平成 30 年	13,211	12,355	856
令和 元 年	13,594	12,764	830
令和 2 年	12,841	12,064	777
令和 3 年	11,249	10,509	740
令和 4 年	9,764	8,982	782

※最高裁判所からの提供データによる。

4 ▶ 民事事件通常訴訟における代理人選任別既済事件数の推移

　以下のグラフ及び表は、平成25年から令和4年までの全国の地方裁判所における民事事件のうち、通常訴訟事件についての代理人選任別既済事件数の推移である。

　全体の通常訴訟事件数は平成22年（227,440件）をピークに減少傾向にあったが、近年は12万件台から13万件台を行き来している。

　原告・被告ともに代理人を選任しない「双方代理人なし」の割合は平成21年（25.3%）から減少傾向にあり、令和4年においては7.4%となった。一方、原告・被告ともに代理人を選任している事件の割合は令和4年においては47.9%である。

■ 地方裁判所民事事件通常訴訟事件代理人選任別既済事件数の推移

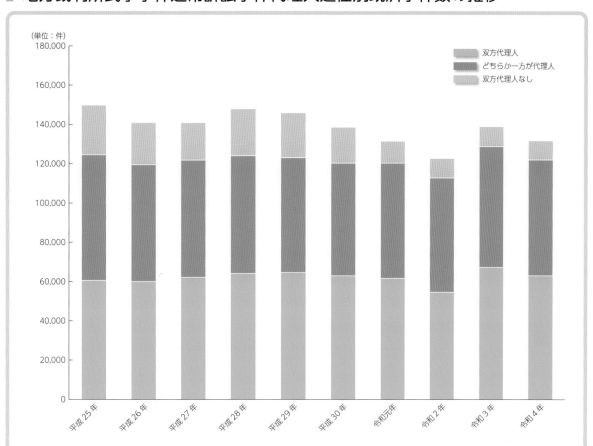

	双方代理人		どちらか一方が代理人		双方代理人なし		合計件数（件）
	件数（件）	割合（%）	件数（件）	割合（%）	件数（件）	割合（%）	
平成25年	60,702	40.5	63,929	42.6	25,302	16.9	149,933
平成26年	60,123	42.6	59,448	42.2	21,442	15.2	141,013
平成27年	62,284	44.2	59,609	42.3	19,098	13.5	140,991
平成28年	64,193	43.4	59,969	40.5	23,855	16.1	148,017
平成29年	64,687	44.3	58,442	40.0	22,851	15.7	145,980
平成30年	63,049	45.5	57,294	41.3	18,338	13.2	138,681
令和 元 年	61,750	46.9	58,612	44.6	11,193	8.5	131,555
令和 2 年	54,632	44.5	58,237	47.4	9,891	8.1	122,760
令和 3 年	67,394	48.5	61,436	44.2	10,181	7.3	139,011
令和 4 年	63,170	47.9	58,908	44.7	9,725	7.4	131,803

※最高裁判所からの提供データによる。

·6· 家事事件

1 家事事件新受事件数の推移

以下の表及びグラフは、平成 25 年から令和 4 年までの家事事件新受事件数及びその内訳の推移である。

家庭裁判所では主に「家事事件」と「少年事件」を取り扱っている。取扱事件数は平成 2 年以降平成 25 年まで 23 年間連続で増加していたが、平成 26 年に減少に転じた後、平成 27 年からは再び増加している。

全体の事件数の中でも家事審判事件がおよそ 8 割を占め、中でも「後見等監督処分」事件、「子の氏の変更についての許可」事件、「相続の放棄の申述の受理」事件などが大きな比重を占めており、令和 4 年でも「後見等監督処分」事件は 177,320 件、「子の氏の変更についての許可」事件は 126,194 件、「相続の放棄の申述の受理」事件は 260,497 件となっている。

なお、家事審判・調停事件の事件別新受件数の詳細は資料編 183 頁を参照。

■ 家事事件新受事件数の推移

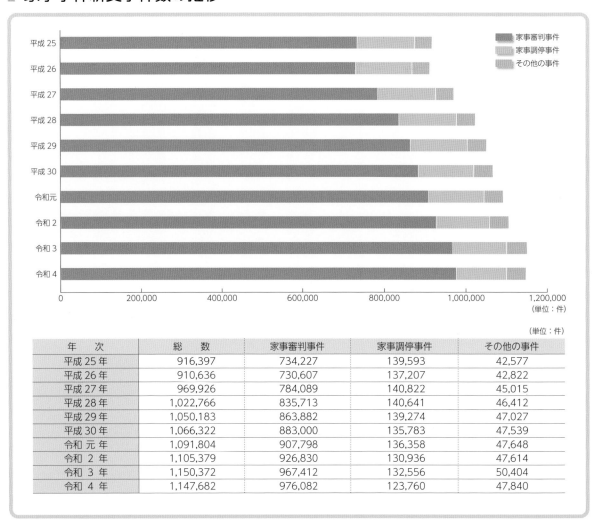

（単位：件）

年　　　次	総　　　数	家事審判事件	家事調停事件	その他の事件
平成 25 年	916,397	734,227	139,593	42,577
平成 26 年	910,636	730,607	137,207	42,822
平成 27 年	969,926	784,089	140,822	45,015
平成 28 年	1,022,766	835,713	140,641	46,412
平成 29 年	1,050,183	863,882	139,274	47,027
平成 30 年	1,066,322	883,000	135,783	47,539
令和 元 年	1,091,804	907,798	136,358	47,648
令和 2 年	1,105,379	926,830	130,936	47,614
令和 3 年	1,150,372	967,412	132,556	50,404
令和 4 年	1,147,682	976,082	123,760	47,840

2 事件記録符号別新受事件数の推移

以下の表は、平成25年から令和4年までの全国の家庭裁判所における家事事件の事件記録符号別新受事件数の推移である。

家事審判事件は増加している一方で、それ以外の事件数はほぼ横ばい傾向にある。

■ 家事事件の事件記録符号別新受事件数の推移

（単位：件）

事件名	平成25年	平成26年	平成27年	平成28年	平成29年	平成30年	令和元年	令和2年	令和3年	令和4年
（家）家事審判	734,228	730,610	784,112	835,715	863,885	883,000	907,798	926,830	967,413	976,082
（家イ）家事調停	139,593	137,214	140,830	140,641	139,274	135,784	136,359	130,937	132,556	123,760
（家ホ）人事訴訟	10,594	10,527	10,338	10,003	9,827	9,271	9,042	8,568	10,094	8,985
（家ヘ）通常訴訟	243	238	265	266	277	245	236	262	281	246
（家ヌ）子の返還申立	−	※9	26	25	12	27	16	18	9	22
（家ニ）家事抗告提起	3,703	3,401	3,560	3,716	3,719	3,570	3,520	3,678	4,508	4,442
（家ト）民事控訴提起等	1,575	1,441	1,475	1,322	1,358	1,287	1,279	1,059	1,234	1,251
うち民事控訴提起	1,571	1,441	1,474	1,321	1,358	1,287	1,279	1,058	1,234	1,251
うち飛躍上告受理申立	0	0	1	0	0	0	0	0	0	0
うち飛躍上告提起	4	0	0	1	0	0	0	1	0	0
（家チ）再審※	22	25	28	9	15	25	21	18	12	16
（家リ）保全命令	825	714	700	620	545	507	508	437	457	391
（家ハ）家事共助	158	698	2,071	3,543	5,567	7,341	9,138	10,739	11,166	10,140
（家ロ）家事雑	25,457	25,771	26,548	26,905	25,707	25,265	23,888	22,837	22,643	22,347

※（家ヌ）子の返還申立事件は、平成26年以降計上している。平成26年は4月以降の数値である。
※（家チ）再審事件は、平成25年以降は民事及び家事の再審事件を計上している。
※最高裁判所からの提供データによる。

3 後見開始等新受事件数の推移

以下の表は、平成25年から令和4年までの全国の家庭裁判所における後見開始等新受事件数の推移である。

全般的に増加傾向にあり、保佐開始等、相続放棄、遺言書の検認、相続人不分明、執行者選任につき、令和4年が最大値となっている。なお、後見開始等のピークは平成18年（29,221件）である。

■ 後見開始等新受事件数の推移

（単位：件）

	後見開始等	保佐開始等	補助開始等	相続放棄	相続限定承認	遺言書の検認	不在者財産管理	相続人不分明	執行者選任	利益相反特代
平成25年	28,208	10,531	3,806	172,936	830	16,708	8,194	17,869	2,509	11,039
平成26年	27,686	11,289	3,998	182,089	770	16,843	8,605	18,447	2,527	10,617
平成27年	27,708	11,903	4,003	189,381	759	16,888	7,839	18,568	2,530	9,509
平成28年	26,971	12,373	3,942	197,656	753	17,205	8,138	19,811	2,539	9,163
平成29年	27,919	13,361	4,097	205,909	722	17,394	8,096	21,130	2,560	9,181
平成30年	28,107	14,442	4,458	215,320	709	17,487	7,863	21,121	2,384	9,322
令和元年	26,575	15,514	5,658	225,415	657	18,625	7,405	21,752	2,531	9,017
令和2年	26,444	17,270	7,425	234,732	675	18,277	7,623	23,617	2,427	8,978
令和3年	28,143	18,715	7,974	251,993	689	19,576	8,294	27,208	2,691	9,345
令和4年	28,078	18,727	7,503	260,497	696	20,500	6,826	27,771	2,747	8,807

※最高裁判所からの提供データによる。

4 少年事件の事件記録符号別新受事件数の推移

　以下の表は、平成25年から令和4年までの全国の家庭裁判所における少年事件の事件記録符号別新受事件数の推移である。

　総件数は大幅に減少しており、特に少年保護事件の減少傾向が著しい。

■ 少年事件の事件記録符号別新受事件数の推移

（単位：件）

事件名	平成25年	平成26年	平成27年	平成28年	平成29年	平成30年	令和元年	令和2年	令和3年	令和4年
（少）少年保護	121,284	107,479	93,395	81,998	73,353	64,869	56,408	51,485	45,873	44,629
（少ハ）準少年保護	630	642	598	605	666	585	567	534	494	413
（少イ）成人刑事	0	0	0	0	0	0	0	0	0	0
（少ニ）少年審判等共助	4	1	8	5	4	3	8	6	4	1
（少ロ）少年審判雑	1,170	902	888	715	733	762	735	740	607	697
（少ホ）成人刑事雑	0	0	0	0	0	0	0	0	0	0

※最高裁判所からの提供データによる。

5 家庭裁判所における家事手続案内件数の推移

　以下の表は、平成25年から令和4年までの全家庭裁判所における家事手続案内件数の推移である。

　家庭裁判所は手続利用希望者に、利用が可能かどうか、また可能な場合にはどのような申立てをすればよいかなどについて案内をしている。家庭裁判所に寄せられる相談件数は、平成22年には596,164件にまで増加したが、その後は増減を繰り返しながら、減少傾向にある。令和4年は412,333件で、前年比99.2％（3,139件減）となった。

■ 家庭裁判所における家事手続案内件数の推移

（単位：件）

	総　数
平成25年	458,269
平成26年	444,291
平成27年	445,539
平成28年	466,104
平成29年	471,472

（単位：件）

	総　数
平成30年	469,315
令和元年	467,289
令和2年	408,634
令和3年	415,472
令和4年	412,333

【家事事件と司法書士】

民法第766条が平成24年4月1日施行され、父母が協議上の離婚をする際、子の利益の観点から、面会交流及び養育費の分担を当事者間で取り決めることを促す規定が設けられた。今後、子の監護に関する意識の変化が加速し、離婚に伴う面会交流や養育費の分担を求める調停事件も増加していくことが予想される。家事事件手続法が平成25年1月に施行されたこともあり、司法書士による法的支援のニーズも高まっている。

7. 成年後見事件

1 成年後見人等選任件数の推移

　以下のグラフ及び表は、平成25年から令和4年までの成年後見人等（成年後見人・保佐人・補助人）の選任件数及びその内訳の推移である。

　選任件数の合計は平成20年から増加傾向が続いている。令和4年の司法書士の選任件数の割合は全体の29.7％となった。平成28年以降の1年間に選任された後見人の合計のうち、司法書士・弁護士以外の「その他」の選任件数の割合は50％を割っている。令和4年の選任件数は、前年と比べ司法書士は201件減少、弁護士は475件増加した。

■ 成年後見人等選任件数の推移

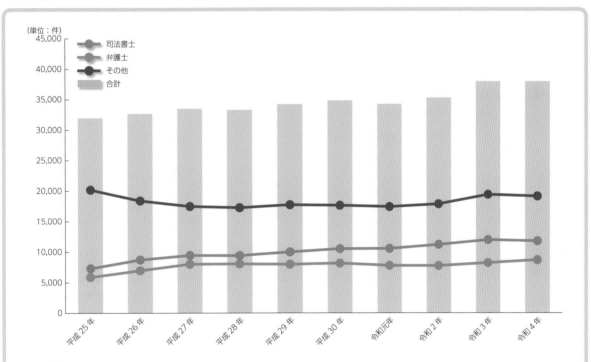

	司法書士		弁護士		その他		合計（件）
	件数（件）	割合	件数（件）	割合	件数（件）	割合	
平成25年	7,295	21.9%	5,870	17.6%	20,178	60.5%	33,343
平成26年	8,716	25.6%	6,961	20.4%	18,390	54.0%	34,067
平成27年	9,442	27.0%	8,001	22.9%	17,478	50.1%	34,921
平成28年	9,408	27.1%	8,048	23.2%	17,265	49.7%	34,721
平成29年	9,982	28.0%	7,967	22.3%	17,724	49.7%	35,673
平成30年	10,512	29.0%	8,151	22.5%	17,635	48.6%	36,298
令和 元 年	10,539	29.5%	7,763	21.7%	17,407	48.7%	35,709
令和 2 年	11,184	30.4%	7,731	21.0%	17,849	48.6%	36,764
令和 3 年	11,965	30.2%	8,207	20.7%	19,399	49.0%	39,571
令和 4 年	11,764	29.7%	8,682	21.9%	19,118	48.3%	39,564

※数値は、最高裁判所事務総局家庭局の実情調査の結果に基づく概数であり、今後の集計整理により、異同訂正が生じることがある。
※成年後見人等が該当する「関係別」の個数を集計したものを母数としており、1件の終局事件について複数の成年後見人等がある場合に、複数の「関係別」に該当することがある。
※表中の割合は、小数点第2位以下を四捨五入したものである。よって合計が100％にならないものもある。
※最高裁判所からの提供データによる。

2 成年後見センター・リーガルサポート

❶組織と概要 (令和6 (2024) 年3月31日現在)

名　　　称	公益社団法人成年後見センター・リーガルサポート
事　務　所	東京都新宿区四谷本塩町4番37号　司法書士会館
設　　　立	1999年12月22日
会　員　数	正会員（司法書士）8,495名　　正会員（司法書士法人）277法人　　特別会員　37名
	賛助会員（法人）2社　　賛助会員（個人）3名
名簿登載者数	後見人候補者名簿　6,924名（内法人238）
	後見監督人候補者名簿　5,237名（内法人184）
主な事業	1. 任意後見人、後見人、保佐人及び補助人の養成、推薦並びに指導監督
	2. 任意後見監督人、後見監督人、保佐監督人及び補助監督人の養成 　　推薦並びに指導監督
	3. 財産管理及び身上監護の事務の指導監督
	4. 遺言執行事務の指導監督
	5. 任意後見、後見、保佐及び補助の事務並びに財産管理事務等
	6. 任意後見監督、後見監督、保佐監督及び補助監督の事務
	7. 研修会等の企画、開催及び講師の紹介

※未成年後見人の養成、推薦及び指導監督事業は、令和7年度より実施予定
※後見業務を行う過程で、本人の財産に損害などを与えてしまう場合に備え、被害者への補償に代わる代替金の交付制度を導入しております。
※後見人等候補者名簿を各地の家庭裁判所に提出しております。

❷組織図

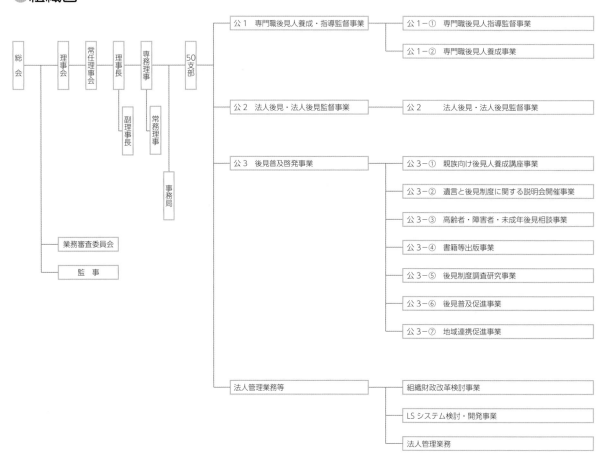

❸リーガルサポートの正会員数及び後見人等候補者名簿登載者数の推移

　以下のグラフ及び表は、平成 25 年度から令和 4 年度までのリーガルサポートの正会員数、後見人及び後見監督人候補者名簿登載者数の推移である。

　平成 16 年度以降、正会員数及び各名簿登載者数は急激な増加傾向にあったが、平成 29 年度以降、正会員数の増加は緩やかになっている。

▌リーガルサポートの正会員数及び後見人等候補者名簿登載者数の推移

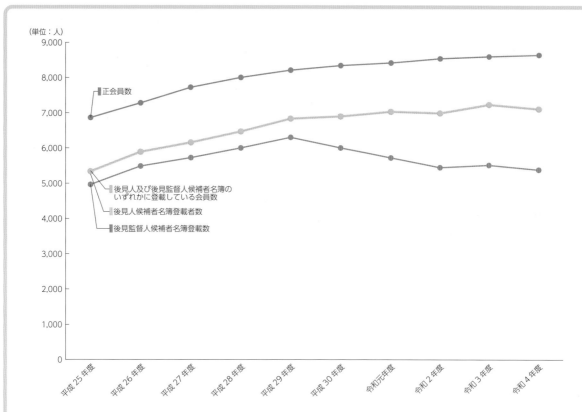

（単位：人）

	正会員数	後見人及び後見監督人候補者名簿のいずれかに登載している会員数	後見人候補者名簿登載者数	後見監督人候補者名簿登載数
平成 25 年度	6,868	5,352	5,338	4,966
平成 26 年度	7,284	5,903	5,892	5,490
平成 27 年度	7,727	6,168	6,159	5,729
平成 28 年度	8,005	6,477	6,469	6,004
平成 29 年度	8,212	6,848	6,839	6,303
平成 30 年度	8,344	6,909	6,902	6,006
令和 元 年度	8,420	7,043	7,037	5,726
令和 2 年度	8,543	7,001	6,996	5,453
令和 3 年度	8,602	7,246	7,239	5,522
令和 4 年度	8,649	7,020	7,014	5,376

※リーガルサポートからの提供資料による。

❹ リーガルサポート会員の継続受託事件数の推移

　以下のグラフ及び表は、平成 25 年の 9 月末時点、平成 26 年から令和 4 年の年度末時点におけるリーガルサポート会員の継続受託事件数の推移である。

　合計及び類型ごとの事件数は増加傾向が続いており、平成 25 年度（9 月末時点）から令和 4 年度までの約 10 年間で約 2.2 倍に事件数が増加している。

■ リーガルサポート会員の継続受託事件数の推移

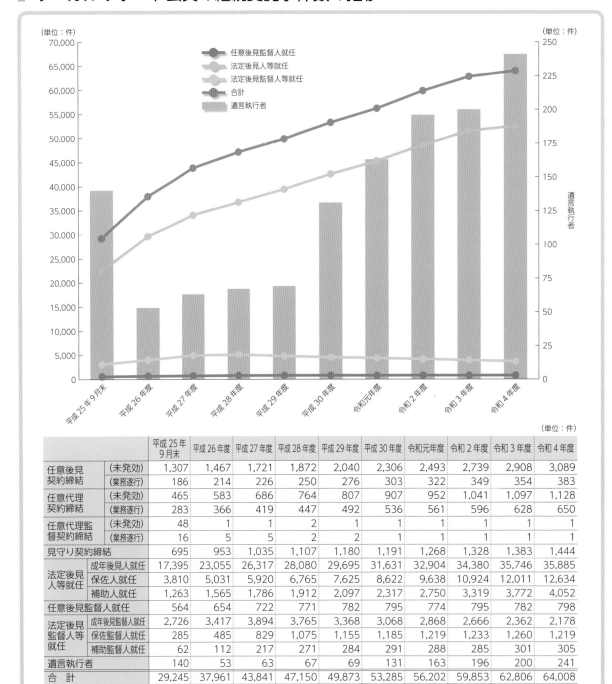

（単位：件）

		平成 25 年 9 月末	平成 26 年度	平成 27 年度	平成 28 年度	平成 29 年度	平成 30 年度	令和元年度	令和 2 年度	令和 3 年度	令和 4 年度
任意後見 契約締結	（未発効）	1,307	1,467	1,721	1,872	2,040	2,306	2,493	2,739	2,908	3,089
	（業務遂行）	186	214	226	250	276	303	322	349	354	383
任意代理 契約締結	（未発効）	465	583	686	764	807	907	952	1,041	1,097	1,128
	（業務遂行）	283	366	419	447	492	536	561	596	628	650
任意代理監 督契約締結	（未発効）	48	1	1	2	1	1	1	1	1	1
	（業務遂行）	16	5	5	2	2	1	1	1	1	1
見守り契約締結		695	953	1,035	1,107	1,180	1,191	1,268	1,328	1,383	1,444
法定後見 人等就任	成年後見人就任	17,395	23,055	26,317	28,080	29,695	31,631	32,904	34,380	35,746	35,885
	保佐人就任	3,810	5,031	5,920	6,765	7,625	8,622	9,638	10,924	12,011	12,634
	補助人就任	1,263	1,565	1,786	1,912	2,097	2,317	2,750	3,319	3,772	4,052
任意後見監督人就任		564	654	722	771	782	795	774	795	782	798
法定後見 監督人等 就任	成年後見監督人就任	2,726	3,417	3,894	3,765	3,368	3,068	2,868	2,666	2,362	2,178
	保佐監督人就任	285	485	829	1,075	1,155	1,185	1,219	1,233	1,260	1,219
	補助監督人就任	62	112	217	271	284	291	288	285	301	305
遺言執行者		140	53	63	67	69	131	163	196	200	241
合　計		29,245	37,961	43,841	47,150	49,873	53,285	56,202	59,853	62,806	64,008

※平成 26 年度につき、9 月末の受託事件数全国一斉調査を実施していないため、リーガルサポートシステムによる集計（熊本支部を除く）

8 任意後見契約及び公正証書遺言

1 任意後見契約に関する事件数の推移

　以下のグラフ及び表は、全国の公証役場で作成された任意後見契約公正証書件数の過去10年間の推移である。平成12年4月から始まった任意後見契約であるが、その契約件数は増加する傾向にあり、平成27年には初めて1万件を超えた。令和元年には13,937件まで増加し、その後一旦減少したが、令和4年は14,463件に増加している。

■ 任意後見契約件数

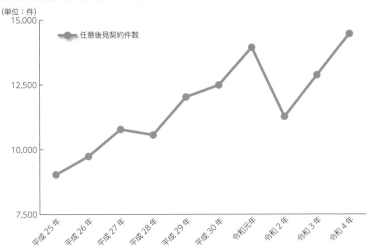

年	件数
平成 25 年	9,032
平成 26 年	9,737
平成 27 年	10,774
平成 28 年	10,559
平成 29 年	12,025
平成 30 年	12,484
令和 元 年	13,937
令和 2 年	11,269
令和 3 年	12,871
令和 4 年	14,463

※日本公証人連合会からの提供データによる。

　以下のグラフ及び表は、平成25年から令和4年までになされた任意後見監督人選任等の審判の登記件数である。任意後見監督人選任等の審判の登記件数は、平成28年に2万件を超え、その後一旦減少したが、令和3年に再び2万件を超え最多件数となった。

■ 任意後見監督人選任等審判の登記件数

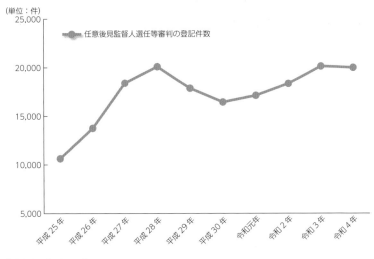

年	件数
平成 25 年	10,632
平成 26 年	13,768
平成 27 年	18,406
平成 28 年	20,099
平成 29 年	17,867
平成 30 年	16,440
令和 元 年	17,123
令和 2 年	18,342
令和 3 年	20,134
令和 4 年	19,996

【任意後見契約とは】
任意後見契約とは、判断能力が十分なうちに、自らが選んだ代理人（任意後見人）との間で締結した、判断能力が低下した際の自身の生活、財産管理等に関する事務の代理権を与える契約である。任意後見監督人が選任された時から効力が発生する。この契約は、任意後見契約に関する法律により、「公正証書」で行わなければならない。

2 ▶ 公正証書遺言件数の推移

　以下のグラフ及び表は、全国の公証役場で作成された公正証書遺言件数の過去10年間の推移である。その件数は増加傾向にあり、令和4年は111,977件と最大値を更新した。

公正証書遺言件数

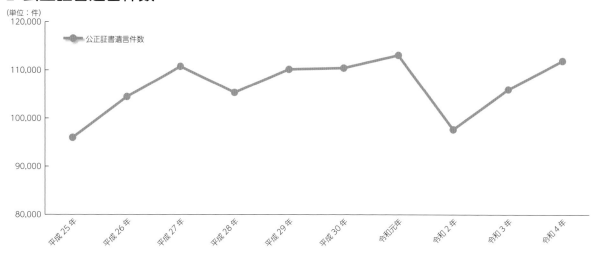

（単位：件）

年	件数
平成 25 年	96,020
平成 26 年	104,490
平成 27 年	110,778
平成 28 年	105,350
平成 29 年	110,191

（単位：件）

年	件数
平成 30 年	110,471
令和 元 年	113,137
令和 2 年	97,700
令和 3 年	106,028
令和 4 年	111,977

※日本公証人連合会からの提供データによる。

【公正証書遺言とは】

遺言の方式は「自筆証書遺言」「公正証書遺言」「秘密証書遺言」の三種類が法律上定められている。このうち、公正証書遺言は、遺言者が公証人の面前で遺言の内容を口授し、それに基づいて、公証人が遺言者の真意を正確に文章にまとめて公正証書遺言として作成するものである。

9 刑事事件

1 事件記録符号別新受人員の推移（地方裁判所）

　以下の表は、平成30年から令和4年までの全国の地方裁判所における刑事事件の事件記録符号別新受人員の推移である。

　公判請求事件は平成29年から7万件を割り込んでおり、令和4年は6万件を割った。増加傾向にあった起訴強制事件は、令和4年は前年比87.5%（153件減）となった。

刑事事件の事件記録符号別新受人員の推移（地方裁判所）

事件符号	事件名	平成30年	令和 元 年	令和2年	令和3年	令和4年
わ	公判請求	69,027	67,553	66,939	65,151	59,503
た	再審請求	175	145	152	168	143
そ	刑事補償請求	95	65	91	70	63
つ	起訴強制	315	396	626	1,228	1,075
ね	訴訟費用免除申立て	1,636	1,467	1,423	1,304	1,105
な	費用補償請求	61	40	48	40	43
え	訴訟費用負担請求※	0	0	0	0	0
損	刑事損害賠償命令※	289	311	337	308	284
医ろ	医療観察処遇※	1,887	1,861	1,909	1,965	2,015
医に	医療観察雑※	10	6	8	5	18
む	雑	193,107	184,376	187,280	183,596	174,510
か、よ、れ、医は	証人尋問請求、証拠保全請求、共助、医療観察共助	241	266	456	546	418

※最高裁判所からの提供データによる。

2 事件記録符号別新受人員の推移（簡易裁判所）

　以下の表は、平成30年から令和4年までの全国の簡易裁判所における刑事事件の事件記録符号別新受人員の推移である。

　全体的に減少傾向にあり、特に公判請求事件は、平成30年と比較すると47.6%（3,245減）となった。

刑事事件の事件記録符号別新受人員の推移（簡易裁判所）

事件符号	事件名	平成30年	令和 元 年	令和2年	令和3年	令和4年
い	略式	222,478	199,510	171,840	165,751	156,346
ろ	公判請求	6,194	5,380	4,472	3,758	2,949
ほ	再審請求	14	25	21	20	14
と	刑事補償請求	1	0	0	2	0
ち	訴訟費用免除申立て	182	183	177	155	141
ぬ	費用補償請求	5	1	0	3	0
る	雑	428,025	409,182	401,679	407,081	401,190
こ	訴訟費用負担請求※	1	0	1	0	0
は、に、へ、り、医い	証人尋問請求、証拠保全請求、共助、交通事件即決裁判手続請求、医療観察共助	16	7	9	15	3

※最高裁判所からの提供データによる。

【刑事事件と司法書士】

刑事事件の直接の被害者は、警察・検察庁に対して相手が犯した犯罪事実と処罰の意思表示を申し出ることができるが、これを告訴という。告訴できる者及び犯罪者以外の者が警察・検察庁に対して相手が犯した犯罪事実と処罰の意思表示を申し出ることを告発という。司法書士は、検察庁に提出する告訴状や告発状の書面作成によって、社会の安全に寄与している。

第4章

※注記のないデータは日司連による。

歩み続ける司法書士
～司法書士の組織・財政・研修など～

1 組織・財政

2 登録事務

3 会員指導と懲戒

4 研修

5 法改正等の検討と対応

6 司法書士総合研究所

1 組織・財政

1 日司連の組織

【議決機関】

◆総会
日司連の最高意思決定機関である。

◆理事会
日司連の業務執行を決する。

◆常任理事会
日司連の業務執行のうち定められたものについて決する。

【役員】

◆会長　1人
日司連を代表し、日司連の事務を総理する。

◆副会長　4人以内
会長を補佐し、会長に事故あるときは、その職務を代理し、会長が欠員のときは、その職務を行う。

◆理事　12人以上24人以内
会長及び副会長を補佐し、会長及び副会長に事故あるときは、その職務を代理し、会長及び副会長が欠員のときは、その職務を行う。
理事の内から次の者を選任する。

◇専務理事　1人
会長の旨を受けて日司連の常務を掌理し、事務局を監理する。

◇常務理事　1人
専務理事を補佐し、規則の定めるところにより、日司連の常務を分掌する。専務理事に事故あるときは、その職務を代理し、専務理事が欠員のときは、その職務を行う。

◇常任理事　6人以内
規則の定めるところにより、日司連の常務を分掌する。

◆監事　4人以内
日司連の資産及び会計の状況を監査する。

【構成員】

◆司法書士会

司法書士

■ 日司連　令和5年度組織図

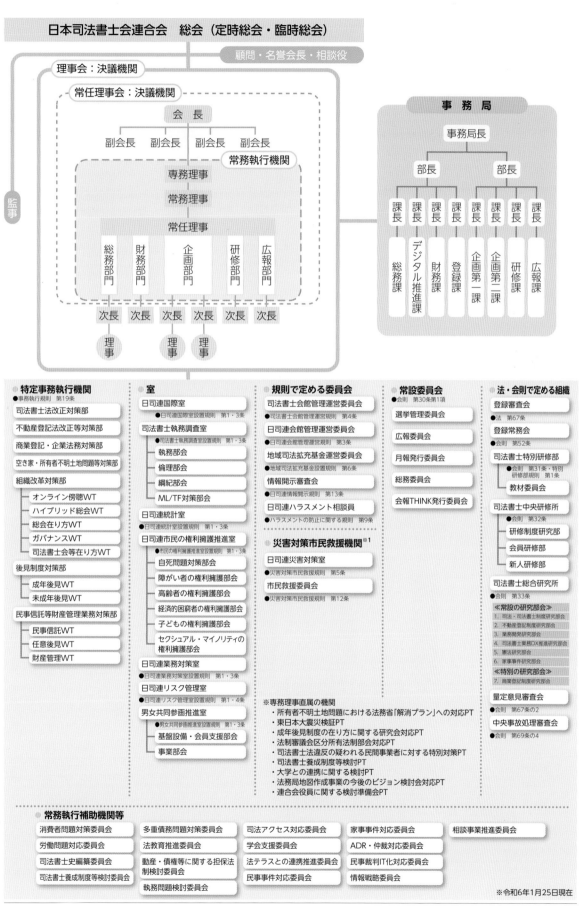

■ 平成 30 年度から令和 4 年度までの財政状況

【一般会計（収入）】

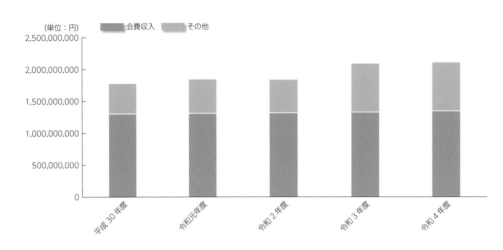

科　　目	平成 30 年度	令和 元 年度	令和 2 年度	令和 3 年度	令和 4 年度
会費収入	1,304,767,000	1,313,635,900	1,319,186,600	1,329,587,700	1,347,640,400
収入合計	1,782,326,839	1,848,518,665	1,843,074,828	2,094,160,023	2,080,549,878

【一般会計（支出）】

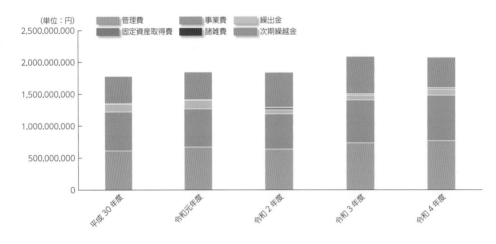

科　　目	平成 30 年度	令和 元 年度	令和 2 年度	令和 3 年度	令和 4 年度
管理費	615,437,916	674,900,588	639,192,450	737,584,541	770,425,936
事業費	612,005,160	598,598,231	554,565,487	673,814,485	714,213,893
繰出金	123,808,064	136,546,252	63,076,219	70,334,199	90,154,692
固定資産取得費	－	－	33,951,610	16,860,470	19,460,190
諸雑費	3,483,780	4,404,162	3,537,161	6,532,740	4,681,749
次期繰越金	427,591,919	434,069,432	548,751,901	589,033,588	481,613,418
当期支出合計	1,782,326,839	1,848,518,665	1,843,074,828	2,094,160,023	2,080,549,878

【研修事業特別会計（収入）】

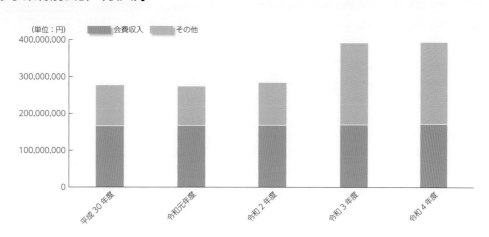

科　　目	平成 30 年度	令和 元 年度	令和 2 年度	令和 3 年度	令和 4 年度
会費収入	166,566,000	167,698,200	168,406,800	169,734,600	172,039,200
収入合計	277,580,124	274,376,262	284,523,012	392,106,408	449,026,389

【研修事業特別会計（支出）】

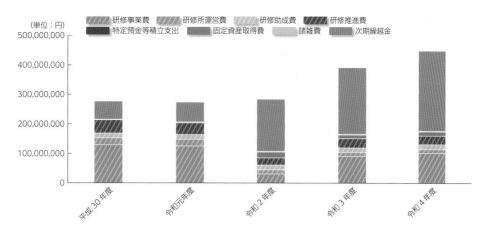

科　　目	平成 30 年度	令和 元 年度	令和 2 年度	令和 3 年度	令和 4 年度
研修事業費	130,292,185	125,795,330	30,803,429	90,963,631	101,383,590
研修所運営費	22,876,359	22,504,061	14,002,971	12,670,043	13,409,280
研修助成費	16,205,000	16,333,100	16,425,500	16,499,000	16,731,400
研修推進費	45,051,062	39,320,922	23,947,034	30,933,171	29,236,635
特定預金等積立支出	0	0	0	0	0
固定資産取得費	－	－	20,262,220	12,493,800	13,735,350
諸雑費	1,737,119	3,493,505	2,772,108	2,792,146	2,537,637
次期繰越金	61,418,399	66,929,344	176,309,750	225,754,617	271,992,497
当期支出合計	277,580,124	274,376,262	284,523,012	392,106,408	449,026,389

2. 登録事務

登録事務

1 司法書士試験に合格し又は法務事務官等の職務に10年以上従事し法務大臣から認められたというだけでは司法書士となる資格を有しているのみ（司法書士法第4条）であり、司法書士法第3条に定める業務を行うことはできない。

2 前記の者は登録の申請をし、日司連に備える司法書士名簿に、氏名、生年月日、事務所の所在地、所属する司法書士会その他法務省令で定める事項の登録を受けることにより司法書士となり（司法書士法第8条）、司法書士会に入会することによって司法書士法第3条に定める業務を行うことができる。なお、司法書士名簿への登録は、昭和60年司法書士法改正により昭和61年6月1日より日司連が行っている。

3 司法書士名簿に登録を受けようとする者は、事務所を設けようとする地を管轄する法務局又は地方法務局の管轄区域内に設立された司法書士会を経由して、日司連に登録申請書を提出しなければならない。

　日司連は、登録を申請した者が司法書士となる資格を有し、司法書士法第10条に定められた登録を拒否する事由のいずれにも該当しない者であるときは、司法書士名簿に登録しなければならない。

4 日司連は、登録を申請した者が司法書士となる資格を有せず、又は、司法書士法第10条第1項各号に該当している者であるときは、登録を拒否しなければならない。

5 日司連が前述の第10条第1項第2号又は第3号の理由により登録を拒否しようとするときは、登録審査会の議決に基づいてしなければならない。登録審査会は、会長及び委員4人をもって組織され、会長には日司連会長が充てられる。委員は、法務大臣の承認を受けて、司法書士1名、法務省の職員1名、学識経験者2名となっている。

6 平成29年度から令和4年度の間、第10条第1項第3号に該当することを理由とした登録拒否件数は、平成29年度0件、平成30年度1件、令和元年度0件、令和2年度0件、令和3年度0件、令和4年度1件である。

（資格）
　第四条　次の各号のいずれかに該当する者は、司法書士となる資格を有する。
　　一　司法書士試験に合格した者
　　二　裁判所事務官、裁判所書記官、法務事務官若しくは検察事務官としてその職務に従事した期間が通算して十年以上になる者又はこれと同等以上の法律に関する知識及び実務の経験を有する者であつて、法務大臣が前条第一項第一号から第五号までに規定する業務を行うのに必要な知識及び能力を有すると認めたもの

（登録の拒否）
　第十条　日本司法書士会連合会は、前条第一項の規定による登録の申請をした者が司法書士となる資格を有せず、又は次の各号のいずれかに該当すると認めたときは、その登録を拒否しなければならない。この場合において、当該申請者が第二号又は第三号に該当することを理由にその登録を拒否しようとするときは、第六十七条に規定する登録審査会の議決に基づいてしなければならない。
　　一　第五十七条第一項の規定による入会の手続をとらないとき。
　　二　心身の故障により司法書士の業務を行うことができないとき。
　　三　司法書士の信用又は品位を害するおそれがあるときその他司法書士の職責に照らし司法書士としての適格性を欠くとき。

3 会員指導と懲戒

1 会員指導

　以下のグラフ及び表は、平成25年度から令和4年度までの全国の司法書士会における苦情受付件数、紛議調停申立件数、綱紀調査委員会調査実施件数、会長指導件数及び注意勧告件数の推移である。平成14年の司法書士法改正により認定を受けた司法書士が簡裁訴訟代理等関係業務を行うようになって以降、平成26年度をピークに苦情受付件数は急増していたが、平成27年度からは減少している。綱紀調査委員会調査実施件数は、平成23年度に初めて200件台になったが、その後減少傾向が続き、令和元年度からは100件台で推移している。会長指導の合計は、令和2年度から増加傾向にある。

■ 司法書士会の苦情受付・紛議調停申立・綱紀調査実施・会長指導・注意勧告件数の推移

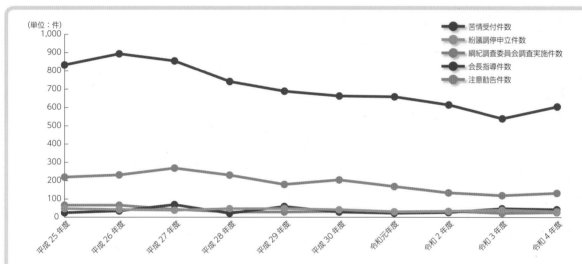

（単位：件）

年度	苦情受付	紛議調停申立	綱紀調査実施	会長指導	注意勧告
平成25年度	833	48	220	25	67
平成26年度	894	43	232	35	67
平成27年度	855	39	269	70	44
平成28年度	742	48	231	22	29
平成29年度	689	48	180	60	29
平成30年度	663	42	205	29	32
令和 元 年度	659	31	169	23	27
令和 2 年度	615	34	135	27	34
令和 3 年度	540	40	120	49	23
令和 4 年度	605	32	133	44	27

【紛議調停】所属の会員の業務に関する紛議につき、当該会員又は当事者その他関係人の請求により司法書士会が行う調停のことである。（司法書士法第59条）

【綱紀調査】各司法書士会の会則上設置される綱紀調査委員会による調査である。会員は正当な事由が無ければ、綱紀調査委員会の調査及び参考人としての事情聴取を断ることができない。

【会長指導】各司法書士会の会則に定められており、司法書士会の会長が、司法書士業務の適正な運営を図るために必要があるときに、会員から報告を求め、その会員に必要な指示又は指導をすることである。会員は指導に従わなければならない。

【注意勧告】所属の会員が司法書士法又はこの法律に基づく命令に違反するおそれがあると認めるとき、会則の定めるところにより、当該会員に対して、注意を促し、又は必要な措置を講ずべきことを司法書士会が勧告することである。（司法書士法第61条）

以下のグラフ及び表は、平成30年度から令和4年度までの懲戒処分の合計数及びその内訳の推移である。合計数は、平成27年度に50件を超え、以後60件程度で推移していた。平成30年度から減少傾向に転じていたが、令和4年度は前年より14件増加した。

■ 懲戒処分件数の推移と内訳

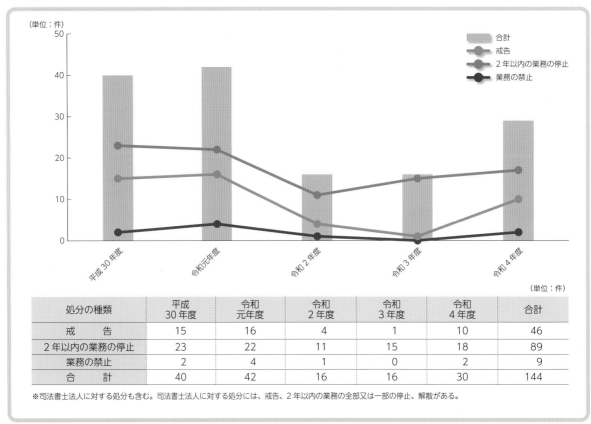

（単位：件）

処分の種類	平成30年度	令和元年度	令和2年度	令和3年度	令和4年度	合計
戒　　告	15	16	4	1	10	46
2年以内の業務の停止	23	22	11	15	18	89
業務の禁止	2	4	1	0	2	9
合　　計	40	42	16	16	30	144

※司法書士法人に対する処分も含む。司法書士法人に対する処分には、戒告、2年以内の業務の全部又は一部の停止、解散がある。

【懲戒】司法書士又は司法書士法人（以下「司法書士等」という。）が司法書士法等に違反したときに、法務大臣が当該司法書士等に対して、戒告、2年以内の業務の停止（法人の場合は業務の全部又は一部）、業務の禁止（法人の場合は解散）の処分を行うことである。

３ 懲戒処分に関する調査事務の取り扱い

司法書士業務の実態をより反映した懲戒処分の制度運営を図るため、司法書士会が一定の範囲で懲戒手続に関与することを内容とする調査事務の取り扱いに関する運用を平成26年10月から行っている。その概要は以下のとおりである。

1　法務大臣は、懲戒処分に係る調査については、原則として、全ての案件について司法書士法施行規則第42条第2項の規定に基づき司法書士会に対して調査を委嘱する。

2　司法書士会は、その調査の結果に関する意見を法務大臣に報告する際には、処分の量定に関する意見を付して報告する。

3　量定に関する意見は、司法書士会の理事会又は小理事会等が、綱紀調査委員会の調査を受けて審議・決定する。

4　司法書士会が法務大臣に意見を報告する際には、事前に日司連に対して当該意見の妥当性について意見を求め、日司連は、設置する量定意見審査会において、司法書士会の量定に関する意見を検討・判断する。

5　手続における公正性、公平性及び透明性を確保するため、司法書士会の綱紀調査委員会及び量定を審議・決定する理事会又は小理事会、日司連の量定意見審査会の各機関に弁護士、公証人、大学教授等の学識経験者を構成員として置く。

　令和5年度において、司法書士会から日司連量定意見審査会に対して量定意見の妥当性についての意見を求めた案件の総数は62件であった。

▌令和4年度司法書士会別懲戒処分・注意勧告件数

（単位：件）

司法書士会	業務禁止	業務停止	戒告	注意勧告
札　幌　会		1		
函　館　会				
旭　川　会				
釧　路　会				
宮　城　県　会	1			
福　島　県　会				
山　形　県　会		1		1
岩　手　県　会		1		
秋　田　県　会				
青　森　県　会				
東　京　会		2	3	13
神　奈　川　県　会				2
埼　玉　会				
千　葉　会				
茨　城　会				
栃　木　県　会				
群　馬　会		2		
静　岡　県　会			1	
山　梨　県　会				
長　野　県　会				1
新　潟　県　会				1
愛　知　県　会		1	2	1
三　重　県　会		1		
岐　阜　県　会				
福　井　県　会				
石　川　県　会		1		
富　山　県　会				
大　阪　会		1	2	2
京　都　会			1	1
兵　庫　県　会	1	3		1
奈　良　県　会				
滋　賀　県　会				
和　歌　山　県　会			1	
広　島　会				2
山　口　県　会				
岡　山　県　会		1		
鳥　取　県　会		1		
島　根　県　会				
香　川　県　会				
徳　島　県　会				1
高　知　県　会				
愛　媛　県　会				
福　岡　県　会		2		1
佐　賀　県　会				
長　崎　県　会				
大　分　県　会				
熊　本　県　会				
鹿　児　島　県　会				
宮　崎　県　会				
沖　縄　県　会				
合　　　計	2	18	10	27

※司法書士法人に対する処分も含む。
※注意勧告は司法書士会からの報告に基づく件数。
※本表は、公告日を基準としている。

4. 研 修

1 司法書士研修制度の概要

司法書士の研修制度は、昭和53年司法書士法改正を契機として高まった組織研修の必要性への認識を背景に、平成8年度定時総会において決定した「司法書士研修制度基本要綱」のもと、会員研修と新人研修（日司連における中央研修、ブロック会における研修、各司法書士会における研修）を体系化したものである。

現在、研修は、司法書士法第25条、日司連会則第68条・第69条、日司連会員研修規則、日司連会員研修実施要領、日司連新人研修規則、日司連新人研修実施要領等に基づき実施している。

司法書士の研修は、すでに司法書士会に入会している会員の資質の向上を目的とする『会員研修』と、司法書士試験合格者を中心とした司法書士有資格者に対する『新人研修』、司法書士法第3条第1項第6号から第8号までの業務（以下「簡裁訴訟代理等関係業務」という。）を行うために必要な能力を修習するための『特別研修』（法務大臣指定研修）の3本柱から成り立っており、司法書士会員の会費等により実施している。

2 研修の内容

司法書士の研修は、（1）会員研修（2）新人研修（3）特別研修の3種類に大別される。

（1）会員研修

会員研修は、全国の司法書士会員を対象に継続して研修受講の義務を課すものであり、倫理研修を主たる内容とする「年次制研修」と、1年間に最低12単位（令和元年度より12単位のうち甲類8単位、うち倫理2単位以上が必須化された）を履修しなければならない「単位制研修」とを軸に実施している。

「年次制研修」は倫理を中心に、全会員が5年に1回受講しなければならない義務研修であり、登録・入会後満3年、以後満5年ごとに該当する会員が受講対象となる。日司連及びブロック会又は司法書士会が集合形式により実施するほか、数名から15名程度のグループに分かれ、テーマに沿ったグループディスカッションを行う。なお、受講対象でありながら何の報告もなく、また正当な事由なく受講しなかった場合には、段階的に、所属会の会長からの連絡、指示ないしは会長指導、注意勧告などの手続に付される。

平成22年度からは、これまで同研修を受講したくても健康上の理由又は同居の親族等の療養看護のため参加できなかった会員のために代替研修制度を設けた。新型コロナウイルスの感染拡大が始まった令和2年度は開催を中止し、令和3年度は、集合形式のほかeラーニング形式により実施した。eラーニングによる年次制研修は、年次制研修の中核となるグループディスカッションが実施できないことから、令和4年度以降は集合形式とWeb会議形式により実施した。

「単位制研修」による会員研修の研修方式は、集合形式による「集合研修」（Web研修については集合研修とみなすことができる）、集合形式によらなくても実施できる「視聴通信研修」「課題通信研修」の3類型に定義され、多様化する会員からの要望への対応を図っている。単位制研修における研修単位管理及び研修会情報の検索の便に供するため、平成15年より日司連研修情報システムを導入し、平成23年4月より全面的に更改した。全国の司法書士会、ブロック会、会員が利用し、現在に至っている。なお、平成19年度からは、全国の会員がより多くの研修情報を得て、全ての地域で資質の向上・維持を図るため、「研修ライブラリ」と称するビデオオンデマンドの配信を開始した。研修ライブラリにはこれまで実施した研修会の録画と研修資料を中心に、約270本の講義が配信され、会員に無償で提供している。

また、平成24年7月からは、新たにeラーニングシステムの運用を開始し、会員は「いつでも」「どこでも」「何度でも」質の高い研修を受けることができるようにした。eラーニングシステムの導入により、パソコンだけでなくスマートフォンやタブレット端末を利用して、移動中でも効率的に研修を受講できるようになり、コンテンツの充実とともに利用者も増加している。

　今後の課題としては、e ラーニングの教材制作に力を入れ、有力な研修ツールとして充実させていくとともに、集合研修を含めた研修体系を構築し、習熟度に合わせたより効率的な研修カリキュラムを作成することによって、会員の研修受講意欲につながるよう、研究と工夫を重ねていく。

　令和 5 年度における日司連研修部門が実施する主な研修は 144 頁、令和 4 年度の各司法書士会における研修単位取得状況は 145 頁のとおりである。

（2）新人研修

　新人研修は平成元年度より新入会員を対象とした組織的研修として開始したが、平成 8 年度からは未登録者を含む中央新人研修（実質的な登録前研修）として実施されている。また、平成 29 年度から、新たに新人研修 e ラーニングシステムの運用を開始した。なお、令和 5 年度試験合格者の令和 5 年度中央新人研修受講率は 89.5%（622 名／ 695 名）である。

　新人研修の内訳は、以下のとおりである。

①　中央新人研修は、職責と社会的使命を自覚するとともに、法律に関する理論と実務を身につけることを目的として実施しており、司法書士、弁護士、大学教授が講師を務めている。

②　ブロック新人研修は、司法書士の実務を具体的に提示し、職責に堪えられるよう資質の向上を図ることを目的として実施しており、主に司法書士が講師を務めている。

③　司法書士会研修は、いわゆる「実務研修」であり、司法書士事務所において日常の執務を経験することにより、司法書士の適正な執務姿勢と処理能力を習得することを目的として実施している。

（3）特別研修

　司法書士特別研修とは、日司連が法務大臣から司法書士法第 3 条第 2 項第 1 号に定める法人として指定を受け実施する研修（以下「特別研修」という。）である。司法書士が簡裁訴訟代理等関係業務を行うためには、この特別研修を修了し、さらに法務大臣から必要な能力を有すると認定されなければならない。

　日司連は法務大臣が指定した研修の実施機関として、平成 15 年度から特別研修を実施している。特別研修は基本講義、グループ研修、ゼミナール、裁判所での法廷傍聴や講義による実務研修・模擬裁判等 100 時間（1か月余）をかけて実施される（詳細は 146 頁）。令和 5 年度（2023 年度）までに 22 回開催しており、修了者数の合計は 25,204 名、代理権を有する会員数の割合は 79.5%（18,335 名／ 23,077 名　令和 5 年 12 月 8 日現在）となった。平成 26 年から令和 5 年までの簡裁訴訟代理等能力認定考査の受験者数及び認定者数の推移は、146 頁のとおりである。

（4）新入会員研修プログラム

　上記（2）の新人研修は内外から高い評価を受け、実績が認められているところであるが受講者が登録前であるためか、新人研修制度の真意がその後の司法書士実務に十分に活かされていないといった現実がある。一方、上記（1）で述べた会員研修（単位制研修）は、その受講対象者を全ての会員としているため、登録後、日の浅い新入会員も業務歴数十年のベテラン司法書士も同じ扱いとなっている。また、倫理研修である年次制研修は、登録してから 3 年後に初めて実施される。

　このような状況の中で、登録後 1 年から 3 年未満の新入会員が優れた法律専門家としてのキャリアアップを図るためには、日司連や司法書士会における体系的な新入会員研修制度を構築して実施することで、新入会員が独りよがりな思考に陥らず、現実的な対応ができるようにする必要がある。

　そこで、従来の新人研修制度とは別に、主に司法書士登録後 3 年未満の会員を対象とした「新入会員研修プログラム」を平成 30 年度から導入した。本プログラムにより新人研修で習得した知識を再確認させるとともに、司法書士実務に必要な具体的知識及び実務的な倫理を習得させ、指導司法書士（チューター）による継続的な実務的・精神的サポートを行う。

　受講者は指定されたカリキュラムに基づき、e ラーニングや事前課題の検討などによってあらかじめ基本的な知識を得たうえで集合研修（スクーリング）に参加し、グループ研修あるいはマンツーマンの指導により、実務において無理なく倫理に裏打ちされた現実的な対応ができるようになる。

3 ▶ 研修制度に関連する予算と運営

　日司連の「研修事業特別会計予算」の合計は約4億9,000万円であり（令和5年度）、全て全国の司法書士から徴収する会費と受講料及び新人研修受講者からの受講料で賄われている（ただし、特別研修にかかる予算を除く）。また、日司連内に司法書士により組織された「司法書士中央研修所」（所長1人、副所長3人、所員40人以内、創設／昭和55年10月）を設置して、各研修を企画・運営するほか研修制度についての研究を行っている。

4 ▶ 地域における研修

　各ブロック会・全国の司法書士会においても、それぞれの組織が運営主体となり、会員から徴収する会費をもとに独自に研修事業を実施している。研修会の開催状況、受講者、研修単位等は日司連研修情報システムにより、一元管理されている。

5 ▶ 司法書士中央研修所主催の主な研修

■ 令和5年度司法書士中央研修所主催の主な研修事業

年次制研修（集合研修・Web会議研修）
　　日程：令和5年9月1日（金）～12月31日（日）
業務研修会（企業法務分野）「渉外商業登記入門～開業・事業開始～」
　　日程：令和5年10月14日（土）
　　場所：日司連ホール（Web配信）
業務研修会（その他分野）「遺言執行者の実務」
　　日程：令和5年11月18日（土）
　　場所：第一セントラルビル1号館9階大ホール（岡山県岡山市）（集合／Web配信）
第38回日司連中央研修会「LGBTQ＋（セクシュアル・マイノリティ）の理解と司法書士業務」
　　日程：令和5年12月9日（土）
　　場所：日司連ホール（集合／Web配信）
業務研修会（不動産登記分野）「共有に関する諸問題」
　　日程：令和6年1月20日（土）
　　場所：日司連ホール（Web配信）
中央新人研修（eラーニング形式）
　　日程：令和5年12月11日（月）～令和6年1月22日（月）
　　　※上記日程を2グループに分けて視聴
eラーニング研修
　「国籍法と帰化申請の実務」
　「逐条解説　司法書士行為規範～各論～」
　「司法書士業務における利益相反の基礎」
　「訴訟類型別で学ぶ要件事実の基礎講座」
　「後見等開始申立書類作成と居住用不動産処分許可申立書類作成」
　「司法書士と相続に関する家事事件」
　「司法書士の実務目線から見た改正民事訴訟法逐条解説」

令和 4 年度単位制研修　司法書士会別単位取得状況

会　　名	会員数 (R5.3.31現在) (人)	中途 入退会者 (人)	対象者数 (人)	所定単位取得者 (12 単位以上)		所定単位不足者 (12 単位未満)		単位未取得者 (0 単位)		平均取得 単位 (単位数)
				(人)	(割合)	(人)	(割合)	(人)	(割合)	
札　幌　会	519	23	496	352	71.0%	73	14.7%	71	14.3%	14.8
函　館　会	37	2	35	34	97.1%	1	2.9%	0	0.0%	18.6
旭　川　会	70	3	67	42	62.7%	19	28.4%	6	9.0%	19.7
釧　路　会	80	4	76	51	67.1%	19	25.0%	6	7.9%	14.7
宮 城 県 会	333	14	319	293	91.8%	21	6.6%	5	1.6%	22.0
福 島 県 会	264	14	250	173	69.2%	56	22.4%	21	8.4%	16.7
山 形 県 会	155	2	153	134	87.6%	14	9.2%	5	3.3%	23.5
岩 手 県 会	138	8	130	124	95.4%	5	3.8%	1	0.8%	20.4
秋 田 県 会	112	4	108	98	90.7%	5	4.6%	5	4.6%	19.4
青 森 県 会	116	2	114	106	93.0%	5	4.4%	3	2.6%	19.2
東　京　会	4,551	236	4,315	2,914	67.5%	568	13.2%	833	19.3%	17.7
神 奈 川 県 会	1,257	83	1,174	895	76.2%	164	14.0%	115	9.8%	19.5
埼　玉　会	960	68	892	558	62.6%	159	17.8%	175	19.6%	15.8
千　葉　会	777	40	737	444	60.2%	168	22.8%	125	17.0%	14.6
茨　城　会	337	17	320	260	81.3%	33	10.3%	27	8.4%	21.8
栃 木 県 会	233	4	229	175	76.4%	37	16.2%	17	7.4%	18.3
群　馬　会	303	5	298	140	47.0%	81	27.2%	77	25.8%	14.1
静 岡 県 会	481	12	469	415	88.5%	43	9.2%	11	2.3%	23.0
山 梨 県 会	127	2	125	72	57.6%	39	31.2%	14	11.2%	16.2
長 野 県 会	366	12	354	298	84.2%	46	13.0%	10	2.8%	18.7
新 潟 県 会	288	6	282	158	56.0%	102	36.2%	22	7.8%	14.8
愛 知 県 会	1,311	52	1,259	1,035	82.2%	116	9.2%	108	8.6%	14.3
三 重 県 会	237	4	233	203	87.1%	18	7.7%	12	5.2%	17.5
岐 阜 県 会	327	9	318	114	35.8%	146	45.9%	58	18.2%	12.0
福 井 県 会	121	4	117	89	76.1%	17	14.5%	11	9.4%	16.0
石 川 県 会	195	8	187	181	96.8%	4	2.1%	2	1.1%	21.6
富 山 県 会	144	1	143	137	95.8%	5	3.5%	1	0.7%	19.8
大　阪　会	2,479	94	2,385	2,178	91.3%	68	2.9%	139	5.8%	17.0
京　都　会	587	33	554	542	97.8%	7	1.3%	5	0.9%	18.0
兵 庫 県 会	1,037	37	1,000	912	91.2%	35	3.5%	53	5.3%	19.1
奈 良 県 会	210	6	204	201	98.5%	1	0.5%	2	1.0%	17.0
滋 賀 県 会	232	8	224	211	94.2%	11	4.9%	2	0.9%	16.8
和 歌 山 県 会	166	2	164	114	69.5%	21	12.8%	29	17.7%	12.6
広　島　会	534	14	520	480	92.3%	16	3.1%	24	4.6%	18.7
山 口 県 会	223	7	216	146	67.6%	52	24.1%	18	8.3%	16.6
岡 山 県 会	369	10	359	343	95.5%	10	2.8%	6	1.7%	22.0
鳥 取 県 会	87	1	86	58	67.4%	22	25.6%	6	7.0%	14.9
島 根 県 会	107	5	102	84	82.4%	10	9.8%	8	7.8%	16.3
香 川 県 会	179	2	177	69	39.0%	71	40.1%	37	20.9%	13.0
徳 島 県 会	137	5	132	75	56.8%	34	25.8%	23	17.4%	15.5
高 知 県 会	115	3	112	75	67.0%	27	24.1%	10	8.9%	15.7
愛 媛 県 会	235	7	228	170	74.6%	40	17.5%	18	7.9%	22.7
福 岡 県 会	1,020	50	970	939	96.8%	13	1.3%	18	1.9%	18.7
佐 賀 県 会	123	2	121	68	56.2%	39	32.2%	14	11.6%	15.7
長 崎 県 会	150	2	148	107	72.3%	22	14.9%	19	12.8%	16.9
大 分 県 会	168	13	155	125	80.6%	16	10.3%	14	9.0%	18.2
熊 本 県 会	322	7	315	198	62.9%	57	18.1%	60	19.0%	20.2
鹿 児 島 県 会	312	12	300	279	93.0%	14	4.7%	7	2.3%	20.4
宮 崎 県 会	159	6	153	108	70.6%	26	17.0%	19	12.4%	14.7
沖 縄 県 会	222	9	213	98	46.0%	72	33.8%	43	20.2%	14.6
全　　国	23,012	974	22,038	17,075	77.5%	2,648	12.0%	2,315	10.5%	17.6

▌第 23 回特別研修講義時間の内訳

	位置付け及び研修内容	研修方式	実施日程・時間	講師
基 本 講 義	訴訟代理人としての自覚を醸成する課目、その後の研修の前提として必須な課目を習得することを目的とする。具体的には、憲法、要件事実の基礎、簡易裁判所における民事事件に特有な事項、事実認定、立証等に関する講義を行う。	動画視聴	12 時間	大学教授・弁護士・裁判官又は裁判所書記官・研修所教官
グループ研修	与えられた事例課題及び提出起案の作成について、ゼミナール、模擬裁判及び総合講義の効果的受講のために必要な予習を行うことを目的とする。具体的には、訴状、答弁書、準備書面及び証拠申出書等の作成や事例に関する討議等を行う。	10 名から 15 名程度のグループを構成し、チューターを中心とした自主的な研修	グループ研修 I（21 時間）グループ研修 II（16 時間）	
ゼ ミ ナ ー ル	簡易裁判所における訴訟代理人として活動するために必要な実践的知識及び能力を習得することを目的とする。具体的には、要件事実に関する講義を踏まえて、不動産訴訟及び金銭訴訟に関する事例研修等を行う。	30 名程度でのゼミナール方式	18 時間（6 時間×3 日）	弁護士
実 務 研 修	簡易裁判所に係属している現実の事件に関する研修を通して、これまでの研修において得た知識又は能力を、さらに実践的なものとすることを目的とする。具体的には、法廷傍聴、簡易裁判所における基本事務や簡易裁判所特有の法廷活動等に関する講義等を行う。	法廷傍聴・講師による説明及び質疑応答	16 時間	裁判官又は裁判所書記官
模 擬 裁 判	実際に訴訟代理人や裁判官等の役割を体験することで、訴訟代理人としての実践的な知識と能力を習得することを目的とする。具体的には、金銭訴訟及び不動産訴訟に関する模擬裁判等を行う。	受講者を配役した模擬裁判	13 時間（7 時間、6 時間）	弁護士
総 合 講 義	簡裁訴訟代理等関係業務を遂行するうえで、訴訟代理人としての重要な倫理・専門家責任及び司法書士の権限の習得を目的とする。具体的には、法律専門家としての倫理、専門家の責任、訴訟代理人として事件受任から終結に至るまでの全般にわたって注意すべき倫理的な論点に関する講義を行う。	講師からの質問に受講者が応答する方式	最終日に 4 時間	弁護士

▌簡裁訴訟代理等能力認定考査の受験者数及び認定者数

(単位：人)

法 務 局	平成 26 年		平成 27 年		平成 28 年		平成 29 年		平成 30 年	
	受験者数	認定者数	受験者数	認定者数	受験者数	認定者数	受験者数	認定者数	受験者数	認定者数
札　　幌	26	17	29	24	34	21	29	17	28	13
仙　　台	33	24	22	14	32	18	37	24	34	14
東　　京	492	353	467	312	437	270	415	234	410	182
名 古 屋	114	84	81	51	89	54	84	47	83	39
大　　阪	226	151	216	129	191	108	189	109	174	73
広　　島	50	31	45	26	50	27	42	21	36	15
高　　松	27	14	25	17	26	16	25	19	19	8
福　　岡	94	67	102	76	81	42	94	55	90	33
合　　計	1,062	741	987	649	940	556	915	526	874	377

法 務 局	令和元年		令和 2 年		令和 3 年		令和 4 年		令和 5 年	
	受験者数	認定者数	受験者数	認定者数	受験者数	認定者数	受験者数	認定者数	受験者数	認定者数
札　　幌	25	15	26	22	20	16	17	12	22	15
仙　　台	45	38	28	21	26	20	30	25	35	29
東　　京	424	339	266	206	277	191	325	217	343	270
名 古 屋	70	58	51	41	43	36	44	29	50	37
大　　阪	194	158	130	103	110	73	120	72	150	113
広　　島	56	46	34	22	33	23	23	14	25	18
高　　松	20	16	17	13	14	9	22	13	27	17
福　　岡	102	76	73	66	68	49	62	38	76	63
合　　計	936	746	625	494	591	417	643	420	728	562

※法務省からの提供データによる。

・5・ 法改正等の検討と対応

司法書士法改正対策部

〈活動の理念〉

　令和元年の司法書士法改正により、使命規定が新設され、「司法書士は、登記、供託、訴訟その他の法律事務の専門家として、国民の権利を擁護し、もつて自由かつ公正な社会の形成に寄与することを使命とする。」とされた。司法書士がこの使命を果たすためには、さらなる基盤整備に加えて、司法書士業務の見直しが必要不可欠である。平成 14 年司法書士法改正から現在までの間に、司法書士を取り巻く環境が大きく変化しており、空き家・所有者不明土地問題の解消と新たな後見制度の創立を踏まえて、これまでの検討内容や立法趣旨などを参考としながら、新たな市民のニーズに応えられる法的専門家であり続けるため、社会的要請が高い改正項目について、法改正の実現に向けた活動を行っている。

〈令和 5 年度の主な事業〉

　司法書士制度の基盤整備と司法書士の業務拡大について検討し、全体会議において基本的なコンセプトと改正に関する共通認識をとりまとめ、改正点の洗い出しをするため、それぞれ担当を決めて以下の事業を実施した。

1. 新たな司法書士法改正法案等の検討
2. これまでの司法書士法改正に関する附帯決議、政策要望のとりまとめ及び検討
3. 司法書士法改正の実現に向けた運動
4. 司法書士法改正の実現に向けた関係機関との協議
5. 司法書士法改正の実現に向けた隣接士業との意見交換
6. その他

·6· 司法書士総合研究所

司法書士総合研究所の活動状況

　司法書士総合研究所（以下「総研」という。）は、司法書士制度に関連する事項の調査研究を行う独自のシンクタンクとして平成3年に設置され、司法書士制度や登記制度、司法制度、司法書士業務に関する諸制度や、これらに関連する法令について、その改革・改善の指針となるような研究活動を行うことを目的としている。総研の研究成果は2年毎の研究大会の開催により会員に周知されるとともに、成果集の配布や機関誌、会報THINK、外部専門誌等への掲載により公表されており、近時では研究成果を基に研究員が国会に参考人招致されるなど、総研における研究活動は一定の成果をあげている（報告書・答申書については資料編187頁～190頁を参照）。

　また、これまで行ってきた研究を継続・深化すると共に、研究の裾野をより幅広く、より先端的に広げていくために登録研究員制度を拡充させるとともに、外部の研究者や学識経験者を客員研究員として登用し、各種シンポジウム等への参加、他の調査研究機関等との情報交換なども積極的に行っている。

1. 組織

　所長、次長及び主幹からなる研究所会議において、研究部会の設置や研究員の選任等の意思決定を行っている。研究所会議の構成員は、緊急の調査・研究を要するような懸案が生じた場合などには臨機応変にプロジェクトチームを組成し、これに対応することとしている。研究活動の中心となる研究部会は「常設の研究部会」と「特別の研究部会」があり、それぞれの研究部会は、主任研究員、研究員のほか、法学研究者や学識経験者など外部の専門家に委嘱する客員研究員で構成されている。

　また、研究部会に所属しない研究員として全国の会員から公募する登録研究員がおり、所長から委嘱されたテーマを必要に応じて調査研究を行っている。

2. 常設の研究部会

1　司法・司法書士制度研究部会

〔研究内容〕

　現代社会そして司法制度全体をみて、今後司法書士が取り組むべき問題点へ焦点を絞りながら具体的な研究を進める。令和6年度は、令和5年度に引き続き、「リーガルテックの進展と法律関連業務の在り方」について研究する。

2　不動産登記制度研究部会

〔研究内容〕

　行政手続のデジタル化の流れの中で、マイナンバーカード等の電子契約に向けた基盤整備が進みつつある。不動産業界においてもIT重説について、社会実証実験を経て本格運用が始まっている。今後、不動産取引の決済の場に関係者が一堂に会さない非対面での取引が増えてくることが想定される。また、一堂に会さないことにより、不動産売買における業務の依頼の形態が取引単位から申請単位に細分化されてくることも想定される。そこで、当部会においては、デジタル化時代の隔地者間取引における司法書士の役割について「人・物・意思の確認を中心とした決済モデル」と「司法書士の分担的な関与の場合における専門家責任」について検討を進めていく。

3 業務開発研究部会

〔研究内容〕

現代相続における社会的課題（多様化する相続人関係及び遺産の内容）と、被相続人の意思を尊重した合理的かつ清算的な相続手続を国民に提供できるスキームと、そこにおける専門家の役割と立ち位置について、フランス、ドイツ、アメリカの実務実態調査を経て、日本における制度設計に資する成果をとりまとめる。

特に、日本と同じ大陸系法の民法を有するドイツにおいては、相続実務において弁護士ではない法律実務家が相続人間の調整を行っていると聞いており、日本の司法書士が相続手続においてどのような関与をするのが望ましいのかを研究する上において、現地で実務家の業務のありようを調査研究することが非常に有用である。

また、相続手続の調査研究に限定せず、今までの研究の延長線として、日本版ランドバンク制度等の、不動産所有制度の研究も引き続き継続することとする。

4 司法書士業務 DX 推進研究部会

〔研究内容〕

現実世界では既に、世界規模において AI の利用が現実のものとなってきており、AI が人類社会に与える影響は非常に大きいものになると予想される。また、当然ながら、日本社会における AI を前提とする変化は司法書士業務にも大きな影響を及ぼすものと考えられる。

そこで、当部会では連合会からの諮問事項である「司法書士業務における生成 AI の利活用」を研究テーマとし、司法書士でありデジタル関連実務にも精通した研究員により、生成 AI の現在と将来を見据えた調査研究を行う。

また、前回の研究テーマであった「不動産取引の DX に伴う司法書士実務の在り方」についても引き続き検討を進めていく。

5 憲法研究部会

〔研究内容〕

司法書士総合研究所に業務とは直接関わりのない憲法研究部会が置かれている意義は何かと問われるが、司法書士は法律上において人権を擁護する使命を負っているのであるから、憲法について研究するのは当然のことである。故に、当部会の役割は、憲法について研究するとともに、会員や司法書士会、連合会に対し、憲法の価値観を伝えることにあると理解している。

当部会の過去の研究テーマは、平成 27・28 年度には「憲法と司法書士の関わり」として、司法書士と憲法の関係を正面から取り扱った。しかし、それ以降は平成 29・30 年度「自己責任論を中心とした憲法的視点」、令和元・2 年度「憲法的視点からみる AI 社会」、令和 3・4 年度「経済的自由権と公共の福祉」として、観念的で抽象的なテーマを研究対象としてきた。そこで今回は、司法書士と憲法の関係を正面から研究することとして、令和 5・6 年度の研究テーマを「使命規定と人権保障」とし、使命規定の意義、司法書士業務と人権保障の関連性、また人権保障のために一司法書士として何が出来るのか考えるとともに、司法書士会としてどのような活動をするべきかという提言まで、幅広い問題について研究していく。

6 家事事件研究部会

〔研究内容〕

司法書士の実質的業務領域として、相続、遺言、夫婦（婚姻）、親子、後見など家事事件に含まれるものが数多く存在する。

その中でも、遺産の分割における「特別受益・寄与分」については、実務上重要な論点であるにもかかわらず、調停や審判等の運用を踏まえた具体的な理解が十分であるとは必ずしも言えない。そこで、アンケートによる実態調査や外部研究者との協働により、研究を深め、実務上の指針を探っていく。

今後も司法書士業務と家事事件との関わりについて、様々な角度から研究を行う予定である。

3. 特別の研究部会

商業登記制度研究部会
〔研究内容〕

令和4年度は、ユーザーにとってより利用しやすい商業登記制度のあり方について、研究を行った。

平成18年5月1日の会社法の施行にともない、非公開の株式会社（非公開会社）において、役員の任期を最長10年とすることが可能になったが、反面、役員の任期の満了時期が不明確になるという弊害が生じ、これが近時の役員の選任懈怠の多発や休眠会社のみなし解散の件数高止まりの状況の一因になっているとの認識のもとに、当該会社からの「任期満了年の記録の申出」に基づき非公開会社の役員の任期の満了年を商業登記簿に記録するという「役員任期の登記事項化」を提案した。

上記提案以降は、商業登記の利便性の向上の観点を発展的に継承して、商業登記制度の有用性の向上と、これに対する司法書士の関与のあり方について検討を行った。

令和5年度も、商業登記制度の有用性の向上について、さらに検討を進めた。

4. 登録研究員制度

登録研究員は全国の会員から司法書士業務や司法書士制度について研究している者、あるいは司法書士制度の将来にとって有益な研究をしている者を公募し、各登録研究員の研究内容に応じて研究テーマを委嘱し、一定の研究期間をもって研究報告を提出させている。多数の研究部会の立上げには限界もあるが、本制度により多様な研究テーマを多くの会員が研究できる。各研究成果は「司法書士総合研究所研究発表大会」等を通じて司法書士のために活かすことができるため、積極的に増員したいと考えている。

5. 総研会議研究プロジェクトチーム

社会情勢の急速な変化などにより直ちに調査研究を必要とする事項や、会長から委嘱された研究テーマなどにおいて該当する研究部署がない場合、あるいは状況に応じて臨機応変に総研所長・次長・主幹で構成する研究所会議でプロジェクトチームを組成し、調査研究を行っている。

6. 司法書士総合研究所研究発表大会

これまで、研究部会あるいは登録研究員による調査研究の成果は、司法書士論叢「会報THINK」に掲載して、全国の司法書士に報告をしてきたが、「会報THINK」の誌面には限りがあり、すべての研究成果を掲載することは困難であったことから、平成26年度から「会報THINK」に加え、2年ごとに「司法書士総合研究所研究発表大会」を開催し、研究成果の発表の場としている。

同時にこの研究発表大会は、研究員全員の研究意欲を高揚させ、総研自体の存在意義や司法書士が研究を行うことの意義（重要性）を全国の会員に理解していただくための場としている。

第5章

羽ばたき続ける司法書士
～司法書士の幅広い活動～

1. 空き家・所有者不明土地問題

空き家・所有者不明土地問題等対策部

〈設置の目的・活動の理念〉

　空き家、所有者不明土地問題は、国土の保全や社会経済の発展にもかかわる社会問題として我が国の喫緊の課題となっている。この課題に対処するために、所有者不明土地の利用の円滑化等に関する特別措置法、空家等対策の推進に関する特別措置法、表題部所有者不明土地の登記及び管理の適正化に関する法律、森林経営管理法などの一群の法律が次々と制定され、施行された。

　これらの政策を背景に、特定登記未了土地の解消に向けた登記官の行う長期相続登記等未了土地に関する相続人探索作業及び相続登記促進のための相談会の設営や、国の行政機関の長等による所有者不明土地の適正管理のための家庭裁判所に対する財産管理人の選任申立等について、司法書士が積極的に支援しているところである。

　令和2年に土地基本法が大改正され、土地は、適正に利用し、又は管理されるとの基本理念の一つにのっとって、土地の所有者等は土地の利用及び管理並びに取引を行う責務（土地に関する登記手続その他の権利関係の明確化のための措置及び当該土地の所有権の境界の明確化のための措置）を有するに至った。さらに、所有者不明土地の予防と解消のために制定された民法及び相続等により取得した土地所有権の国庫への帰属に関する法律が令和5年4月に施行された。

　相続登記や財産管理等に関する法律事務の専門家である司法書士は、それら従来の業務のほか、新たに所有者不明土地・建物管理人等としての業務も加え、空き家・所有者不明土地問題の予防と解決のための業務に積極的に取り組み、引き続き国民の権利擁護の担い手として、そして国民の責務に対する支援を、その社会的使命として果たしていかなければならない。

　日司連は、法務省、国土交通省、農林水産省等関係省庁との連携をこれまで以上に深め、全国の司法書士会と自治体等との連携活動を支援するため、当対策部を担当部署として関連業務に関する手引きの作成、講師派遣や担当者会議等を通じて情報提供に努めている。

〈令和5年度の主な事業〉

1　リーフレット「新しい空き家と土地の処方箋」及び「空き家と土地の財産管理おしながき」の改訂

　これまでに作成した空き家に関する制度を取りまとめた自治体職員向けリーフレットについて、空家等対策の推進に関する特別措置法の改正点等を踏まえて改訂を行い、自治体向けに配布した。

2　「住まいのエンディングノート」の制作（国土交通省及び全国空き家対策推進協議会との共同制作）

　国土交通省及び全国空き家対策推進協議会と連名にて、空き家の発生防止に繋がるコンテンツを盛り込んだエンディングノートの作成を進めた。

3　パブリックコメントへの対応

　令和5年12月13日施行の改正空家等対策の推進に関する特別措置法のパブリックコメントに対応した。

4　空き家問題の解消に向けた自治体と司法書士会との連携に関するシンポジウムの開催

　令和6年2月1日に自治体の空き家対策担当者や司法書士を対象に、改正空家等対策の推進に関する特別措置法の理解を深めるためシンポジウムを開催した。国土交通省による講演や、自治体職員を招いたパネルディスカッション等を行った。

5　相続登記の申請義務化に向けた「全国一斉『遺言・相続』相談会」の開催

〈相談会概要〉

相談会名：相続登記の申請義務化に向けた「全国一斉『遺言・相続』相談会」

開催日時：令和6年2月17日（土）10時から16時まで

実施方法：

　　①全国の司法書士会において設置した会場における対面による面談相談

　　②日司連の総合相談センターWeb予約システムを活用した各司法書士会におけるWebによる面談相談

　　③全国統一番号による各司法書士会への配てんによる電話相談

　　④多言語型電話相談

　　（対応言語：英語、韓国語、中国語（中文）、ポルトガル語、スペイン語）

相談料：無料

共催団体：

　　公益社団法人成年後見センター・リーガルサポート

　　全国公共嘱託登記司法書士協会協議会

　　全国司法書士女性会

　　一般社団法人全国司法書士法人連絡協議会

　　全国青年司法書士協議会

　　日本司法書士政治連盟

　　司法書士国民年金基金

　　特定非営利活動法人渉外司法書士協会

後援：法務省・総務省

〈結果〉

　相談件数は全国で電話相談874件、面談相談3,358件、Web面談相談12件、総計4,244件であった（司法書士会報告に基づく）。入電件数は1,900件を超えた。

　相談のきっかけとして「相続登記の申請義務化」が3割を超え、相続登記の申請義務化を目前として、市民の関心の高さがうかがえる結果となった。また、遺産分割協議の支援の必要性を判断した相談のうち、専門家による支援が必要と考えられる相談がおよそ3分の1を占めており、今後は、司法書士等による遺産分割への支援を必要とする相続登記が増えてくるものと考えられる。

▲ポスターには英語・韓国語・中国語（中文）・ポルトガル語・スペイン語の各案内を掲載し、多言語型電話相談についても広報を行った。

6 相続登記の申請義務化に向けた司法書士の活用セミナーの開催

　上記相談会の当日、司法書士会館地下1階「日司連ホール」にて、林家染二師匠による「相続登記落語」の公演や、相続登記促進親善大使の高橋惠子氏によるご挨拶、相続登記の申請義務化に向けた司法書士の活用に関する講演等の市民向けセミナーを開催した。また、当日は各司法書士会の相談会場においても同時配信を行った。

▲高橋惠子氏（相続登記促進親善大使）と小澤会長

▲「相続登記落語」を披露する林家染二師匠

7 相続登記相談センター『相談予約受付全国統一フリーダイヤル』

　全国の司法書士会に設置した相続に関する相談予約受付窓口（全国統一フリーダイヤル 0120-13-7832（いさんのなやみに））の令和5年度の架電件数は以下のとおりである。

●相続登記相談センター全国統一フリーダイヤル　令和5年度架電件数

月　別	令和5年度												
	4月	5月	6月	7月	8月	9月	10月	11月	12月	1月	2月	3月	合計
架電件数	560	707	620	461	613	618	593	649	415	704	1,711	1,231	8,882

2. 国際交流と司法書士

▶ 日司連国際室

日司連国際室は、令和3年7月、従来はそれぞれ専門分野別に分かれていた日司連国際交流室、渉外身分登録検討委員会及び渉外業務推進委員会の3部門を一つにして設置された。外国人の権利を擁護すること、また日司連の国際関係事業を円滑に遂行し、もって司法書士制度の発展向上に寄与することを目的として、総合的に国際的な諸課題に取り組むことを目指している。

今後も諸外国の法律家や団体との国際学術交流や法整備支援等を通じた司法外交を推進し、国際社会における普遍的価値である法の支配の浸透、促進に貢献することを目指す。

また、令和6年4月1日より、日本に土地を所有している外国人又はその相続人についても相続登記申請義務の対象となったことを受け、外国人向け周知広報の徹底及び司法書士の渉外相続登記業務受託体制の整備を進め、外国人が日本人と同様に公共サービスを享受し、安心して生活できる環境を整えていく。

〈令和5年度の主な事業〉

1　カンボジア王国における法整備支援事業

平成25年から続く「不動産登記実務技術支援プロジェクト」のリーガルアドバイザーとして、司法書士1名を現地に法律専門家として派遣している。今後も引き続き派遣員への支援を通じて法整備支援事業を継続する。

2　第18回日韓学術交流研究会

平成14年に日司連と大韓法務士協會が友好協定を締結して以来、新型コロナウイルス感染症の感染拡大によって中止となった令和2、3年度を除き、毎年日韓学術交流研究会を開催している。令和5年11月30日、日司連と大韓法務士協會は、オンラインにより第18回日韓学術交流研究会を開催した。今回の発表テーマは、日司連が「死因贈与について」、大韓法務士協會が「韓国のオンライン申請現象とデジタル遺言の検討状況について」で、両国の司法制度及び法律家制度について理解を深める非常に有意義な機会となった。

続・未登記土地の初期登記

カンボジア王国　国土管理都市計画建設省
リーガルアドバイザー　司法書士　金武　絵美子

　昨年、カンボジア全土をカバーできる電子基準点（CORS）の設置支援が期待されていると書かせていただいた（「司法書士白書 2023 年版」）。このカンボジア王国国土管理都市計画建設省（以下「国土省」という。）からの支援要請に応える形で、日本から新たに 94 基、合計で 99 基の CORS の設置支援が決定され、これに関する Exchange of Note が 2023 年 10 月 27 日に日本・カンボジア間で交わされた。今後、2026 年までの間に、順次、全ての CORS が設置される予定となっている。

　これに先立つ 2023 年 7 月 23 日、カンボジアでは国民議会総選挙（日本に置き換えると衆議院議員選挙）が実施され、同年 8 月にノン・セン首相（当時）から長男のフン・マネット新首相へ首相の座が引き継がれた。新首相は各省の大臣を若手へとほぼ一新し、国土省の大臣も交代となった。国土省の新大臣（副首相兼国土省大臣）は、サイ・サマル元環境大臣（43 歳）となり、新体制がスタートした。サマル大臣はソパラ前大臣の理念をそのまま引き継ぎ、未登記土地の初期登記の推進を第一に掲げ、2028 年中にカンボジア全土の初期登記を終了させるという目標を設定した。そしてこれを達成すべく、測量チームの増設に乗り出した。それまでは 128 の測量チームがあり、地方へ散って都市部から初期登記を進めていたところ、退職した職員等を動員し、現時点で 176 チーム、総勢 5,000 人程度の職員及び臨時職員等が初期登記手続に従事している。この初期登記チームには、測量をする職員だけでなく、新たに事務手続をする職員を加え、パソコン、プリンターなどの事務機器等も携帯することとし、測量現場において書類作成までも完了できるようにした（次頁写真）。

　これにより、2023 年 10 月末時点で 700 万筆の初期登記が完了している。しかしながら、少なくともあと 500 万筆以上の未登記土地が残っており、CORS の迅速な設置が待たれている。

　さて、国土省内において初期登記など登記手続を所掌しているのは「地籍地理総局」である。地籍地理総局においては、初期登記手続と並行し、後続登記（権利変動の登記）の手続きの迅速化・正確性の確保等に向けた検討を開始している。現在は、所有権移転登記に関しては、必要な情報のデータ入力が可能となっているが、その他に関しては、「永借権あり」「抵当権あり」などのように簡易な情報の入力しか行えない。また、データを登記簿とみなす旨の法令も存在しないため、所有権移転に関しても、データ入力後に紙媒体の登記簿、及び権利証に手書きで同じ情報を記載している。これでは一つの登記を完了させるのに時間がかかり、かつ誤記入も発生する。先に述べたように、初期登記が日毎に完了する中、今後は後続登記をデータ入力で登記完了とすることができるような法令整備及びシステム開発が必要であるところ、これらには民法、民事訴訟法の知識がある者が協力することが必要不可欠である。民法、民事訴訟法は日本が支援をして完成させたものであるので、こちらについても協力しているところである。

▲書類作成・審査 1

▲書類作成・審査 2

▲測量の様子 1

▲測量の様子 2

▲測量後の公示風景 1

▲測量後の公示風景 2

資料編

※注記のないデータは日司連による。

司法書士会男女別会員数

	会名	平成27年 会員数 男		女		平成28年 会員数 男		女		平成29年 会員数 男		女		平成30年 会員数 男		女		平成31年 会員数 男		女
1	札 幌 会	380	82.8%	79	17.2%	385	82.1%	87	18.4%	398	81.6%	90	18.4%	406	81.2%	94	18.8%	404	81.3%	93
2	函 館 会	41	87.2%	6	12.8%	40	87.0%	6	13.0%	35	85.4%	6	14.6%	33	84.6%	6	15.4%	31	83.8%	6
3	旭 川 会	61	91.0%	6	9.0%	61	88.4%	8	11.6%	61	87.1%	9	12.9%	61	87.1%	9	12.9%	61	87.1%	9
4	釧 路 会	80	93.0%	6	7.0%	78	92.9%	6	7.1%	79	94.0%	5	6.0%	78	92.9%	6	7.1%	76	91.6%	7
5	宮城県会	269	84.1%	51	15.9%	270	83.6%	53	16.4%	271	83.9%	52	16.1%	274	84.6%	50	15.4%	278	85.3%	48
6	福島県会	240	87.9%	33	12.1%	243	87.4%	35	12.6%	235	87.4%	34	12.6%	235	87.0%	35	13.0%	239	85.7%	40
7	山形県会	139	89.7%	16	10.3%	142	89.3%	17	10.7%	137	87.8%	19	12.2%	136	87.2%	20	12.8%	136	87.2%	20
8	岩手県会	133	87.5%	19	12.5%	127	86.4%	20	13.6%	122	85.3%	21	14.7%	122	84.7%	22	15.3%	119	84.4%	22
9	秋田県会	102	91.9%	9	8.1%	102	91.1%	10	8.9%	104	91.2%	10	8.8%	102	91.1%	10	8.9%	102	91.1%	10
10	青森県会	110	90.9%	11	9.1%	108	90.8%	11	9.2%	111	90.2%	12	9.8%	116	90.6%	12	9.4%	113	91.1%	11
11	東 京 会	2,976	78.6%	809	21.4%	3,072	77.9%	871	22.1%	3,186	77.7%	917	22.3%	3,229	77.0%	964	23.0%	3,290	76.6%	1,004
12	神奈川県会	878	80.0%	219	20.0%	898	79.3%	234	20.7%	905	79.5%	233	20.5%	912	79.2%	239	20.8%	935	78.6%	254
13	埼 玉 会	719	85.3%	124	14.7%	730	85.2%	127	14.8%	745	85.2%	129	14.8%	760	84.5%	139	15.5%	770	84.6%	140
14	千 葉 会	610	86.2%	98	13.8%	621	85.7%	104	14.3%	622	84.9%	111	15.1%	634	84.5%	116	15.5%	627	84.5%	115
15	茨 城 会	285	88.2%	38	11.8%	288	88.3%	38	11.7%	292	88.5%	38	11.5%	299	89.0%	37	11.0%	295	88.1%	40
16	栃木県会	208	90.4%	22	9.6%	209	90.5%	22	9.5%	211	90.2%	23	9.8%	208	90.0%	23	10.0%	209	90.1%	23
17	群 馬 会	267	88.4%	35	11.6%	263	88.3%	35	11.7%	259	88.1%	35	11.9%	261	88.2%	35	11.8%	263	88.6%	34
18	静岡県会	432	88.9%	54	11.1%	435	88.2%	58	11.8%	432	87.3%	63	12.7%	431	86.2%	69	13.8%	429	85.8%	71
19	山梨県会	119	90.8%	12	9.2%	121	91.0%	12	9.0%	121	91.0%	12	9.0%	119	90.2%	13	9.8%	120	90.2%	13
20	長野県会	340	89.0%	42	11.0%	333	89.3%	40	10.7%	327	89.8%	37	10.2%	329	90.1%	36	9.9%	329	89.6%	38
21	新潟県会	268	91.8%	24	8.2%	267	91.8%	24	8.2%	273	91.6%	25	8.4%	267	91.1%	26	8.9%	265	90.8%	27
22	愛知県会	1,023	82.5%	217	17.5%	1,053	82.6%	222	17.4%	1,057	82.0%	232	18.0%	1,062	81.7%	238	18.3%	1,059	81.6%	239
23	三重県会	234	89.0%	29	11.0%	232	88.9%	29	11.1%	228	88.4%	30	11.6%	223	87.8%	31	12.2%	219	86.9%	33
24	岐阜県会	312	88.9%	39	11.1%	310	88.6%	40	11.4%	306	87.7%	43	12.3%	308	87.5%	44	12.5%	297	86.6%	46
25	福井県会	108	84.4%	20	15.6%	102	82.3%	22	17.7%	102	82.9%	21	17.1%	105	83.3%	21	16.7%	102	82.3%	22
26	石川県会	177	89.4%	21	10.6%	179	89.5%	21	10.5%	182	89.7%	21	10.3%	178	87.7%	25	12.3%	176	85.9%	29
27	富山県会	141	87.0%	21	13.0%	138	85.7%	23	14.3%	141	86.0%	23	14.0%	137	85.6%	23	14.4%	132	85.7%	22
28	大 阪 会	1,864	80.0%	466	20.0%	1,899	80.2%	469	19.8%	1,914	80.3%	471	19.7%	1,918	79.8%	486	20.2%	1,909	79.3%	497
29	京 都 会	444	79.6%	114	20.4%	455	79.8%	115	20.2%	459	79.7%	117	20.3%	459	79.7%	117	20.3%	457	79.9%	115
30	兵庫県会	865	84.0%	165	16.0%	875	84.0%	167	16.0%	880	83.1%	179	16.9%	879	83.2%	178	16.8%	878	82.9%	181
31	奈良県会	187	86.6%	29	13.4%	188	86.2%	30	13.8%	185	86.0%	30	14.0%	185	85.3%	32	14.7%	183	85.1%	32
32	滋賀県会	194	84.3%	36	15.7%	192	85.0%	34	15.0%	193	84.3%	36	15.7%	196	85.2%	34	14.8%	201	86.3%	32
33	和歌山県会	145	86.3%	23	13.7%	146	86.4%	23	13.6%	140	85.4%	24	14.6%	140	85.4%	24	14.6%	141	83.9%	27
34	広 島 会	421	82.7%	88	17.3%	432	83.4%	86	16.6%	435	83.8%	84	16.2%	434	83.6%	85	16.4%	445	83.0%	91
35	山口県会	207	87.3%	30	12.7%	203	86.8%	31	13.2%	201	87.0%	30	13.0%	198	86.8%	30	13.2%	197	87.2%	29
36	岡山県会	294	80.5%	71	19.5%	294	80.5%	71	19.5%	299	80.8%	71	19.2%	296	80.9%	70	19.1%	297	80.7%	71
37	鳥取県会	94	90.4%	10	9.6%	92	90.2%	10	9.8%	90	90.9%	9	9.1%	90	89.1%	11	10.9%	86	88.7%	11
38	島根県会	107	88.4%	14	11.6%	103	88.0%	14	12.0%	99	89.2%	12	10.8%	100	89.3%	12	10.7%	96	88.1%	13
39	香川県会	148	89.2%	18	10.8%	149	88.7%	19	11.3%	156	89.1%	19	10.9%	154	89.5%	18	10.5%	154	89.5%	18
40	徳島県会	121	89.6%	14	10.4%	118	88.7%	15	11.3%	123	88.5%	16	11.5%	122	87.8%	17	12.2%	124	86.7%	19
41	高知県会	106	90.6%	11	9.4%	106	90.6%	11	9.4%	106	89.8%	12	10.2%	106	89.1%	13	10.9%	104	89.7%	12
42	愛媛県会	227	91.5%	21	8.5%	230	90.6%	24	9.4%	224	89.6%	26	10.4%	218	89.3%	26	10.7%	213	88.8%	27
43	福岡県会	752	81.6%	170	18.4%	761	81.0%	178	19.0%	766	80.5%	186	19.5%	778	80.0%	194	20.0%	795	80.5%	193
44	佐賀県会	102	88.7%	13	11.3%	106	88.3%	14	11.7%	105	89.7%	12	10.3%	110	89.4%	13	10.6%	110	89.4%	
45	長崎県会	154	95.1%	8	4.9%	153	95.0%	8	5.0%	154	94.5%	9	5.5%	148	94.3%	9	5.7%	145	92.9%	1
46	大分県会	149	86.6%	23	13.4%	151	86.8%	23	13.2%	144	86.7%	22	13.3%	142	85.5%	24	14.5%	142	85.5%	2
47	熊本県会	273	84.8%	49	15.2%	279	85.3%	48	14.7%	276	84.4%	51	15.6%	279	84.8%	50	15.2%	277	84.2%	5
48	鹿児島県会	285	89.3%	34	10.7%	274	89.0%	34	11.0%	288	88.3%	38	11.7%	288	87.5%	41	12.5%	287	87.5%	4
49	宮崎県会	170	93.4%	12	6.6%	166	93.3%	12	6.7%	164	93.2%	12	6.8%	167	93.3%	12	6.7%	160	92.0%	1
50	沖縄県会	191	87.6%	27	12.4%	195	87.4%	28	12.6%	193	86.5%	30	13.5%	187	86.2%	30	13.8%	183	84.7%	3
	全 国	18,152	83.8%	3,506	16.2%	18,374	83.5%	3,639	16.5%	18,536	83.2%	3,747	16.8%	18,619	82.8%	3,869	17.2%	18,660	82.4%	3,97

※各年4月1日現在の調査数である。

	令和2年 会員数				令和3年 会員数				令和4年 会員数				令和5年 会員数				令和6年 会員数				
	男		女		男		女		男		女		男		女		男		女		
7%	406	80.2%	100	19.8%	408	79.8%	103	20.2%	414	80.4%	101	19.6%	413	79.4%	107	20.6%	411	78.9%	110	21.1%	1
2%	32	86.5%	5	13.5%	30	85.7%	5	14.3%	31	86.1%	5	13.9%	32	86.5%	5	13.5%	31	86.1%	5	13.9%	2
9%	65	87.8%	9	12.2%	62	87.3%	9	12.7%	62	86.1%	10	13.9%	59	84.3%	11	15.7%	57	82.6%	12	17.4%	3
4%	74	91.4%	7	8.6%	72	88.9%	9	11.1%	70	88.6%	9	11.4%	71	87.7%	10	12.3%	70	86.4%	11	13.6%	4
7%	282	86.0%	46	14.0%	286	85.9%	47	14.1%	279	84.5%	51	15.5%	280	83.6%	55	16.4%	281	83.1%	57	16.9%	5
3%	237	84.9%	42	15.1%	232	85.3%	40	14.7%	230	85.2%	40	14.8%	231	84.3%	43	15.7%	225	85.2%	39	14.8%	6
3%	134	87.6%	19	12.4%	138	88.5%	18	11.5%	139	89.1%	17	10.9%	139	89.7%	16	10.3%	140	89.7%	16	10.3%	7
	122	83.6%	24	16.4%	114	82.6%	24	17.4%	113	83.7%	22	16.3%	117	84.8%	21	15.2%	115	83.9%	22	16.1%	8
	99	90.0%	11	10.0%	98	89.9%	11	10.1%	99	90.0%	11	10.0%	101	90.2%	11	9.8%	100	90.1%	11	9.9%	9
	107	90.7%	11	9.3%	109	90.1%	12	9.9%	108	90.0%	12	10.0%	107	90.7%	11	9.3%	109	90.8%	11	9.2%	10
4%	3,355	76.3%	1,041	23.7%	3,347	76.2%	1,048	23.8%	3,402	75.7%	1,092	24.3%	3,419	75.1%	1,134	24.9%	3,467	74.8%	1,171	25.2%	11
1%	937	77.6%	270	22.4%	950	77.9%	270	22.1%	948	76.8%	287	23.2%	958	76.2%	299	23.8%	969	76.1%	305	23.9%	12
4%	761	84.5%	140	15.5%	761	83.5%	150	16.5%	776	83.4%	155	16.6%	793	82.6%	167	17.4%	809	82.7%	169	17.3%	13
5%	625	84.3%	116	15.7%	631	84.5%	116	15.5%	641	84.1%	121	15.9%	655	84.3%	122	15.7%	666	83.8%	129	16.2%	14
	299	87.9%	41	12.1%	291	87.1%	43	12.9%	288	87.0%	43	13.0%	290	85.5%	49	14.5%	289	84.8%	52	15.2%	15
9%	202	89.0%	25	11.0%	206	88.4%	27	11.6%	208	88.5%	27	11.5%	207	88.5%	27	11.5%	200	87.0%	30	13.0%	16
	259	88.7%	33	11.3%	258	88.7%	33	11.3%	267	89.0%	33	11.0%	264	88.9%	33	11.1%	266	89.3%	32	10.7%	17
	424	85.7%	71	14.3%	420	85.2%	73	14.8%	422	85.6%	71	14.4%	414	84.8%	74	15.2%	407	84.6%	74	15.4%	18
	117	88.0%	16	12.0%	113	86.9%	17	13.1%	114	86.4%	18	13.6%	111	87.4%	16	12.6%	111	86.0%	18	14.0%	19
	324	89.3%	39	10.7%	321	88.9%	40	11.1%	323	89.0%	40	11.0%	321	87.7%	45	12.3%	319	87.4%	46	12.6%	20
	268	91.2%	26	8.8%	266	91.1%	26	8.9%	266	90.8%	27	9.2%	261	90.6%	27	9.4%	259	90.6%	27	9.4%	21
	1,060	81.4%	243	18.6%	1,064	81.5%	242	18.5%	1,053	80.8%	250	19.2%	1,057	80.6%	255	19.4%	1,053	80.9%	249	19.1%	22
	218	87.9%	30	12.1%	213	88.0%	29	12.0%	211	87.6%	30	12.4%	206	86.9%	31	13.1%	209	86.4%	33	13.6%	23
	293	86.4%	46	13.6%	286	86.7%	44	13.3%	284	86.9%	43	13.1%	284	86.9%	43	13.1%	277	85.8%	46	14.2%	24
	96	81.4%	22	18.6%	96	81.4%	22	18.6%	98	81.0%	23	19.0%	97	80.2%	24	19.8%	96	80.0%	24	20.0%	25
	170	85.4%	29	14.6%	168	84.0%	32	16.0%	166	83.8%	32	16.2%	161	82.6%	34	17.4%	158	83.2%	32	16.8%	26
	129	84.9%	23	15.1%	127	84.7%	23	15.3%	129	85.4%	22	14.6%	122	84.7%	22	15.3%	122	84.7%	22	15.3%	27
	1,912	79.2%	503	20.8%	1,927	79.2%	506	20.8%	1,933	78.9%	516	21.1%	1,951	78.6%	530	21.4%	1,958	78.5%	536	21.5%	28
	465	79.6%	119	20.4%	455	79.1%	120	20.9%	456	79.0%	121	21.0%	460	78.2%	128	21.8%	454	77.5%	132	22.5%	29
	872	82.7%	183	17.3%	850	81.7%	190	18.3%	847	81.1%	197	18.9%	836	80.3%	205	19.7%	831	79.8%	211	20.2%	30
	178	84.4%	33	15.6%	176	83.8%	34	16.2%	173	82.8%	36	17.2%	172	81.9%	38	18.1%	170	82.9%	35	17.1%	31
	197	86.0%	32	14.0%	202	86.3%	32	13.7%	201	84.8%	36	15.2%	194	83.6%	38	16.4%	194	82.6%	41	17.4%	32
	140	83.8%	27	16.2%	138	84.7%	25	15.3%	141	84.9%	25	15.1%	143	85.6%	24	14.4%	142	86.1%	23	13.9%	33
	444	82.2%	96	17.8%	439	82.4%	94	17.6%	436	82.0%	96	18.0%	439	81.9%	97	18.1%	435	80.7%	104	19.3%	34
	199	87.7%	28	12.3%	194	87.0%	29	13.0%	198	86.8%	30	13.2%	193	85.4%	33	14.6%	187	85.0%	33	15.0%	35
	288	80.4%	70	19.6%	294	80.1%	73	19.9%	294	79.0%	78	21.0%	289	77.9%	82	22.1%	287	78.0%	81	22.0%	36
	83	88.3%	11	11.7%	82	89.1%	10	10.9%	80	88.9%	10	11.1%	77	88.5%	10	11.5%	79	87.8%	11	12.2%	37
	94	87.0%	14	13.0%	93	86.9%	14	13.1%	91	86.7%	14	13.3%	93	86.9%	14	13.1%	94	86.2%	15	13.8%	38
	155	90.1%	17	9.9%	158	90.3%	17	9.7%	165	90.2%	18	9.8%	160	89.4%	19	10.6%	160	89.9%	18	10.1%	39
	123	85.4%	21	14.6%	117	84.8%	21	15.2%	117	84.8%	21	15.2%	116	84.7%	21	15.3%	114	83.8%	22	16.2%	40
	99	88.4%	13	11.6%	100	89.3%	12	10.7%	101	89.4%	12	10.6%	103	89.6%	12	10.4%	101	89.4%	12	10.6%	41
	213	88.4%	28	11.6%	211	87.6%	30	12.4%	205	86.9%	31	13.1%	203	86.4%	32	13.6%	204	86.1%	33	13.9%	42
	785	79.7%	200	20.3%	798	80.0%	200	20.0%	810	79.6%	208	20.4%	809	78.8%	218	21.2%	800	78.7%	216	21.3%	43
	112	89.6%	13	10.4%	112	88.9%	14	11.1%	113	89.0%	14	11.0%	109	88.6%	14	11.4%	107	88.4%	14	11.6%	44
	151	93.2%	11	6.8%	148	92.5%	12	7.5%	144	92.9%	11	7.1%	140	93.3%	10	6.7%	138	92.6%	11	7.4%	45
	144	85.7%	24	14.3%	141	86.0%	23	14.0%	141	86.0%	23	14.0%	144	85.7%	24	14.3%	143	85.1%	25	14.9%	46
	276	84.1%	52	15.9%	279	83.5%	55	16.5%	275	82.6%	58	17.4%	269	83.5%	53	16.5%	262	82.9%	54	17.1%	47
	289	87.8%	40	12.2%	281	87.3%	41	12.7%	276	87.1%	41	12.9%	270	86.5%	42	13.5%	270	86.8%	41	13.2%	48
	154	92.2%	13	7.8%	152	92.1%	13	7.9%	146	91.8%	13	8.2%	145	91.2%	14	8.8%	145	90.6%	15	9.4%	49
	189	84.8%	34	15.2%	192	85.0%	34	15.0%	189	85.1%	33	14.9%	189	84.4%	35	15.6%	191	83.4%	38	16.6%	50
%	18,657	82.1%	4,067	17.9%	18,606	81.9%	4,112	18.1%	18,673	81.5%	4,234	18.5%	18,674	81.0%	4,385	19.0%	18,682	80.7%	4,474	19.3%	全国

司法書士年齢別・性別構成表

令和 5 年 4 月 1 日現在

			20-25歳	26-30歳	31-35歳	36-40歳	41-45歳	46-50歳	51-55歳	56-60歳	61-65歳	66-70歳	71-75歳	76-80歳	81-85歳	86-90歳	91-95歳	96-100歳	101歳以上	全国
全体	男	会員数	29	159	703	1,660	2,684	3,053	2,146	1,392	1,476	1,739	2,013	946	377	213	75	9	0	18,674
		構成比	0.126%	0.690%	3.049%	7.199%	11.640%	13.240%	9.307%	6.037%	6.401%	7.542%	8.730%	4.103%	1.635%	0.924%	0.325%	0.039%	0.000%	80.984%
	女	会員数	13	78	257	544	768	883	666	400	274	176	176	91	33	17	6	3	0	4,385
		構成比	0.056%	0.338%	1.115%	2.359%	3.331%	3.829%	2.888%	1.735%	1.188%	0.763%	0.763%	0.395%	0.143%	0.074%	0.026%	0.013%	0.000%	19.016%

司法書士年齢別・性別業務歴構成表

令和 5 年 4 月 1 日現在

			20-25歳	26-30歳	31-35歳	36-40歳	41-45歳	46-50歳	51-55歳	56-60歳	61-65歳	66-70歳	71-75歳	76-80歳	81-85歳	86-90歳	91-95歳	96-100歳	101歳以上	全国
業務歴5年以下	男	会員数	29	147	375	527	566	445	256	173	237	163	38	13	1	1	0	0	0	2,971
		構成比	0.126%	0.637%	1.626%	2.285%	2.455%	1.930%	1.110%	0.750%	1.028%	0.707%	0.165%	0.056%	0.004%	0.004%	0.000%	0.000%	0.000%	12.884%
	女	会員数	13	74	155	222	204	188	113	44	31	13	4	0	1	0	0	0	0	1,062
		構成比	0.056%	0.321%	0.672%	0.963%	0.885%	0.815%	0.490%	0.191%	0.134%	0.056%	0.017%	0.000%	0.004%	0.000%	0.000%	0.000%	0.000%	4.606%
業務歴6-10年	男	会員数	0	12	300	643	793	611	268	99	90	236	108	11	2	0	0	0	0	3,173
		構成比	0.000%	0.052%	1.301%	2.788%	3.439%	2.650%	1.162%	0.429%	0.390%	1.023%	0.468%	0.048%	0.009%	0.000%	0.000%	0.000%	0.000%	13.760%
	女	会員数	0	4	97	180	207	220	92	47	17	15	9	2	0	0	0	0	0	890
		構成比	0.000%	0.017%	0.421%	0.781%	0.898%	0.954%	0.399%	0.204%	0.074%	0.065%	0.039%	0.009%	0.000%	0.000%	0.000%	0.000%	0.000%	3.860%
業務歴11-15年	男	会員数	0	0	28	465	957	819	406	153	85	108	287	72	6	1	0	0	0	3,387
		構成比	0.000%	0.000%	0.121%	2.017%	4.150%	3.552%	1.761%	0.664%	0.369%	0.468%	1.245%	0.312%	0.026%	0.004%	0.000%	0.000%	0.000%	14.688%
	女	会員数	0	0	5	139	250	219	147	64	26	11	11	4	0	0	0	0	0	876
		構成比	0.000%	0.000%	0.022%	0.603%	1.084%	0.950%	0.637%	0.278%	0.113%	0.048%	0.048%	0.017%	0.000%	0.000%	0.000%	0.000%	0.000%	3.799%
業務歴16-20年	男	会員数	0	0	0	25	360	891	558	223	123	61	130	151	24	2	0	0	0	2,548
		構成比	0.000%	0.000%	0.000%	0.108%	1.561%	3.864%	2.420%	0.967%	0.533%	0.265%	0.564%	0.655%	0.104%	0.009%	0.000%	0.000%	0.000%	11.050%
	女	会員数	0	0	0	3	103	185	170	90	43	14	8	10	0	0	0	0	0	626
		構成比	0.000%	0.000%	0.000%	0.013%	0.447%	0.802%	0.737%	0.390%	0.186%	0.061%	0.035%	0.043%	0.000%	0.000%	0.000%	0.000%	0.000%	2.715%
業務歴21-25年	男	会員数	0	0	0	0	8	281	484	281	164	80	69	34	42	9	2	0	0	1,454
		構成比	0.000%	0.000%	0.000%	0.000%	0.035%	1.219%	2.099%	1.219%	0.711%	0.347%	0.299%	0.147%	0.182%	0.039%	0.009%	0.000%	0.000%	6.306%
	女	会員数	0	0	0	0	4	67	99	71	45	18	13	11	2	1	0	0	0	331
		構成比	0.000%	0.000%	0.000%	0.000%	0.017%	0.291%	0.429%	0.308%	0.195%	0.078%	0.056%	0.048%	0.009%	0.004%	0.000%	0.000%	0.000%	1.435%
業務歴26-30年	男	会員数	0	0	0	0	0	6	168	319	265	175	84	25	16	44	0	0	0	1,102
		構成比	0.000%	0.000%	0.000%	0.000%	0.000%	0.026%	0.729%	1.383%	1.149%	0.759%	0.364%	0.108%	0.069%	0.191%	0.000%	0.000%	0.000%	4.779%
	女	会員数	0	0	0	0	0	4	44	57	51	29	23	12	3	0	0	0	0	223
		構成比	0.000%	0.000%	0.000%	0.000%	0.000%	0.017%	0.191%	0.247%	0.221%	0.126%	0.100%	0.052%	0.013%	0.000%	0.000%	0.000%	0.000%	0.967%
業務歴31-35年	男	会員数	0	0	0	0	0	0	6	139	346	330	188	42	14	16	20	1	0	1,102
		構成比	0.000%	0.000%	0.000%	0.000%	0.000%	0.000%	0.026%	0.603%	1.500%	1.431%	0.815%	0.182%	0.061%	0.069%	0.087%	0.004%	0.000%	4.779%
	女	会員数	0	0	0	0	0	0	1	25	46	31	29	9	0	3	1	0	0	145
		構成比	0.000%	0.000%	0.000%	0.000%	0.000%	0.000%	0.004%	0.108%	0.199%	0.134%	0.126%	0.039%	0.000%	0.013%	0.004%	0.000%	0.000%	0.629%
業務歴36-40年	男	会員数	0	0	0	0	0	0	0	5	158	354	310	89	19	7	6	0	0	948
		構成比	0.000%	0.000%	0.000%	0.000%	0.000%	0.000%	0.000%	0.022%	0.685%	1.535%	1.344%	0.386%	0.082%	0.030%	0.026%	0.000%	0.000%	4.111%
	女	会員数	0	0	0	0	0	0	0	2	15	29	26	9	2	4	1	0	0	88
		構成比	0.000%	0.000%	0.000%	0.000%	0.000%	0.000%	0.000%	0.009%	0.065%	0.126%	0.113%	0.039%	0.009%	0.017%	0.004%	0.000%	0.000%	0.382%
業務歴41-45年	男	会員数	0	0	0	0	0	0	0	0	8	207	398	114	29	11	3	1	0	771
		構成比	0.000%	0.000%	0.000%	0.000%	0.000%	0.000%	0.000%	0.000%	0.035%	0.898%	1.726%	0.494%	0.126%	0.048%	0.013%	0.004%	0.000%	3.344%
	女	会員数	0	0	0	0	0	0	0	0	0	12	24	9	6	1	0	0	0	52
		構成比	0.000%	0.000%	0.000%	0.000%	0.000%	0.000%	0.000%	0.000%	0.000%	0.052%	0.104%	0.039%	0.026%	0.004%	0.000%	0.000%	0.000%	0.226%
業務歴46-50年	男	会員数	0	0	0	0	0	0	0	0	0	25	362	248	87	20	6	0	0	748
		構成比	0.000%	0.000%	0.000%	0.000%	0.000%	0.000%	0.000%	0.000%	0.000%	0.108%	1.570%	1.076%	0.377%	0.087%	0.026%	0.000%	0.000%	3.244%
	女	会員数	0	0	0	0	0	0	0	0	0	4	25	16	7	2	0	0	0	54
		構成比	0.000%	0.000%	0.000%	0.000%	0.000%	0.000%	0.000%	0.000%	0.000%	0.017%	0.108%	0.069%	0.030%	0.009%	0.000%	0.000%	0.000%	0.234%
業務歴51-55年	男	会員数	0	0	0	0	0	0	0	0	0	0	39	137	90	26	6	0	0	298
		構成比	0.000%	0.000%	0.000%	0.000%	0.000%	0.000%	0.000%	0.000%	0.000%	0.000%	0.169%	0.594%	0.390%	0.113%	0.026%	0.000%	0.000%	1.292%
	女	会員数	0	0	0	0	0	0	0	0	0	0	4	8	7	5	0	0	0	24
		構成比	0.000%	0.000%	0.000%	0.000%	0.000%	0.000%	0.000%	0.000%	0.000%	0.000%	0.017%	0.035%	0.030%	0.022%	0.000%	0.000%	0.000%	0.104%
業務歴56-60年	男	会員数	0	0	0	0	0	0	0	0	0	0	0	10	44	37	5	0	0	96
		構成比	0.000%	0.000%	0.000%	0.000%	0.000%	0.000%	0.000%	0.000%	0.000%	0.000%	0.000%	0.043%	0.191%	0.160%	0.022%	0.000%	0.000%	0.416%
	女	会員数	0	0	0	0	0	0	0	0	0	0	0	0	1	3	1	0	2	7
		構成比	0.000%	0.000%	0.000%	0.000%	0.000%	0.000%	0.000%	0.000%	0.000%	0.000%	0.000%	0.000%	0.004%	0.013%	0.004%	0.000%	0.009%	0.030%
業務歴61年以上	男	会員数	0	0	0	0	0	0	0	0	0	0	0	0	3	39	27	7	0	76
		構成比	0.000%	0.000%	0.000%	0.000%	0.000%	0.000%	0.000%	0.000%	0.000%	0.000%	0.000%	0.000%	0.013%	0.169%	0.117%	0.030%	0.000%	0.330%
	女	会員数	0	0	0	0	0	0	0	0	0	0	0	0	2	0	4	1	0	7
		構成比	0.000%	0.000%	0.000%	0.000%	0.000%	0.000%	0.000%	0.000%	0.000%	0.000%	0.000%	0.000%	0.009%	0.000%	0.017%	0.004%	0.000%	0.030%

※ 「業務歴」は、現在の登録がなされた日からの期間であり、再登録のあった会員については通算の業務歴ではない。

司法書士新規登録者数及び登録取消者数の推移とその内訳

(単位：人)

	4月1日現在の会員数	年度内の新規登録者数				年度内の登録取消者数			
		国家試験合格	法務大臣認定	法務局長認可	合　計	死　亡	業務廃止	その他	合　計
平成 25 年度	20,979	922	95	4	1,021	118	496	15	629
平成 26 年度	21,366	851	99	2	952	107	540	10	657
平成 27 年度	21,658	875	79	7	961	105	480	20	605
平成 28 年度	22,013	825	52	1	878	117	482	14	613
平成 29 年度	22,283	689	83	3	775	93	467	9	569
平成 30 年度	22,488	722	56	2	780	132	497	13	642
令和 元 年度	22,632	670	51	5	726	104	515	9	628
令和 2 年度	22,724	519	58	3	580	110	464	11	585
令和 3 年度	22,718	689	61	1	751	112	437	11	560
令和 4 年度	22,907	699	60	2	761	121	481	15	617
総合計数		7,461	694	30	8,185	1,119	4,859	127	6,105

司法書士会・日司連の男女別役員数

		平成26年度		平成27年度		平成28年度		平成29年度		平成30年度				令和元年度	
		男性	女性	男性	女性	男性	女性	男性	女性	男性	割合	女性	割合	男性	割
1	札 幌 会	16	2	14	2	15	2	15	4	15	78.9%	4	21.1%	16	88
2	函 館 会	10	1	9	2	9	2	8	2	8	80.0%	2	20.0%	9	81
3	旭 川 会	12	3	12	3	12	3	12	3	12	80.0%	3	20.0%	12	80
4	釧 路 会	16	1	14	1	14	1	15	1	14	93.3%	1	6.7%	14	93
5	宮 城 県 会	22	3	23	2	23	2	28	2	27	90.0%	3	10.0%	27	90
6	福 島 県 会	22	0	24	1	24	1	26	1	26	96.3%	1	3.7%	20	90
7	山 形 県 会	14	2	15	1	15	1	14	2	14	87.5%	2	12.5%	14	87
8	岩 手 県 会	14	3	15	2	14	2	19	2	15	88.2%	2	11.8%	15	88
9	秋 田 県 会	15	3	12	3	12	3	12	3	12	80.0%	3	20.0%	13	76
10	青 森 県 会	12	2	13	4	16	4	15	5	15	75.0%	5	25.0%	16	84
11	東 京 会	27	6	28	6	28	6	31	4	30	88.2%	4	11.8%	31	83
12	神 奈 川 県 会	24	3	23	6	22	7	22	8	22	73.3%	8	26.7%	27	84
13	埼 玉 会	21	7	25	4	24	4	26	3	26	89.7%	3	10.3%	26	89
14	千 葉 会	24	3	25	2	25	2	24	3	24	88.9%	3	11.1%	26	96
15	茨 城 会	18	4	16	6	16	6	17	5	16	76.2%	5	23.8%	15	83
16	栃 木 県 会	22	0	22	0	22	0	19	3	19	86.4%	3	13.6%	21	95
17	群 馬 会	18	5	18	5	19	3	21	2	21	91.3%	2	8.7%	19	86
18	静 岡 県 会	21	5	22	4	22	4	23	3	23	88.5%	3	11.5%	21	80
19	山 梨 県 会	23	1	21	3	21	3	21	2	20	87.0%	3	13.0%	22	95
20	長 野 県 会	18	2	18	2	18	2	16	4	15	78.9%	4	21.1%	13	86
21	新 潟 県 会	19	2	18	2	18	2	18	3	18	85.7%	3	14.3%	19	90
22	愛 知 県 会	33	5	31	7	31	7	32	6	32	84.2%	6	15.8%	31	81
23	三 重 県 会	18	3	20	2	20	2	17	2	17	89.5%	2	10.5%	20	92
24	岐 阜 県 会	30	1	24	2	23	2	30	2	30	93.0%	2	6.3%	24	92
25	福 井 県 会	14	5	16	3	16	3	17	2	17	89.5%	2	10.5%	15	78
26	石 川 県 会	22	0	20	2	20	2	20	2	20	90.9%	2	9.1%	19	90
27	富 山 県 会	24	1	24	1	20	1	18	2	18	90.0%	2	10.0%	21	91
28	大 阪 会	33	5	36	2	36	2	37	3	37	92.5%	3	7.5%	32	82
29	京 都 会	31	5	35	4	33	4	30	7	29	80.6%	7	19.4%	33	89
30	兵 庫 県 会	33	6	34	4	35	4	34	5	34	87.2%	5	12.8%	35	89
31	奈 良 県 会	15	2	17	1	18	1	18	1	21	95.5%	1	4.5%	16	100
32	滋 賀 県 会	17	5	20	4	20	4	22	3	22	88.0%	3	12.0%	22	84
33	和 歌 山 県 会	21	4	22	3	20	3	22	2	22	91.7%	2	8.3%	22	89
34	広 島 会	22	4	22	3	22	3	24	4	24	85.7%	4	14.3%	24	85
35	山 口 県 会	24	1	23	2	22	2	24	1	24	96.0%	1	4.0%	22	89
36	岡 山 県 会	15	5	18	4	18	4	18	4	18	81.8%	4	18.2%	19	86
37	鳥 取 県 会	9	1	12	1	12	1	12	1	11	91.7%	1	8.3%	10	90
38	島 根 県 会	12	1	11	2	11	2	10	2	9	81.8%	2	18.2%	12	92
39	香 川 県 会	16	2	15	3	15	3	14	4	14	77.8%	4	22.2%	17	85
40	徳 島 県 会	14	4	15	4	15	4	15	4	15	78.9%	4	21.1%	15	78
41	高 知 県 会	13	2	13	2	13	3	14	2	14	87.5%	2	12.5%	14	87
42	愛 媛 県 会	20	2	22	0	21	0	19	3	19	86.4%	3	13.6%	19	95
43	福 岡 県 会	16	3	16	3	16	3	19	3	19	86.4%	3	13.6%	21	87
44	佐 賀 県 会	16	2	16	1	16	1	16	1	16	94.1%	1	5.9%	14	87
45	長 崎 県 会	15	1	15	1	14	1	16	1	16	94.1%	1	5.9%	18	100
46	大 分 県 会	11	3	11	3	11	3	10	4	10	71.4%	4	28.6%	11	78
47	熊 本 県 会	18	0	16	1	16	2	15	3	15	83.3%	3	16.7%	16	84
48	鹿 児 島 県 会	15	0	15	0	15	0	15	0	15	100.0%	0	0.0%	16	100
49	宮 崎 県 会	14	2	16	0	16	0	17	0	16	100.0%	0	0.0%	13	100
50	沖 縄 県 会	10	2	10	2	10	2	10	2	10	83.3%	2	16.7%	10	76
51	日 司 連	30	0	29	2	29	2	29	2	29	93.5%	2	6.5%	28	90
	合　　　　計	969	135	981	132	973	131	996	143	985		145		985	
	割　　　　合	87.8%	12.2%	88.1%	11.9%	88.1%	11.9%	87.4%	12.6%	87.2%		12.8%		87.5%	

参考：司法書士会員数男女比

		平成26年度		平成27年度		平成28年度		平成29年度		平成30年度		令和元年度	
		男性	女性	男性	女性	男性	女性	男性	女性	男性	女性	男性	女性
会　員　数		17,971	3,395	18,152	3,506	18,374	3,639	18,536	3,747	18,619	3,869	18,660	3,9
割　　合		84.1%	15.9%	83.8%	16.2%	83.5%	16.5%	83.2%	16.8%	82.8%	17.2%	82.4%	17.6

※「役員」とは、会長、副会長、理事及び監事を指す。
※役員数は各年10月1日現在の調査数である。（ただし、令和3年度は9/22〜10/22のうちの回答日現在の調査数である。）
※会員数は各年4月1日現在の調査数である。

（単位：人）

女性	割合	男性	割合	女性	割合	男性	割合	女性	割合	男性	割合	女性	割合	男性	割合	女性	割合	
		令和2年度				令和3年度				令和4年度				令和5年度				
2	11.1%	16	88.9%	2	11.1%	16	84.2%	3	15.8%	16	84.2%	3	15.8%	15	78.9%	4	21.1%	1
2	18.2%	9	81.8%	2	18.2%	11	78.6%	3	21.4%	11	78.6%	3	21.4%	11	78.6%	3	21.4%	2
3	20.0%	12	80.0%	3	20.0%	12	80.0%	3	20.0%	12	80.0%	3	20.0%	13	86.7%	2	13.3%	3
1	6.7%	14	93.3%	1	6.7%	14	93.3%	1	6.7%	14	93.3%	1	6.7%	15	100.0%	0	0.0%	4
3	10.0%	27	90.0%	3	10.0%	26	86.7%	4	13.3%	26	86.7%	4	13.3%	26	86.7%	4	13.3%	5
2	9.1%	21	95.5%	1	4.5%	22	84.6%	4	15.4%	21	84.0%	4	16.0%	17	81.0%	4	19.0%	6
2	12.5%	14	87.5%	2	12.5%	14	87.5%	2	12.5%	14	87.5%	2	12.5%	13	81.3%	3	18.8%	7
2	11.8%	15	88.2%	2	11.8%	15	88.2%	2	11.8%	12	85.7%	2	14.3%	15	88.2%	2	11.8%	8
4	23.5%	13	76.5%	4	23.5%	13	76.5%	4	23.5%	13	76.5%	4	23.5%	13	76.5%	4	23.5%	9
3	15.8%	16	84.2%	3	15.8%	16	84.2%	3	15.8%	16	84.2%	3	15.8%	14	82.4%	3	17.6%	10
6	16.2%	31	83.8%	6	16.2%	26	70.3%	11	29.7%	26	70.3%	11	29.7%	30	81.1%	7	18.9%	11
5	15.6%	27	84.4%	5	15.6%	24	82.8%	5	17.2%	24	80.0%	6	20.0%	26	81.3%	6	18.8%	12
3	10.3%	26	89.7%	3	10.3%	25	86.2%	4	13.8%	25	86.2%	4	13.8%	21	77.8%	6	22.2%	13
1	3.7%	26	96.3%	1	3.7%	24	88.9%	3	11.1%	24	88.9%	3	11.1%	24	88.9%	3	11.1%	14
7	31.8%	15	68.2%	7	31.8%	16	76.2%	5	23.8%	16	76.2%	5	23.8%	19	90.5%	2	9.5%	15
1	4.5%	21	95.5%	1	4.5%	18	81.8%	4	18.2%	18	81.8%	4	18.2%	21	95.5%	1	4.5%	16
3	13.6%	19	86.4%	3	13.6%	20	90.9%	2	9.1%	20	90.9%	2	9.1%	18	81.8%	4	18.2%	17
5	19.2%	20	80.0%	5	20.0%	22	84.6%	4	15.4%	22	84.6%	4	15.4%	20	76.9%	6	23.1%	18
1	4.3%	22	95.7%	1	4.3%	22	95.7%	1	4.3%	22	95.7%	1	4.3%	19	82.6%	4	17.4%	19
2	13.3%	13	86.7%	2	13.3%	16	80.0%	4	20.0%	16	80.0%	4	20.0%	17	85.0%	3	15.0%	20
2	9.5%	19	90.5%	2	9.5%	18	85.7%	3	14.3%	18	85.7%	3	14.3%	18	85.7%	3	14.3%	21
7	18.4%	31	81.6%	7	18.4%	30	78.9%	8	21.1%	30	78.9%	8	21.1%	33	86.8%	5	13.2%	22
3	13.0%	17	89.5%	2	10.5%	17	89.5%	2	10.5%	17	89.5%	2	10.5%	15	78.9%	4	21.1%	23
2	7.7%	24	92.3%	2	7.7%	23	88.5%	3	11.5%	23	88.5%	3	11.5%	21	80.8%	5	19.2%	24
4	21.1%	14	77.8%	4	22.2%	11	73.3%	4	26.7%	11	73.3%	4	26.7%	11	73.3%	4	26.7%	25
3	13.6%	19	86.4%	3	13.6%	22	91.7%	2	8.3%	21	91.3%	2	8.7%	21	91.3%	2	8.7%	26
2	8.7%	21	91.3%	2	8.7%	20	80.0%	5	20.0%	20	80.0%	5	20.0%	19	79.2%	5	20.8%	27
7	17.9%	32	82.1%	7	17.9%	32	80.0%	8	20.0%	32	80.0%	8	20.0%	32	80.0%	8	20.0%	28
4	10.8%	33	89.2%	4	10.8%	29	80.6%	7	19.4%	29	80.6%	7	19.4%	29	85.3%	5	14.7%	29
4	10.3%	34	89.5%	4	10.5%	35	89.7%	4	10.3%	35	89.7%	4	10.3%	33	84.6%	6	15.4%	30
0	0.0%	16	100.0%	0	0.0%	17	94.4%	1	5.6%	14	87.5%	2	12.5%	15	88.2%	2	11.8%	31
4	15.4%	22	84.6%	4	15.4%	18	90.0%	2	10.0%	18	90.0%	2	10.0%	21	91.3%	2	8.7%	32
2	8.3%	22	91.7%	2	8.3%	18	85.7%	3	14.3%	18	85.7%	3	14.3%	20	87.0%	3	13.0%	33
4	14.3%	23	85.2%	4	14.8%	23	82.1%	5	17.9%	22	81.5%	5	18.5%	23	82.1%	5	17.9%	34
3	12.0%	22	88.0%	3	12.0%	21	84.0%	4	16.0%	20	83.3%	4	16.7%	20	80.0%	5	20.0%	35
3	13.6%	19	86.4%	3	13.6%	15	68.2%	7	31.8%	15	68.2%	7	31.8%	15	68.2%	7	31.8%	36
1	9.1%	10	90.9%	1	9.1%	11	100.0%	0	0.0%	11	100.0%	0	0.0%	12	100.0%	0	0.0%	37
1	7.7%	12	92.3%	1	7.7%	12	92.3%	1	7.7%	11	91.7%	1	8.3%	12	92.3%	1	7.7%	38
3	15.0%	17	85.0%	3	15.0%	16	80.0%	4	20.0%	16	80.0%	4	20.0%	18	90.0%	2	10.0%	39
4	21.1%	15	78.9%	4	21.1%	15	78.9%	4	21.1%	15	78.9%	4	21.1%	15	78.9%	4	21.1%	40
2	12.5%	14	87.5%	2	12.5%	14	87.5%	2	12.5%	14	87.5%	2	12.5%	14	87.5%	2	12.5%	41
1	5.0%	19	95.0%	1	5.0%	19	86.4%	3	13.6%	19	86.4%	3	13.6%	20	90.9%	2	9.1%	42
3	12.5%	21	87.5%	3	12.5%	17	73.9%	6	26.1%	17	73.9%	6	26.1%	17	73.9%	6	26.1%	43
3	17.6%	14	82.4%	3	17.6%	15	83.3%	3	16.7%	15	88.2%	2	11.8%	16	94.1%	1	5.9%	44
0	0.0%	17	100.0%	0	0.0%	17	94.4%	1	5.6%	17	94.4%	1	5.6%	14	87.5%	2	12.5%	45
3	21.4%	11	78.6%	3	21.4%	10	71.4%	4	28.6%	9	69.2%	4	30.8%	13	92.9%	1	7.1%	46
2	11.1%	16	88.9%	2	11.1%	15	83.3%	3	16.7%	15	83.3%	3	16.7%	17	89.5%	2	10.5%	47
0	0.0%	16	100.0%	0	0.0%	17	94.4%	1	5.6%	17	94.4%	1	5.6%	15	88.2%	2	11.8%	48
0	0.0%	16	100.0%	0	0.0%	16	100.0%	0	0.0%	16	100.0%	0	0.0%	16	94.1%	1	5.9%	49
3	23.1%	10	76.9%	3	23.1%	11	78.6%	3	21.4%	11	78.6%	3	21.4%	11	78.6%	3	21.4%	50
3	9.7%	28	90.3%	3	9.7%	29	93.5%	2	6.5%	28	90.3%	3	9.7%	29	93.5%	2	6.5%	51
41		981		139		955		177		942		179		952		173		合計
5%		87.6%		12.4%		84.4%		15.6%		84.0%		16.0%		84.6%		15.4%		割合

令和2年度		令和3年度		令和4年度		令和5年度	
男性	女性	男性	女性	男性	女性	男性	女性
8,657	4,067	18,606	4,112	18,673	4,234	18,674	4,385
2.1%	17.9%	81.9%	18.1%	81.5%	18.5%	81.0%	19.0%

▌司法書士会別司法書士数の推移

（単位：人）

会　名	平成26年	平成27年	平成28年	平成29年	平成30年	平成31年	令和2年	令和3年	令和4年	令和5年	令和5年の対平成26年比	
											増減数	増減率
札 幌 会	453	459	472	488	500	497	506	511	515	520	67	114.8%
函 館 会	50	47	46	41	39	37	37	35	36	37	−13	74.0%
旭 川 会	65	67	69	70	70	70	74	71	72	70	5	107.7%
釧 路 会	85	86	84	84	84	83	81	81	79	81	−4	95.3%
宮城県会	315	320	323	323	324	326	328	333	330	335	20	106.3%
福島県会	279	273	278	269	270	279	279	272	270	274	−5	98.2%
山形県会	155	155	159	156	156	156	153	156	156	155	0	100.0%
岩手県会	156	152	147	143	144	141	146	138	135	138	−18	88.5%
秋田県会	115	111	112	114	112	112	110	109	110	112	−3	97.4%
青森県会	125	121	119	123	128	124	118	121	120	118	−7	94.4%
東 京 会	3,663	3,785	3,943	4,103	4,193	4,294	4,396	4,395	4,494	4,553	890	124.3%
神奈川県会	1,081	1,097	1,132	1,138	1,151	1,189	1,207	1,220	1,235	1,257	176	116.3%
埼 玉 会	829	843	857	874	899	910	901	911	931	960	131	115.8%
千 葉 会	680	708	725	733	750	742	741	747	762	777	97	114.3%
茨 城 会	318	323	326	330	336	335	340	334	331	339	21	106.6%
栃木県会	224	230	231	234	231	232	227	233	235	234	10	104.5%
群 馬 会	305	302	298	294	296	297	292	291	300	297	−8	97.4%
静岡県会	485	486	493	495	500	500	495	493	493	488	3	100.6%
山梨県会	127	131	133	133	132	133	133	130	132	127	0	100.0%
長野県会	376	382	373	364	365	367	363	361	363	366	−10	97.3%
新潟県会	290	292	291	298	293	292	294	292	293	288	−2	99.3%
愛知県会	1,221	1,240	1,275	1,289	1,300	1,298	1,303	1,306	1,303	1,312	91	107.5%
三重県会	266	263	261	258	254	252	248	242	241	237	−29	89.1%
岐阜県会	349	351	350	349	352	343	339	330	327	327	−22	93.7%
福井県会	132	128	124	123	126	124	118	118	121	121	−11	91.7%
石川県会	195	198	200	203	203	205	199	200	198	195	0	100.0%
富山県会	170	162	161	164	160	154	152	150	151	144	−26	84.7%
大 阪 会	2,278	2,330	2,368	2,385	2,404	2,406	2,415	2,433	2,449	2,481	203	108.9%
京 都 会	559	558	570	576	576	572	584	575	577	588	29	105.2%
兵庫県会	1,019	1,030	1,042	1,059	1,057	1,059	1,055	1,040	1,044	1,041	22	102.2%
奈良県会	217	216	218	215	217	215	211	210	209	210	−7	96.8%
滋賀県会	218	230	226	229	230	233	229	234	237	232	14	106.4%
和歌山県会	168	168	169	164	164	168	167	163	166	167	−1	99.4%
広 島 会	504	509	518	519	519	536	540	533	532	536	32	106.3%
山口県会	238	237	234	231	228	226	227	223	228	226	−12	95.0%
岡山県会	362	365	365	370	366	368	358	367	372	371	9	102.5%
鳥取県会	107	104	102	99	101	97	94	92	90	87	−20	81.3%
島根県会	122	121	117	111	112	109	108	107	105	107	−15	87.7%
香川県会	169	166	168	175	172	172	172	175	183	179	10	105.9%
徳島県会	138	135	133	139	139	143	144	138	138	137	−1	99.3%
高知県会	116	117	117	118	119	116	112	112	113	115	−1	99.1%
愛媛県会	250	248	254	250	244	240	241	241	236	235	−15	94.0%
福岡県会	904	922	939	952	972	988	985	998	1,018	1,027	123	113.6%
佐賀県会	115	115	120	117	123	123	125	126	127	123	8	107.0%
長崎県会	161	162	161	163	157	156	162	160	155	150	−11	93.2%
大分県会	171	172	174	166	166	166	168	164	164	168	−3	98.2%
熊本県会	325	322	327	327	329	329	328	334	333	322	−3	99.1%
鹿児島県会	321	319	308	326	329	328	329	322	317	312	−9	97.2%
宮崎県会	177	182	178	176	179	174	167	165	159	159	−18	89.8%
沖縄県会	218	218	223	223	217	216	223	226	222	224	6	102.8%
全　国	21,366	21,658	22,013	22,283	22,488	22,632	22,724	22,718	22,907	23,059	1,693	107.9%

※司法書士数は各年とも4月1日現在。

▋都道府県別人口と司法書士及び認定司法書士 1 人あたりの人口の比較

（単位：人）

都 道 府 県	人口	司法書士	司法書士 一人あたりの人口	認定司法書士	認定司法書士 一人あたりの人口
北 海 道	5,139,913	708	7,260	561	9,162
青 森 県	1,225,497	118	10,386	78	15,712
岩 手 県	1,189,670	138	8,621	89	13,367
宮 城 県	2,257,472	335	6,739	268	8,423
秋 田 県	941,021	112	8,402	82	11,476
山 形 県	1,042,396	155	6,725	102	10,220
福 島 県	1,818,581	274	6,637	181	10,047
茨 城 県	2,879,808	339	8,495	231	12,467
栃 木 県	1,929,434	234	8,245	164	11,765
群 馬 県	1,930,976	297	6,502	239	8,079
埼 玉 県	7,381,035	960	7,689	749	9,855
千 葉 県	6,310,075	777	8,121	590	10,695
東 京 都	13,841,665	4,553	3,040	3,550	3,899
神 奈 川 県	9,212,003	1,257	7,329	1,054	8,740
新 潟 県	2,163,908	288	7,514	204	10,607
富 山 県	1,028,440	144	7,142	106	9,702
石 川 県	1,117,303	195	5,730	154	7,255
福 井 県	759,777	121	6,279	88	8,634
山 梨 県	812,615	127	6,399	84	9,674
長 野 県	2,043,798	366	5,584	268	7,626
岐 阜 県	1,982,294	327	6,062	241	8,225
静 岡 県	3,633,773	488	7,446	361	10,066
愛 知 県	7,512,703	1,312	5,726	1,038	7,238
三 重 県	1,772,427	237	7,479	179	9,902
滋 賀 県	1,413,989	232	6,095	169	8,367
京 都 府	2,501,269	588	4,254	498	5,023
大 阪 府	8,784,421	2,481	3,541	2,058	4,268
兵 庫 県	5,459,867	1,041	5,245	837	6,523
奈 良 県	1,325,385	210	6,311	160	8,284
和 歌 山 県	924,469	167	5,536	117	7,901
鳥 取 県	546,558	87	6,282	70	7,808
島 根 県	658,809	107	6,157	70	9,412
岡 山 県	1,865,478	371	5,028	293	6,367
広 島 県	2,770,623	536	5,169	461	6,010
山 口 県	1,326,218	226	5,868	152	8,725
徳 島 県	718,879	137	5,247	92	7,814
香 川 県	956,787	179	5,345	141	6,786
愛 媛 県	1,327,185	235	5,648	177	7,498
高 知 県	684,964	115	5,956	85	8,058
福 岡 県	5,104,921	1,027	4,971	872	5,854
佐 賀 県	806,877	123	6,560	89	9,066
長 崎 県	1,306,060	150	8,707	108	12,093
熊 本 県	1,737,946	322	5,397	271	6,413
大 分 県	1,123,525	168	6,688	111	10,122
宮 崎 県	1,068,838	159	6,722	118	9,058
鹿 児 島 県	1,591,699	312	5,102	252	6,316
沖 縄 県	1,485,526	224	6,632	165	9,003
全 国	125,416,877	23,059	5,439	18,027	6,957

※人口は総務省発表「令和 5 年 1 月 1 日住民基本台帳人口・世帯数、令和 4 年（令和 4 年 1 月 1 日から令和 4 年 12 月 31 日まで）人口動態（都道府県別）（総計）」による。
※司法書士数は令和 5 年 4 月 1 日現在。

資料編

▌全国都道府県別の法律専門職等団体の会員数等

都道府県	人口 令和4年 (令和4年1月1日現在)	人口 令和5年 (令和5年1月1日現在)	人口 令和5年 前年比増減数	司法書士 令和4年 (令和4年4月1日現在) 個人	法人	司法書士 令和5年 (令和5年4月1日現在) 個人	法人	司法書士 令和5年 前年比増減数 個人	法人	弁護士 令和4年 (令和4年4月1日現在) 個人	法人	弁護士 令和5年 (令和5年4月1日現在) 個人	法人	弁護士 令和5年 前年比増減数 個人	法人	令和4年 (令和4年4月1日現在) 個人	法
1 北海道	5,183,687	5,139,913	−43,774	702	24	708	28	6	4	1,036	68	1,077	70	41	2	452	
2 青森県	1,243,081	1,225,497	−17,584	120	5	118	5	−2	0	109	6	112	7	3	1	131	
3 岩手県	1,206,479	1,189,670	−16,809	135	8	138	8	3	0	101	3	104	4	3	1	178	
4 宮城県	2,268,355	2,257,472	−10,883	330	14	335	17	5	3	479	18	494	19	15	1	267	
5 秋田県	956,836	941,021	−15,815	110	2	112	2	2	0	75	3	76	3	1	0	112	
6 山形県	1,056,682	1,042,396	−14,286	156	0	155	0	−1	0	103	4	104	5	1	1	164	
7 福島県	1,841,244	1,818,581	−22,663	270	7	274	6	4	−1	192	16	198	16	6	0	249	
8 茨城県	2,890,377	2,879,808	−10,569	331	3	339	4	8	1	293	14	299	15	6	1	377	
9 栃木県	1,942,494	1,929,434	−13,060	235	6	234	7	−1	1	229	13	232	13	3	0	265	
10 群馬県	1,943,667	1,930,976	−12,691	300	8	297	8	−3	0	312	13	325	14	13	1	326	
11 埼玉県	7,385,848	7,381,035	−4,813	931	42	960	47	29	5	918	33	957	34	39	1	781	
12 千葉県	6,310,875	6,310,075	−800	762	38	777	39	15	1	831	24	867	25	36	1	581	
13 東京都	13,794,933	13,841,665	46,732	4,494	280	4,553	314	59	34	20,806	510	22,119	551	1,313	41	1,424	1
14 神奈川県	9,215,210	9,212,003	−3,207	1,235	58	1,257	70	22	12	1,723	50	1,779	49	56	−1	798	
15 新潟県	2,188,469	2,163,908	−24,561	293	16	288	18	−5	2	284	11	287	12	3	1	310	
16 富山県	1,037,319	1,028,440	−8,879	151	3	144	3	−7	0	125	4	130	6	5	2	166	
17 石川県	1,124,501	1,117,303	−7,198	198	3	195	3	−3	0	184	11	189	13	5	2	165	
18 福井県	767,561	759,777	−7,784	121	5	121	5	0	0	121	7	119	8	−2	1	149	
19 山梨県	816,340	812,615	−3,725	132	3	127	3	−5	0	125	0	129	2	4	2	150	
20 長野県	2,056,970	2,043,798	−13,172	363	5	366	5	3	0	260	8	265	10	5	2	352	
21 岐阜県	1,996,682	1,982,294	−14,388	327	8	327	9	0	1	213	12	217	15	4	3	366	
22 静岡県	3,658,375	3,633,773	−24,602	493	24	488	28	−5	4	520	21	532	23	12	2	566	
23 愛知県	7,528,519	7,512,703	−15,816	1,303	74	1,312	80	9	6	2,039	105	2,099	115	60	10	1,065	
24 三重県	1,784,968	1,772,427	−12,541	241	4	237	5	−4	1	192	4	193	5	1	1	260	
25 滋賀県	1,415,222	1,413,989	−1,233	237	11	232	14	−5	3	163	3	166	3	3	0	202	
26 京都府	2,511,494	2,501,269	−10,225	577	27	588	29	11	2	818	37	852	37	34	0	293	
27 大阪府	8,800,753	8,784,421	−16,332	2,449	131	2,481	144	32	13	4,755	186	4,928	193	173	7	959	
28 兵庫県	5,488,605	5,459,867	−28,738	1,044	24	1,041	27	−3	3	983	36	1,028	43	45	7	663	
29 奈良県	1,335,378	1,325,385	−9,993	209	4	210	6	1	2	180	3	191	3	11	0	191	
30 和歌山県	935,084	924,469	−10,615	166	1	167	1	1	0	144	4	150	4	6	0	143	
31 鳥取県	551,806	546,558	−5,248	90	3	87	3	−3	0	70	5	72	6	2	1	67	
32 島根県	666,331	658,809	−7,522	105	3	107	3	2	0	82	2	80	3	−2	1	102	
33 岡山県	1,879,280	1,865,478	−13,802	372	17	371	18	−1	1	402	22	412	22	10	0	255	
34 広島県	2,788,687	2,770,623	−18,064	532	21	536	24	4	3	609	23	629	24	20	1	417	
35 山口県	1,340,458	1,326,218	−14,240	228	3	226	4	−2	1	177	15	179	16	2	1	209	
36 徳島県	726,729	718,879	−7,850	138	5	137	5	−1	0	85	8	88	8	3	0	155	
37 香川県	964,885	956,787	−8,098	183	2	179	2	−4	0	185	6	195	6	10	0	193	
38 愛媛県	1,341,539	1,327,185	−14,354	236	8	235	7	−1	−1	159	9	161	10	2	1	259	
39 高知県	693,369	684,964	−8,405	113	5	115	5	2	0	94	0	97	1	3	1	113	
40 福岡県	5,108,507	5,104,921	−3,586	1,018	37	1,027	44	9	7	1,410	61	1,459	66	49	5	664	
41 佐賀県	812,193	806,877	−5,316	127	10	123	11	−4	1	104	7	105	8	1	1	110	
42 長崎県	1,320,055	1,306,060	−13,995	155	5	150	5	−5	0	158	11	157	10	−1	−1	192	
43 熊本県	1,747,513	1,737,946	−9,567	333	15	322	15	−11	0	281	12	283	12	2	0	270	
44 大分県	1,131,140	1,123,525	−7,615	164	5	168	5	4	0	165	22	165	22	0	0	164	
45 宮崎県	1,078,313	1,068,838	−9,475	159	3	159	4	0	1	143	25	144	24	1	−1	178	
46 鹿児島県	1,605,419	1,591,699	−13,720	317	6	312	6	−5	0	219	24	229	26	10	2	302	
47 沖縄県	1,485,670	1,485,526	−144	222	9	224	10	2	1	281	18	288	18	7	0	174	
合計	125,927,902	125,416,877	−511,025	22,907	995	23,059	1,106	152	111	42,937	1,497	44,961	1,599	2,024	102	15,929	5

※各関連団体からの提供データによる。

（単位：人）

土地家屋調査士 令和5年 人	法人	前年比増減数 個人	法人	行政書士 令和4年 (令和4年4月1日現在) 個人	法人	令和5年 (令和5年4月1日現在) 個人	法人	前年比増減数 個人	法人	社会保険労務士 令和4年 (令和4年3月31日現在) 個人	法人	令和5年 (令和5年3月31日現在) 個人	法人	前年比増減数 個人	法人	公証人 令和4年	令和5年	増減数前年比	不動産鑑定士 令和4年	令和5年	増減数前年比	No.
431	6	−21	2	1,876	31	1,907	38	31	7	1,302	93	1,320	97	18	4	17	18	1	100	100	0	1
131	4	0	1	363	3	356	5	−7	2	201	6	197	6	−4	0	3	3	0	20	21	1	2
167	10	−11	1	393	7	395	8	2	1	214	20	215	20	1	0	4	4	0	28	27	−1	3
267	8	0	2	1,006	25	1,020	27	14	2	582	40	588	42	6	2	9	9	0	56	54	−2	4
107	1	−5	0	295	3	297	4	2	1	171	7	171	11	0	4	2	2	0	18	19	1	5
163	2	−1	1	402	5	406	5	4	0	231	13	236	12	5	−1	3	3	0	22	20	−2	6
243	4	−6	0	730	17	729	18	−1	1	349	24	354	25	5	1	6	6	0	45	46	1	7
369	8	−8	1	1,181	13	1,193	17	12	4	509	33	521	37	12	4	8	8	0	55	54	−1	8
260	3	−5	0	888	12	892	13	4	1	366	29	385	34	19	5	6	6	0	47	49	2	9
316	3	−10	0	1,096	8	1,110	8	14	0	601	25	597	31	−4	6	8	8	0	43	43	0	10
769	29	−12	3	2,504	38	2,528	46	24	8	1,963	73	1,969	81	6	8	20	20	0	162	157	−5	11
574	29	−7	3	2,210	36	2,238	42	28	6	1,633	60	1,654	69	21	9	15	15	0	175	170	−5	12
397	125	−27	14	7,390	255	7,628	308	238	53	11,335	738	11,602	813	267	75	114	116	2	1,746	1,720	−26	13
796	43	−2	4	3,113	66	3,165	78	52	12	2,777	111	2,809	126	32	15	29	29	0	226	226	0	14
294	6	−16	0	902	14	900	17	−2	3	547	36	548	40	1	4	6	6	0	47	48	1	15
60	1	−6	0	394	8	389	8	−5	0	303	14	311	18	8	4	5	5	0	23	23	0	16
64	1	−1	0	385	7	395	8	10	1	338	20	343	21	5	1	5	5	0	26	27	1	17
45	1	−4	0	329	3	329	4	0	1	258	15	262	17	4	2	3	3	0	15	14	−1	18
48	2	−2	0	369	4	373	5	4	1	191	10	197	11	6	1	3	3	0	19	19	0	19
335	7	−17	2	989	9	985	11	−4	2	637	32	626	36	−11	4	9	9	0	52	51	−1	20
62	7	−4	0	859	12	875	12	16	0	577	32	595	36	18	4	7	7	0	44	45	1	21
56	11	−10	1	1,513	22	1,512	30	−1	8	1,071	96	1,079	106	8	10	13	14	1	87	85	−2	22
53	62	−12	4	3,165	69	3,233	85	68	16	2,798	145	2,864	176	66	31	26	26	0	219	220	1	23
52	7	−8	0	717	8	723	13	6	5	438	18	447	24	9	6	7	7	0	46	46	0	24
03	11	1	1	494	6	504	6	10	0	386	13	397	16	11	3	4	4	0	43	42	−1	25
93	10	0	−1	930	16	943	20	13	4	928	42	931	48	3	6	9	9	0	89	91	2	26
41	54	−18	2	3,505	109	3,610	131	105	22	4,511	220	4,550	250	39	30	31	31	0	423	417	−6	27
51	14	−12	−2	1,913	28	1,942	34	29	6	1,779	66	1,798	76	19	10	22	22	0	146	141	−5	28
86	3	−5	0	452	10	473	11	21	1	332	12	345	15	13	3	3	3	0	43	44	1	29
45	1	2	0	341	3	348	7	7	0	245	7	246	8	1	1	7	7	0	30	29	−1	30
67	0	0	0	219	3	217	3	−2	0	133	3	136	3	3	0	4	4	0	12	12	0	31
02	1	0	0	264	2	271	2	7	0	141	9	143	9	2	0	3	3	0	15	14	−1	32
50	5	−5	0	795	14	792	17	−3	3	550	25	551	25	1	0	7	7	0	50	51	1	33
09	17	−8	1	1,174	16	1,188	17	14	1	849	44	847	49	−2	5	11	11	0	82	79	−3	34
04	3	−5	0	486	4	482	4	−4	0	304	13	309	13	5	0	6	6	0	31	28	−3	35
51	4	−4	0	328	7	324	8	−4	1	182	9	177	9	−5	0	3	3	0	24	22	−2	36
92	0	−1	0	415	7	427	8	12	1	289	11	287	12	−2	1	4	4	0	28	28	0	37
58	2	−1	0	552	7	551	9	−1	2	358	23	370	26	12	3	7	7	0	39	38	−1	38
10	1	−3	0	258	2	257	4	−1	2	196	6	195	8	−1	2	3	3	0	19	20	1	39
62	21	−2	0	1,662	33	1,711	40	49	7	1,674	111	1,720	118	46	7	24	23	−1	162	160	−2	40
09	1	−1	0	258	3	258	4	0	1	152	8	151	8	−1	0	2	2	0	17	15	−2	41
86	6	−6	1	406	7	409	8	3	1	193	6	203	8	10	2	2	2	0	31	31	0	42
67	10	−3	0	658	14	649	17	−9	3	472	25	469	28	−3	3	6	6	0	37	36	−1	43
61	1	−3	0	367	8	373	8	6	0	271	16	273	17	2	1	3	3	0	34	35	1	44
72	4	−6	0	506	6	490	9	−16	3	235	11	231	13	−4	2	4	4	0	23	24	1	45
96	3	−6	0	821	11	816	13	−5	2	418	20	425	24	7	4	5	5	0	29	28	−1	46
76	3	2	0	413	9	428	10	15	1	213	15	226	16	13	1	3	3	0	32	31	−1	47
50	555	−279	43	50,286	1,000	51,041	1,196	755	196	44,203	2,405	44,870	2,688	667	283	502	505	3	4,760	4,700	−60	合計

■ 受験地別司法書士試験出願者数、合格者数及び合格率

(単位：人)

	平成31年度			令和2年度			令和3年度			令和4年度			令和5年度		
	出願者	合格者	合格率	出願者	合格者	合格率	出願者	合格者	合格率	出願者	合格者	合格率	出願者	合格者	合格率
札　幌	431	19	4.4%	442	23	5.2%	457	17	3.7%	480	21	4.4%	508	22	4.3%
函　館	28	3	10.7%												
旭　川	46	2	4.3%												
釧　路	33	1	3.0%												
仙　台	288	14	4.9%	714	17	2.4%	751	33	4.4%	732	40	5.5%	761	31	4.1%
福　島	166	4	2.4%												
山　形	66	1	1.5%												
盛　岡	98	4	4.1%												
秋　田	86	2	2.3%												
青　森	69	2	2.9%												
東　京	4,037	151	3.7%	3,919	163	4.2%	4,233	178	4.2%	4,145	174	4.2%	4,137	159	3.8%
横　浜	1,297	41	3.2%	1,267	58	4.6%	1,090	45	4.1%	1,326	55	4.1%	1,420	86	6.1%
さいたま	828	20	2.4%	898	34	3.8%	1,042	36	3.5%	1,072	47	4.4%	1,148	45	3.9%
千　葉	653	25	3.8%	637	21	3.3%	636	33	5.2%	767	29	3.0%	819	24	2.9%
水　戸	173	3	1.7%												
宇都宮	172	4	2.3%												
前　橋	207	8	3.9%												
静　岡	320	19	5.9%	329	12	3.6%	349	9	2.6%	355	12	3.4%	372	17	4.6%
甲　府	84	0	0.0%												
長　野	170	7	4.1%												
新　潟	194	9	4.6%												
名 古 屋	837	26	3.1%	1,097	44	4.0%	1,149	43	3.7%	1,256	68	5.4%	1,243	62	5.0%
津	132	3	2.3%												
岐　阜	125	5	4.0%												
福　井	74	2	2.7%												
金　沢	103	4	3.9%												
富　山	97	0	0.0%												
大　阪	1,442	50	3.5%	1,511	57	3.8%	1,491	57	3.8%	1,648	55	3.3%	1,662	72	4.3%
京　都	442	17	3.8%	586	27	4.6%	583	22	3.8%	594	17	2.9%	595	28	4.7%
神　戸	713	22	3.1%	663	26	3.9%	717	39	5.4%	732	41	5.6%	778	44	5.7%
奈　良	195	10	5.1%												
大　津	134	1	0.7%												
和 歌 山	131	7	5.3%												
広　島	326	17	5.2%	522	27	5.2%	543	23	4.2%	550	18	3.3%	589	22	3.7%
山　口	106	3	2.8%												
岡　山	230	9	3.9%												
鳥　取	22	0	0.0%												
松　江	68	1	1.5%												
高　松	135	6	4.4%	386	24	6.2%	432	17	3.9%	478	27	5.6%	503	22	4.4%
徳　島	57	5	8.8%												
高　知	59	1	1.7%												
松　山	130	5	3.8%												
福　岡	822	37	4.5%	1,277	56	4.4%	1,289	58	4.5%	1,326	50	3.8%	1,386	50	3.6%
佐　賀	81	3	3.7%												
長　崎	103	3	2.9%												
大　分	102	3	2.9%												
熊　本	205	12	5.9%												
鹿 児 島	164	2	1.2%												
宮　崎	115	3	2.6%												
那　覇	215	5	2.3%	183	6	3.3%	226	3	1.3%	232	6	2.6%	212	11	5.2%
全　国	16,811	601	3.6%	14,431	595	4.1%	14,988	613	4.1%	15,693	660	4.2%	16,133	695	4.3%

※法務省からの提供データによる。

▌司法書士試験男女別合格者数

	全体	男		女	
	人数	人数	割合	人数	割合
平成 26 年度	759	598	78.8%	161	21.2%
平成 27 年度	707	540	76.4%	167	23.6%
平成 28 年度	660	503	76.2%	157	23.8%
平成 29 年度	629	479	76.2%	150	23.8%
平成 30 年度	621	479	77.1%	142	22.9%
平成 31 年度	601	466	77.5%	135	22.5%
令和 2 年度	595	437	73.4%	158	26.6%
令和 3 年度	613	431	70.3%	182	29.7%
令和 4 年度	660	478	72.4%	182	27.6%
令和 5 年度	695	487	70.1%	208	29.9%

※法務省からの提供データによる。

▌司法書士特別研修男女別受講者数

	全体	男		女	
	人数	人数	割合	人数	割合
平成 25 年度 第 13 回	784	579	73.9%	205	26.1%
平成 26 年度 第 14 回	744	581	78.1%	163	21.9%
平成 27 年度 第 15 回	673	515	76.5%	158	23.5%
平成 28 年度 第 16 回	633	480	75.8%	153	24.2%
平成 29 年度 第 17 回	605	463	76.5%	142	23.5%
平成 30 年度 第 18 回	569	438	77.0%	131	23.0%
平成 31 年度 第 19 回	537	410	76.4%	127	23.6%
令和 2 年度 第 20 回	489	347	71.0%	142	29.0%
令和 3 年度 第 21 回	530	361	68.1%	169	31.9%
令和 4 年度 第 22 回	563	399	70.9%	164	29.1%

法務局管轄別の権利に関する登記事件数（合計：土地・建物）

		平成 30 年			令和 元 年			令和 2 年	
		件数	会員数	人割件数	件数	会員数	人割件数	件数	会員数
1	札幌法務局管内	292,118	693	421.5	297,562	687	433.1	282,194	698
2	札　幌	181,303	500	362.6	180,491	497	363.2	171,796	506
3	函　館	23,953	39	614.2	30,686	37	829.4	27,126	37
4	旭　川	36,958	70	528.0	37,011	70	528.7	35,273	74
5	釧　路	49,904	84	594.1	49,374	83	594.9	47,999	81
6	仙台法務局管内	550,641	1,134	485.6	541,206	1,138	475.6	516,251	1,134
7	仙　台	149,896	324	462.6	138,663	326	425.3	130,042	328
8	青　森	76,991	128	601.5	72,982	124	588.6	68,740	118
9	盛　岡	75,023	144	521.0	75,068	141	532.4	82,334	146
10	秋　田	55,290	112	493.7	57,958	112	517.5	57,103	110
11	山　形	66,942	156	429.1	64,447	156	413.1	59,954	153
12	福　島	126,499	270	468.5	132,088	279	473.4	118,078	279
13	東京法務局管内	3,457,860	9,146	378.1	3,432,355	9,291	369.4	3,231,043	9,389
14	東　京	1,017,499	4,193	242.7	1,019,999	4,294	237.5	931,235	4,396
15	水　戸	180,707	336	537.8	176,459	335	526.7	169,083	340
16	宇都宮	125,358	231	542.7	120,816	232	520.8	111,218	227
17	前　橋	123,524	296	417.3	123,998	297	417.5	115,712	292
18	さいたま	445,141	899	495.2	441,519	910	485.2	420,708	901
19	千　葉	394,405	750	525.9	385,556	742	519.6	377,188	741
20	横　浜	588,687	1,151	511.5	587,549	1,189	494.2	557,927	1,207
21	新　潟	139,632	293	476.6	148,451	292	508.4	126,647	294
22	甲　府	65,224	132	494.1	62,482	133	469.8	63,888	133
23	長　野	140,413	365	384.7	136,555	367	372.1	135,813	363
24	静　岡	237,270	500	474.5	228,971	500	457.9	221,624	495
25	名古屋法務局管内	878,841	2,395	366.9	890,696	2,376	374.9	845,109	2,359
26	名古屋	446,973	1,300	343.8	450,934	1,298	347.4	433,649	1,303
27	富　山	56,056	160	350.4	58,371	154	379.0	53,819	152
28	金　沢	66,656	203	328.4	68,569	205	334.5	62,724	199
29	福　井	45,989	126	365.0	47,346	124	381.8	43,854	118
30	岐　阜	125,636	352	356.9	129,123	343	376.5	123,396	339
31	津	137,531	254	541.5	136,353	252	541.1	127,667	248
32	大阪法務局管内	1,278,023	4,648	275.0	1,306,092	4,653	280.7	1,189,167	4,661
33	大　阪	516,755	2,404	215.0	527,166	2,406	219.1	486,178	2,415
34	大　津	95,687	230	416.0	98,789	233	424.0	91,270	229
35	京　都	167,090	576	290.1	172,448	572	301.5	152,681	584
36	神　戸	345,064	1,057	326.5	352,930	1,059	333.3	315,148	1,055
37	奈　良	77,792	217	358.5	80,383	215	373.9	72,640	211
38	和歌山	75,635	164	461.2	74,376	168	442.7	71,250	167
39	広島法務局管内	436,846	1,326	329.4	440,253	1,336	329.5	428,333	1,327
40	広　島	164,283	519	316.5	166,887	536	311.4	164,580	540
41	鳥　取	32,688	101	323.6	33,808	97	348.5	31,771	94
42	松　江	43,875	112	391.7	44,434	109	407.7	41,842	108
43	岡　山	112,262	366	306.7	114,707	368	311.7	111,163	358
44	山　口	83,738	228	367.3	80,417	226	355.8	78,977	227
45	高松法務局管内	227,087	674	336.9	229,304	671	341.7	225,480	669
46	高　松	56,174	172	326.6	56,062	172	325.9	52,676	172
47	徳　島	49,181	139	353.8	45,936	143	321.2	48,825	144
48	松　山	76,235	244	312.4	83,030	240	346.0	79,255	241
49	高　知	45,497	119	382.3	44,276	116	381.7	44,724	112
50	福岡法務局管内	883,127	2,472	357.3	898,829	2,480	362.4	857,115	2,487
51	福　岡	282,680	972	290.8	295,097	988	298.7	271,829	985
52	佐　賀	57,442	123	467.0	56,550	123	459.8	59,166	125
53	長　崎	72,122	157	459.4	73,465	156	470.9	80,350	162
54	熊　本	122,050	329	371.0	122,727	329	373.0	111,005	328
55	大　分	71,388	166	430.0	72,587	166	437.3	71,772	168
56	宮　崎	70,953	179	396.4	72,236	174	415.1	68,314	167
57	鹿児島	117,550	329	357.3	117,054	328	356.9	109,208	329
58	那　覇	88,942	217	409.9	89,113	216	412.6	85,471	223
	全　国	8,004,543	22,488	355.9	8,036,297	22,632	355.1	7,574,692	22,724

※法務省登記統計による。　※会員数は各年とも 4 月 1 日現在。

人割件数	令和3年			令和4年				
	件数	会員数	人割件数	件数	会員数	人割件数	対前年比増減率（％）	
404.3	292,446	698	419.0	275,357	702	392.2	94.2%	1
339.5	181,622	511	355.4	171,825	515	333.6	94.6%	2
733.1	24,523	35	700.7	22,170	36	615.8	90.4%	3
476.7	36,940	71	520.3	35,963	72	499.5	97.4%	4
592.6	49,361	81	609.4	45,399	79	574.7	92.0%	5
455.2	537,270	1,129	475.9	511,117	1,121	455.9	95.1%	6
396.5	135,616	333	407.3	129,254	330	391.7	95.3%	7
582.5	70,474	121	582.4	68,812	120	573.4	97.6%	8
563.9	84,053	138	609.1	85,933	135	636.5	102.2%	9
519.1	57,508	109	527.6	55,319	110	502.9	96.2%	10
391.9	63,733	156	408.5	59,607	156	382.1	93.5%	11
423.2	125,886	272	462.8	112,192	270	415.5	89.1%	12
344.1	3,387,684	9,407	360.1	3,361,849	9,569	351.3	99.2%	13
211.8	966,805	4,395	220.0	967,175	4,494	215.2	100.0%	14
497.3	179,155	334	536.4	177,027	331	534.8	98.8%	15
489.9	119,058	233	511.0	122,389	235	520.8	102.8%	16
396.3	127,065	291	436.6	126,081	300	420.3	99.2%	17
466.9	448,393	911	492.2	438,481	931	471.0	97.8%	18
509.0	403,065	747	539.6	405,508	762	532.2	100.6%	19
462.2	574,446	1,220	470.9	570,445	1,235	461.9	99.3%	20
430.8	129,293	292	442.8	126,801	293	432.8	98.1%	21
480.4	69,478	130	534.4	66,020	132	500.2	95.0%	22
374.1	151,283	361	419.1	142,743	363	393.2	94.4%	23
447.7	219,643	493	445.5	219,179	493	444.6	99.8%	24
358.2	869,128	2,346	370.5	857,535	2,341	366.3	98.7%	25
332.8	444,630	1,306	340.5	444,258	1,303	341.0	99.9%	26
354.1	61,497	150	410.0	56,029	151	371.1	91.1%	27
315.2	64,105	200	320.5	69,197	198	349.5	107.9%	28
371.6	46,244	118	391.9	47,318	121	391.1	102.3%	29
364.0	132,236	330	400.7	124,039	327	379.3	93.8%	30
514.8	120,416	242	497.6	116,694	241	484.2	96.9%	31
255.1	1,238,388	4,655	266.0	1,257,943	4,682	268.7	101.6%	32
201.3	503,580	2,433	207.0	519,273	2,449	212.0	103.1%	33
398.6	91,768	234	392.2	97,130	237	409.8	105.8%	34
261.4	161,058	575	280.1	158,095	577	274.0	98.2%	35
298.7	334,723	1,040	321.8	339,730	1,044	325.4	101.5%	36
344.3	74,700	210	355.7	72,209	209	345.5	96.7%	37
426.6	72,559	163	445.1	71,506	166	430.8	98.5%	38
322.8	433,812	1,322	328.1	431,546	1,327	325.2	99.5%	39
304.8	164,576	533	308.8	160,595	532	301.9	97.6%	40
338.0	32,248	92	350.5	31,942	90	354.9	99.1%	41
387.4	43,188	107	403.6	40,836	105	388.9	94.6%	42
310.5	110,349	367	300.7	116,670	372	313.6	105.7%	43
347.9	83,451	223	374.2	81,503	228	357.5	97.7%	44
337.0	233,072	666	350.0	224,678	670	335.3	96.4%	45
306.3	58,482	175	334.2	57,599	183	314.7	98.5%	46
339.1	48,049	138	348.2	42,642	138	309.0	88.7%	47
328.9	79,463	241	329.7	76,633	236	324.7	96.4%	48
399.3	47,078	112	420.3	47,804	113	423.0	101.5%	49
344.6	902,596	2,495	361.8	905,503	2,495	362.9	100.3%	50
276.0	292,102	998	292.7	288,707	1,018	283.6	98.8%	51
473.3	60,681	126	481.6	60,972	127	480.1	100.5%	52
496.0	75,773	160	473.6	92,662	155	597.8	122.3%	53
338.4	113,975	334	341.2	113,076	333	339.6	99.2%	54
427.2	79,605	164	485.4	76,515	164	466.6	96.1%	55
409.1	73,646	165	446.3	71,726	159	451.1	97.4%	56
331.9	116,857	322	362.9	113,861	317	359.2	97.4%	57
383.3	89,957	226	398.0	87,984	222	396.3	97.8%	58
333.3	7,894,396	22,718	347.5	7,825,528	22,907	341.6	99.1%	全国

法務局管轄別の会社の登記事件数の推移

		平成30年			令和元年			令和2年	
		件数	会員数	人割件数	件数	会員数	人割件数	件数	会員数
1	札幌法務局管内	44,554	693	64.3	44,450	687	64.7	45,232	698
2	札　幌	29,889	500	59.8	30,355	497	61.1	30,502	506
3	函　館	2,871	39	73.6	2,837	37	76.7	2,937	37
4	旭　川	5,175	70	73.9	4,851	70	69.3	5,014	74
5	釧　路	6,619	84	78.8	6,407	83	77.2	6,779	81
6	仙台法務局管内	60,094	1,134	53.0	58,997	1,138	51.8	59,333	1,134
7	仙　台	17,958	324	55.4	17,678	326	54.2	18,137	328
8	青　森	7,436	128	58.1	6,998	124	56.4	7,100	118
9	盛　岡	7,217	144	50.1	7,027	141	49.8	7,054	146
10	秋　田	5,972	112	53.3	5,999	112	53.6	5,905	110
11	山　形	6,746	156	43.2	7,073	156	45.3	7,018	153
12	福　島	14,765	270	54.7	14,222	279	51.0	14,119	279
13	東京法務局管内	637,213	9,146	69.7	636,309	9,291	68.5	650,013	9,389
14	東　京	363,336	4,193	86.7	363,601	4,294	84.7	373,491	4,396
15	水　戸	17,901	336	53.3	17,816	335	53.2	17,826	340
16	宇都宮	13,467	231	58.3	13,029	232	56.2	13,188	227
17	前　橋	14,481	296	48.9	14,192	297	47.8	14,814	292
18	さいたま	48,549	899	54.0	49,492	910	54.4	49,663	901
19	千　葉	41,133	750	54.8	40,691	742	54.8	42,615	741
20	横　浜	74,241	1,151	64.5	73,471	1,189	61.8	75,307	1,207
21	新　潟	15,725	293	53.7	15,770	292	54.0	15,134	294
22	甲　府	6,086	132	46.1	6,045	133	45.5	5,966	133
23	長　野	15,072	365	41.3	14,840	367	40.4	15,104	363
24	静　岡	27,222	500	54.4	27,362	500	54.7	26,905	495
25	名古屋法務局管内	117,319	2,395	49.0	117,937	2,376	49.6	119,160	2,359
26	名古屋	67,293	1,300	51.8	67,285	1,298	51.8	68,270	1,303
27	富　山	8,067	160	50.4	8,199	154	53.2	8,348	152
28	金　沢	9,372	203	46.2	9,312	205	45.4	9,358	199
29	福　井	6,386	126	50.7	6,978	124	56.3	6,687	118
30	岐　阜	14,623	352	41.5	14,667	343	42.8	14,834	339
31	津	11,578	254	45.6	11,496	252	45.6	11,663	248
32	大阪法務局管内	196,946	4,648	42.4	197,674	4,653	42.5	201,061	4,661
33	大　阪	111,447	2,404	46.4	111,914	2,406	46.5	113,734	2,415
34	大　津	8,116	230	35.3	8,212	233	35.2	8,363	229
35	京　都	23,556	576	40.9	24,254	572	42.4	24,084	584
36	神　戸	40,596	1,057	38.4	40,432	1,059	38.2	41,709	1,055
37	奈　良	7,379	217	34.0	7,167	215	33.3	7,484	211
38	和歌山	5,852	164	35.7	5,695	168	33.9	5,687	167
39	広島法務局管内	53,482	1,326	40.3	54,777	1,336	41.0	54,666	1,327
40	広　島	21,912	519	42.2	23,028	536	43.0	22,876	540
41	鳥　取	3,571	101	35.4	3,560	97	36.7	3,608	94
42	松　江	4,082	112	36.4	4,201	109	38.5	4,331	108
43	岡　山	14,963	366	40.9	15,032	368	40.8	15,089	358
44	山　口	8,954	228	39.3	8,956	226	39.6	8,762	227
45	高松法務局管内	26,443	674	39.2	26,889	671	40.1	27,197	669
46	高　松	7,748	172	45.0	7,834	172	45.5	7,899	172
47	徳　島	4,826	139	34.7	4,865	143	34.0	4,915	144
48	松　山	9,638	244	39.5	9,734	240	40.6	9,825	241
49	高　知	4,231	119	35.6	4,456	116	38.4	4,558	112
50	福岡法務局管内	107,729	2,472	43.6	109,718	2,480	44.2	112,741	2,487
51	福　岡	44,040	972	45.3	46,114	988	46.7	46,215	985
52	佐　賀	4,616	123	37.5	4,712	123	38.3	4,771	125
53	長　崎	7,902	157	50.3	7,783	156	49.9	7,801	162
54	熊　本	12,755	329	38.8	12,665	329	38.5	13,090	328
55	大　分	8,401	166	50.6	8,243	166	49.7	8,936	168
56	宮　崎	6,969	179	38.9	7,132	174	41.0	7,368	167
57	鹿児島	10,289	329	31.3	10,513	328	32.1	10,800	329
58	那　覇	12,757	217	58.8	12,556	216	58.1	13,760	223
	全　国	1,243,780	22,488	55.3	1,246,751	22,632	55.1	1,269,403	22,724

※法務省登記統計による。　※会員数は各年とも4月1日現在。

	令和3年			令和4年				
人割件数	件数	会員数	人割件数	件数	会員数	人割件数	対前年比増減率（%）	
64.8	45,287	698	64.9	43,420	702	61.9	95.9%	1
60.3	30,626	511	59.9	29,517	515	57.3	96.4%	2
79.4	2,886	35	82.5	2,790	36	77.5	96.7%	3
67.8	5,006	71	70.5	4,871	72	67.7	97.3%	4
83.7	6,769	81	83.6	6,242	79	79.0	92.2%	5
52.3	58,746	1,129	52.0	56,517	1,121	50.4	96.2%	6
55.3	17,802	333	53.5	17,204	330	52.1	96.6%	7
60.2	6,884	121	56.9	6,889	120	57.4	100.1%	8
48.3	6,941	138	50.3	6,587	135	48.8	94.9%	9
53.7	5,781	109	53.0	5,647	110	51.3	97.7%	10
45.9	7,253	156	46.5	6,804	156	43.6	93.8%	11
50.6	14,085	272	51.8	13,386	270	49.6	95.0%	12
69.2	664,966	9,407	70.7	647,708	9,569	67.7	97.4%	13
85.0	383,029	4,395	87.2	375,771	4,494	83.6	98.1%	14
52.4	18,390	334	55.1	18,107	331	54.7	98.5%	15
58.1	12,856	233	55.2	12,841	235	54.6	99.9%	16
50.7	14,967	291	51.4	13,814	300	46.0	92.3%	17
55.1	51,731	911	56.8	49,200	931	52.8	95.1%	18
57.5	43,916	747	58.8	42,439	762	55.7	96.6%	19
62.4	75,346	1,220	61.8	73,793	1,235	59.8	97.9%	20
51.5	15,797	292	54.1	14,741	293	50.3	93.3%	21
44.9	6,204	130	47.7	5,885	132	44.6	94.9%	22
41.6	15,201	361	42.1	14,861	363	40.9	97.8%	23
54.4	27,529	493	55.8	26,256	493	53.3	95.4%	24
50.5	121,157	2,346	51.6	116,919	2,341	49.9	96.5%	25
52.4	69,698	1,306	53.4	67,211	1,303	51.6	96.4%	26
54.9	8,365	150	55.8	7,940	151	52.6	94.9%	27
47.0	9,599	200	48.0	8,922	198	45.1	92.9%	28
56.7	6,562	118	55.6	6,726	121	55.6	102.5%	29
43.8	15,144	330	45.9	14,513	327	44.4	95.8%	30
47.0	11,789	242	48.7	11,607	241	48.2	98.5%	31
43.1	206,311	4,655	44.3	202,725	4,682	43.3	98.3%	32
47.1	116,698	2,433	48.0	115,900	2,449	47.3	99.3%	33
36.5	8,777	234	37.5	8,296	237	35.0	94.5%	34
41.2	25,054	575	43.6	24,640	577	42.7	98.3%	35
39.5	42,304	1,040	40.7	40,801	1,044	39.1	96.4%	36
35.5	7,550	210	36.0	7,340	209	35.1	97.2%	37
34.1	5,928	163	36.4	5,748	166	34.6	97.0%	38
41.2	55,465	1,322	42.0	53,274	1,327	40.1	96.0%	39
42.4	23,412	533	43.9	22,227	532	41.8	94.9%	40
38.4	3,583	92	38.9	3,596	90	40.0	100.4%	41
40.1	4,328	107	40.4	4,399	105	41.9	101.6%	42
42.1	15,471	367	42.2	14,576	372	39.2	94.2%	43
38.6	8,671	223	38.9	8,476	228	37.2	97.8%	44
40.7	26,938	666	40.4	26,153	670	39.0	97.1%	45
45.9	7,870	175	45.0	7,615	183	41.6	96.8%	46
34.1	5,073	138	36.8	4,745	138	34.4	93.5%	47
40.8	9,421	241	39.1	9,400	236	39.8	99.8%	48
40.7	4,574	112	40.8	4,393	113	38.9	96.0%	49
45.3	116,214	2,495	46.6	111,075	2,495	44.5	95.6%	50
46.9	48,841	998	48.9	46,501	1,018	45.7	95.2%	51
38.2	4,863	126	38.6	4,835	127	38.1	99.4%	52
48.2	7,923	160	49.5	7,485	155	48.3	94.5%	53
39.9	13,142	334	39.3	12,772	333	38.4	97.2%	54
53.2	9,000	164	54.9	8,392	164	51.2	93.2%	55
44.1	7,245	165	43.9	6,952	159	43.7	96.0%	56
32.8	11,222	322	34.9	10,840	317	34.2	96.6%	57
61.7	13,978	226	61.8	13,298	222	59.9	95.1%	58
55.9	1,295,084	22,718	57.0	1,257,791	22,907	54.9	97.1%	全国

▌ 法務局管轄別の供託事件（令和 4 年）

		受　高								現　金				有価
		現　金		有価証券		振替国債		合　計				時効回復高		
		件数	金　額	件数	券面額	件数	金　額	件数	金　額	件数	金　額	件数	金　額	件数
1	札幌法務局管内	6,715	3,497,797,757	5	25,200,000.00	4	87,200,000	6,724	3,610,197,757	6,461	2,134,337,458	—	—	1
2	札　幌	3,925	2,682,510,909	3	9,900,000.00	4	87,200,000	3,932	2,779,610,909	3,988	1,534,312,478	—	—	—
3	函　館	880	175,233,491	2	15,300,000.00	—	—	882	190,533,491	844	248,041,262	—	—	—
4	旭　川	822	314,174,785	—	—	—	—	822	314,174,785	716	238,663,650	—	—	1
5	釧　路	1,088	325,878,572	—	—	—	—	1,088	325,878,572	913	113,320,068	—	—	—
6	仙台法務局管内	11,754	5,945,702,779	11	58,315,000.00	6	346,100,000	11,771	6,350,117,779	10,272	5,617,882,032	—	—	5
7	仙　台	2,699	908,936,762	4	7,565,000.00	—	—	2,703	916,501,762	2,766	705,246,295	—	—	—
8	青　森	1,668	488,956,745	3	500,000.00	—	—	1,671	489,456,745	1,498	323,549,316	—	—	—
9	盛　岡	1,341	395,659,900	—	—	1	24,300,000	1,342	419,959,900	1,219	483,334,235	—	—	—
10	秋　田	1,423	246,294,048	2	6,000,000.00	—	—	1,425	252,294,048	1,382	176,792,345	—	—	1
11	山　形	1,290	274,309,065	—	—	—	—	1,290	274,309,065	980	138,002,019	—	—	1
12	福　島	3,333	3,631,546,259	2	44,250,000.00	5	321,800,000	3,340	3,997,596,259	2,427	3,790,957,822	—	—	3
13	東京法務局管内	104,659	247,763,277,618	100	429,526,500.00	63	11,663,350,000	104,822	259,856,154,118	129,611	131,915,567,815	2,357	19,004,115	44
14	東　京	55,047	224,660,278,524	52	274,677,500.00	47	11,033,350,000	55,146	235,968,306,024	79,945	113,908,948,102	834	12,366,030	21
15	水　戸	3,720	1,152,111,612	1	250,000.00	—	—	3,721	1,152,361,612	3,886	1,146,871,118	6	180,000	2
16	宇都宮	2,857	886,788,186	2	10,250,000.00	2	20,000,000	2,861	917,038,186	2,542	842,424,242	1	500,000	3
17	前　橋	2,551	860,776,586	3	4,000,000.00	2	20,000,000	2,556	884,776,586	3,275	620,601,173	189	1,116,000	3
18	さいたま	8,300	4,841,728,891	6	250,000.00	1	200,000,000	8,307	5,041,978,891	7,843	3,242,733,611	—	—	6
19	千　葉	6,840	4,331,145,410	7	1,500,000.00	1	10,000,000	6,848	4,342,645,410	7,519	3,012,387,528	899	1,115,140	5
20	横　浜	15,264	6,291,766,940	8	500,000.00	7	290,000,000	15,279	6,582,266,940	15,012	6,053,389,028	424	3,386,945	
21	新　潟	2,320	727,419,396	4	5,500,000.00	—	—	2,324	732,919,396	1,988	324,305,227	—	—	
22	甲　府	1,507	754,836,940	—	—	—	—	1,507	754,836,940	1,446	621,569,576	—	—	
23	長　野	2,615	1,849,576,204	3	23,300,000.00	2	80,000,000	2,620	1,952,876,204	2,461	683,180,938	—	—	
24	静　岡	3,638	1,406,848,929	14	109,299,000.00	1	10,000,000	3,653	1,526,147,929	3,694	1,459,157,272	4	340,000	
25	名古屋法務局管内	16,525	35,099,938,033	18	56,884,000.00	11	6,312,000,000	16,554	41,468,822,033	18,047	40,548,525,163	1	600,000	
26	名古屋	8,828	31,591,042,970	12	39,684,000.00	6	5,015,000,000	8,846	36,645,726,970	9,387	35,929,425,376	1	600,000	
27	富　山	1,072	479,668,615	3	2,200,000.00	—	—	1,075	481,868,615	1,096	465,285,637	—	—	
28	金　沢	1,460	1,505,664,386	1	—	—	—	1,461	1,505,664,386	2,950	2,727,752,997	—	—	
29	福　井	1,029	267,446,939	1	15,000,000.00	5	1,297,000,000	1,035	1,579,446,939	925	489,704,650	—	—	
30	岐　阜	2,337	554,274,771	1	—	—	—	2,338	554,274,771	1,944	321,572,359	—	—	
31	津	1,799	701,840,352	—	—	—	—	1,799	701,840,352	1,745	614,784,144	—	—	
32	大阪法務局管内	37,806	28,398,230,035	76	138,535,000.00	11	10,285,300,000	37,893	38,822,065,035	32,576	45,112,799,256	659	11,108,681	1
33	大　阪	20,792	20,315,771,339	21	84,910,000.00	4	41,000,000	20,817	20,441,681,339	18,338	35,088,768,804	72	6,334,444	
34	大　津	1,231	695,962,143	—	—	—	—	1,231	695,962,143	1,043	377,615,905	—	—	
35	京　都	7,072	2,555,687,458	2	4,000,000.00	1	10,000,000	7,075	2,569,687,458	5,172	4,610,264,635	473	3,033,199	
36	神　戸	6,114	3,445,879,738	48	48,575,000.00	6	10,234,300,000	6,168	13,728,754,738	5,874	3,993,043,053	98	1,709,038	1
37	奈　良	1,414	966,957,360	2	650,000.00	—	—	1,416	967,607,360	1,067	714,944,351	—	—	
38	和歌山	1,183	417,971,997	3	400,000.00	—	—	1,186	418,371,997	1,082	328,162,508	16	32,000	
39	広島法務局管内	9,352	5,004,729,518	7	750,000.00	2	154,500,000	9,361	5,159,979,518	8,759	2,998,138,307	7	70,000	
40	広　島	3,563	1,251,620,527	5	750,000.00	1	28,500,000	3,569	1,280,870,527	3,379	1,499,376,360	—	—	
41	鳥　取	871	141,644,739	—	—	1	126,000,000	872	267,644,739	924	235,977,366	—	—	
42	松　江	864	639,012,860	—	—	—	—	864	639,012,860	783	95,348,678	—	—	
43	岡　山	2,262	1,116,551,563	2	—	—	—	2,264	1,116,551,563	1,989	663,456,559	7	70,000	
44	山　口	1,792	1,855,899,829	—	—	—	—	1,792	1,855,899,829	1,684	503,979,344	—	—	
45	高松法務局管内	5,862	1,881,125,239	9	6,150,000.00	—	—	5,871	1,887,275,239	5,089	1,162,902,434	132	4,732,967	
46	高　松	1,662	938,992,740	1	—	—	—	1,663	938,992,740	1,296	351,807,675	2	2,092,967	
47	徳　島	1,022	221,712,911	—	—	—	—	1,022	221,712,911	997	186,017,390	130	2,640,000	
48	松　山	1,780	405,106,208	1	250,000.00	—	—	1,781	405,356,208	1,514	372,645,351	—	—	
49	高　知	1,398	315,313,380	7	5,900,000.00	—	—	1,405	321,213,380	1,282	252,432,018	—	—	
50	福岡法務局管内	29,451	9,337,009,616	16	66,302,600.00	4	2,299,600,000	29,471	11,702,912,216	35,646	24,148,653,363	13	6,474,800	
51	福　岡	7,660	4,460,604,414	6	45,262,000.00	1	100,000,000	7,667	4,605,866,414	6,585	2,921,797,977	7	4,550,000	
52	佐　賀	886	328,070,369	—	—	—	—	886	328,070,369	918	321,085,840	—	—	
53	長　崎	2,405	472,201,046	—	—	—	—	2,405	472,201,046	1,404	270,389,475	—	—	
54	熊　本	2,518	636,952,689	5	2,200,000.00	1	2,000,000,000	2,524	2,639,152,689	2,178	473,370,988	1	300,000	
55	大　分	1,760	717,784,976	1	250,000.00	—	—	1,761	718,034,976	1,146	764,662,958	1	1,500,000	
56	宮　崎	1,831	467,870,887	1	14,940,600.00	—	—	1,832	482,811,487	1,392	566,244,591	—	—	
57	鹿児島	2,287	424,671,163	2	750,000.00	2	199,600,000	2,291	625,021,163	2,198	563,362,308	—	—	
58	那　覇	10,104	1,828,854,072	1	2,900,000.00	—	—	10,105	1,831,754,072	19,825	18,267,739,226	4	124,800	
	総　数	222,124	336,927,810,595	242	781,663,100.00	101	31,148,050,000	222,467	368,857,523,695	246,461	253,638,805,828	3,169	41,990,563	

※法務省供託統計による。

| 高 | | | 合 計 | | 現 在 高 現 金 | | 有価証券 | | 振替国債 | | 合 計 | | |
券面額	件数	金 額	件数	金 額	件数	金 額	件数	券面額	件数	金 額	件数	金 額	
10,000,000.00	6	138,000,000	6,468	2,282,337,458	124,566	15,833,079,028	2,732	602,520,350.00	60	2,858,000,000	127,358	19,293,599,378.00	1
—	5	68,000,000	3,993	1,602,312,478	106,442	12,325,130,273	1,611	271,015,950.00	41	432,000,000	108,094	13,028,146,223.00	2
—	—	—	844	248,041,262	6,890	1,288,571,190	362	60,907,850.00	18	2,416,000,000	7,270	3,765,479,040.00	3
10,000,000.00	1	70,000,000	718	318,663,650	4,566	1,180,876,219	464	169,342,650.00	1	10,000,000	5,031	1,360,218,869.00	4
—	—	—	913	113,320,068	6,668	1,038,501,346	295	101,253,900.00	—	—	6,963	1,139,755,246.00	5
59,890,000.00	12	230,200,000	10,289	6,007,972,032	99,066	23,056,112,562	1,560	537,035,070.00	80	3,862,500,000	100,706	27,455,647,632.00	6
—	—	—	2,766	705,246,295	33,792	7,602,527,404	476	95,217,100.00	2	200,000,000	34,270	7,897,744,504.00	7
—	3	140,000,000	1,501	463,549,316	9,345	2,272,516,467	102	96,599,000.00	6	185,050,000	9,453	2,554,165,467.00	8
—	2	17,200,000	1,221	500,534,235	11,156	2,760,638,696	204	131,363,770.00	18	262,000,000	11,378	3,154,002,466.00	9
3,000,000.00	—	—	1,383	179,792,345	14,165	1,001,546,832	250	50,742,550.00	1	24,000,000	14,416	1,076,289,382.00	10
03,040,000.00	—	—	981	241,042,019	9,214	1,834,086,073	178	17,530,000.00	10	1,319,950,000	9,402	3,171,566,073.00	11
53,850,000.00	7	73,000,000	2,437	3,917,807,822	21,394	7,584,797,090	350	145,582,650.00	43	1,871,500,000	21,787	9,601,879,740.00	12
63,609,000.00	197	21,322,250,000	132,209	153,520,430,930	1,708,510	1,112,596,213,625	12,867	24,208,099,171.50	772	191,388,850,000	1,722,149	1,328,193,162,796.50	13
12,225,000.00	151	20,717,500,000	80,951	134,751,039,132	1,217,863	990,899,964,788	8,578	21,820,500,850.00	562	181,960,000,000	1,227,003	1,194,680,465,638.00	14
14,240,000.00	—	—	3,894	1,161,291,118	30,619	4,718,270,268	200	164,721,467.50	1	100,000,000	30,820	4,982,991,735.50	15
00,144,000.00	—	—	2,545	943,068,242	35,326	4,912,028,209	111	130,153,500.00	5	220,000,000	35,442	5,262,181,709.00	16
4,150,000.00	8	90,650,000	3,475	716,517,173	19,770	5,686,805,621	224	135,964,500.00	25	216,650,000	20,019	6,039,420,121.00	17
12,500,000.00	1	10,000,000	7,850	3,265,233,611	79,559	19,093,514,754	602	221,059,160.00	22	2,197,500,000	80,183	21,512,073,914.00	18
—	6	48,000,000	8,427	3,061,502,668	81,631	14,985,704,816	720	338,320,100.00	16	454,800,000	82,367	15,778,824,916.00	19
0,000,000.00	10	296,700,000	15,451	6,363,475,973	147,166	38,534,626,423	987	686,770,350.00	71	4,328,600,000	148,224	43,549,996,773.00	20
—	9	60,500,000	1,997	384,805,227	17,152	15,572,923,803	370	231,374,644.00	28	1,162,800,000	17,550	16,967,098,447.00	21
—	—	—	1,446	621,569,576	14,100	2,294,098,134	87	50,510,000.00	5	36,000,000	14,192	2,380,608,134.00	22
9,550,000.00	8	42,400,000	2,470	735,130,938	24,003	5,542,128,308	442	140,927,350.00	21	217,800,000	24,466	5,900,855,658.00	23
800,000.00	4	56,500,000	3,703	1,516,797,272	41,321	10,356,148,501	546	287,797,250.00	16	494,700,000	41,883	11,138,645,751.00	24
5,700,000.00	39	2,720,800,000	18,096	43,275,625,163	126,420	81,141,880,224	2,352	1,300,582,950.00	165	34,759,850,000	128,937	117,202,313,174.00	25
2,700,000.00	31	1,967,900,000	9,427	37,900,625,376	68,933	69,576,273,172	1,445	728,729,450.00	96	19,651,750,000	70,474	89,956,752,622.00	26
—	—	—	1,096	465,285,637	7,334	1,997,022,328	212	226,464,850.00	2	110,000,000	7,548	2,333,487,178.00	27
—	2	15,000,000	2,952	2,742,752,997	9,720	3,021,168,136	247	152,298,250.00	8	205,000,000	9,975	3,378,466,386.00	28
3,000,000.00	2	570,000,000	928	1,062,704,650	9,213	912,995,986	163	80,694,950.00	33	11,401,100,000	9,409	12,394,790,936.00	29
—	1	10,000,000	1,945	331,572,359	15,832	2,791,294,652	226	95,347,750.00	6	735,000,000	16,064	3,621,642,402.00	30
—	3	157,900,000	1,748	772,684,144	15,388	2,843,125,950	59	17,047,700.00	20	2,657,000,000	15,467	5,517,173,650.00	31
22,360,000.00	54	13,205,370,000	33,305	58,351,637,937	574,680	199,764,794,649	5,216	1,988,982,900.00	199	57,675,800,000	580,095	259,429,577,549.00	32
21,860,000.00	45	3,136,750,000	18,461	38,253,713,248	307,621	160,513,715,313	2,989	1,039,797,700.00	138	43,700,150,000	310,748	205,253,663,013.00	33
—	—	—	1,043	377,615,905	8,410	2,034,426,809	144	107,509,000.00	—	—	8,554	2,141,935,809.00	34
—	2	20,000,000	5,647	4,633,297,834	120,766	15,637,620,932	645	150,074,600.00	15	360,400,000	121,426	16,148,095,532.00	35
500,000.00	7	10,048,620,000	5,989	14,043,872,091	101,114	17,509,836,057	1,074	419,379,500.00	24	13,338,300,000	102,212	31,267,515,557.00	36
—	—	—	1,067	714,944,351	14,923	2,155,038,384	109	44,570,700.00	17	107,950,000	15,049	2,307,559,084.00	37
—	—	—	1,098	328,194,508	21,846	1,914,157,154	255	227,651,400.00	5	169,000,000	22,106	2,310,808,554.00	38
5,044,750.00	21	11,866,200,000	8,792	14,890,453,057	128,009	25,794,448,766	1,301	657,592,153.00	52	3,190,500,000	129,362	29,642,540,919.00	39
5,044,750.00	4	28,100,000	3,385	1,553,521,110	39,371	6,843,415,226	596	218,526,060.00	19	210,500,000	39,986	7,272,441,286.00	40
—	2	19,000,000	926	254,977,366	7,572	560,161,685	34	43,223,550.00	10	183,500,000	7,616	786,885,235.00	41
—	—	—	783	95,348,678	8,250	1,714,955,447	54	157,171,650.00	1	10,000,000	8,305	1,882,127,097.00	42
—	5	121,100,000	2,004	784,626,559	41,618	5,934,786,807	420	140,115,893.00	15	235,500,000	42,053	6,310,402,700.00	43
—	10	11,698,000,000	1,694	12,201,979,344	31,198	10,741,129,601	197	98,555,000.00	7	2,551,000,000	31,402	13,390,684,601.00	44
0,000,000.00	3	500,000,000	5,225	1,677,635,401	69,533	15,033,212,793	734	264,179,350.00	22	4,331,500,000	70,289	19,628,892,143.00	45
—	3	500,000,000	1,301	853,900,642	13,092	7,833,088,076	317	24,952,650.00	5	1,520,000,000	13,414	9,378,040,726.00	46
—	—	—	1,127	188,657,390	13,834	1,289,251,394	110	53,246,500.00	1	10,000,000	13,945	1,352,497,894.00	47
0,000,000.00	—	—	1,515	382,645,351	17,423	2,911,260,774	230	109,829,200.00	16	2,801,500,000	17,669	5,822,589,974.00	48
—	—	—	1,282	252,432,018	25,184	2,999,612,549	77	76,151,000.00	—	—	25,261	3,075,763,549.00	49
—	10	686,200,000	35,676	24,841,328,163	338,451	51,069,021,784	2,497	759,848,745.00	67	5,692,550,000	341,015	57,521,420,529.00	50
—	6	670,300,000	6,602	3,596,647,977	68,338	20,482,696,505	986	423,087,197.50	34	2,620,250,000	69,358	23,526,033,702.50	51
—	—	—	918	321,085,840	9,368	1,410,381,221	77	14,769,500.00	—	—	9,445	1,425,150,721.00	52
—	—	—	1,404	270,389,475	34,493	3,333,810,412	251	22,551,847.50	—	—	34,744	3,356,362,259.50	53
—	2	7,500,000	2,182	481,170,988	60,059	5,143,905,291	341	73,267,600.00	13	2,056,500,000	60,413	7,273,672,891.00	54
—	—	—	1,147	766,162,958	27,163	5,539,251,404	260	57,011,500.00	1	10,000,000	27,424	5,606,262,904.00	55
—	—	—	1,393	566,244,591	21,559	1,524,097,514	177	43,665,600.00	1	20,000,000	21,737	1,587,763,114.00	56
—	2	8,400,000	2,201	571,762,308	27,700	3,668,285,066	294	42,596,000.00	18	985,800,000	28,012	4,696,681,066.00	57
—	—	—	19,829	18,267,864,026	89,771	9,966,594,371	111	82,899,500.00	—	—	89,882	10,049,493,871.00	58
7,603,750.00	342	50,669,020,000	250,060	304,847,420,141	3,169,235	1,524,288,763,431	29,259	30,318,840,689.50	1,417	303,759,550,000	3,199,911	1,858,367,154,120.50	総数

司法書士による供託事件の取扱事件数の推移

	平成25年	平成26年	平成27年	平成28年	平成29年	平成30年	令和元年	令和2年	令和3年	令和4年
札 幌 会	42	27	25	28	49	47	47	36	43	46
函 館 会	6	7	7	1	3	9	4	5	3	2
旭 川 会	17	20	23	20	20	18	7	18	5	3
釧 路 会	13	6	5	10	5	2	9	11	14	14
宮 城 県 会	123	97	117	110	110	86	101	124	91	96
福 島 県 会	165	242	177	175	168	149	166	159	129	163
山 形 県 会	44	33	31	34	40	35	39	52	34	47
岩 手 県 会	51	71	71	33	74	41	31	52	49	43
秋 田 県 会	175	184	231	215	294	222	175	264	249	278
青 森 県 会	16	16	17	28	24	14	11	17	19	15
東 京 会	251	307	432	294	299	313	367	20,175	291	7,489
神奈川県会	144	145	118	138	125	135	246	135	116	99
埼 玉 会	174	129	111	160	150	135	105	104	106	140
千 葉 会	228	115	114	141	93	79	83	101	107	122
茨 城 会	120	152	140	144	122	162	119	133	151	153
栃 木 県 会	61	77	66	73	61	56	58	59	47	39
群 馬 会	104	95	112	81	71	87	98	98	68	59
静 岡 県 会	120	124	117	119	112	133	111	121	72	114
山 梨 県 会	67	51	42	40	38	33	18	25	38	35
長 野 県 会	316	323	274	310	332	260	225	418	327	298
新 潟 県 会	82	74	66	82	94	98	119	98	114	97
愛 知 県 会	113	102	93	89	90	93	82	143	98	82
三 重 県 会	40	42	42	50	64	89	55	66	78	66
岐 阜 県 会	114	57	68	94	90	65	135	58	76	86
福 井 県 会	78	95	50	41	51	38	51	76	64	88
石 川 県 会	14	21	34	26	14	16	30	27	47	32
富 山 県 会	9	12	19	7	15	17	15	26	13	8
大 阪 会	347	197	212	189	196	200	206	232	182	150
京 都 会	71	99	78	51	236	74	82	67	89	126
兵 庫 県 会	157	124	208	125	128	122	174	121	145	148
奈 良 県 会	52	40	33	37	54	41	34	20	37	33
滋 賀 県 会	20	18	21	21	21	32	21	30	22	36
和歌山県会	50	45	37	47	34	43	20	30	28	24
広 島 会	103	109	128	115	91	87	56	64	109	93
山 口 県 会	280	272	463	248	207	331	346	370	344	240
岡 山 県 会	85	78	80	123	96	103	139	112	139	125
鳥 取 県 会	62	32	59	28	57	94	61	65	37	77
島 根 県 会	87	54	94	98	81	42	72	46	93	76
香 川 県 会	26	27	48	44	26	24	64	79	30	70
徳 島 県 会	69	67	73	111	67	77	71	65	73	68
高 知 県 会	339	262	272	202	196	260	190	288	235	225
愛 媛 県 会	75	75	71	102	96	84	81	66	82	67
福 岡 県 会	228	265	374	283	215	224	209	260	229	247
佐 賀 県 会	127	106	113	100	112	111	115	71	106	106
長 崎 県 会	288	381	422	509	412	325	307	363	403	352
大 分 県 会	265	290	332	386	351	308	306	282	350	336
熊 本 県 会	423	444	421	484	504	432	469	398	477	402
鹿児島県会	190	254	263	255	215	254	247	192	215	248
宮 崎 県 会	169	186	189	188	219	246	235	224	236	200
沖 縄 県 会	66	29	39	34	40	85	63	68	82	52
合　　　計	6,266	6,078	6,632	6,323	6,262	6,031	6,075	26,114	6,192	13,215

※日司連定時総会資料に基づく。

司法書士取扱事件数報告・国籍に関する書類の作成

（単位：件）

会　名	平成25年	平成26年	平成27年	平成28年	平成29年	平成30年	令和元年	令和2年	令和3年	令和4年
札　幌　会	0	0	0	0	4	1	0	4	1	0
函　館　会	0	0	0	0	0	0	0	0	0	0
旭　川　会	0	0	0	0	0	0	0	0	0	1
釧　路　会	0	0	0	0	0	0	0	0	0	0
宮城県会	1	243	0	1	0	2	1	0	0	0
福島県会	0	0	0	0	0	49	0	0	0	0
山形県会	0	0	0	0	51	0	0	0	0	0
岩手県会	0	0	0	0	0	0	0	0	0	1
秋田県会	0	2	2	1	0	0	0	0	0	0
青森県会	0	0	0	0	0	0	18	0	0	0
東　京　会	4	20	92	329	32	14	65	47	35	35
神奈川県会	11	3	4	36	38	7	4	104	6	12
埼　玉　会	6	6	1	1	285	6	0	0	1	1
千　葉　会	0	0	0	0	0	0	3	0	0	1
茨　城　会	0	0	0	0	0	2	1	0	1	0
栃木県会	0	0	0	0	0	0	0	0	0	0
群　馬　会	1	0	0	0	0	1	1	0	0	0
静岡県会	23	6	2	1	0	1	1	1	2	1
山梨県会	0	1	0	0	0	0	0	0	0	0
長野県会	0	0	0	0	1	1	0	1	2	1
新潟県会	2	4	0	1	0	0	0	0	0	0
愛知県会	9	12	16	13	21	39	48	50	50	19
三重県会	7	0	0	11	3	1	3	6	2	5
岐阜県会	0	0	0	12	0	1	2	2	4	4
福井県会	0	3	0	0	0	0	0	0	0	0
石川県会	0	0	0	1	0	1	0	0	1	0
富山県会	0	16	0	0	1	0	0	1	3	4
大　阪　会	94	113	128	127	267	248	148	143	68	96
京　都　会	12	20	35	29	43	30	47	18	26	32
兵庫県会	14	15	25	23	18	31	17	27	24	288
奈良県会	13	9	7	5	2	5	3	4	3	3
滋賀県会	0	0	0	3	8	2	4	4	1	1
和歌山県会	0	3	1	0	1	0	2	0	0	0
広　島　会	7	4	13	307	3	3	5	1	4	1
山口県会	4	15	2	5	5	7	6	1	3	0
岡山県会	0	0	2	0	0	2	1	4	1	4
鳥取県会	0	1	0	0	0	0	0	0	0	0
島根県会	0	0	0	2	0	1	0	0	0	1
香川県会	0	0	0	0	0	1	0	1	0	0
徳島県会	0	4	0	43	0	0	0	0	0	0
高知県会	0	0	0	0	0	0	0	0	0	0
愛媛県会	0	0	0	0	0	0	0	0	1	0
福岡県会	10	28	12	10	238	11	6	9	10	5
佐賀県会	5	0	1	0	0	1	0	0	0	0
長崎県会	0	0	1	1	1	0	0	0	0	5
大分県会	0	0	1	12	0	0	0	0	0	10
熊本県会	1	1	1	1	0	0	0	0	0	0
鹿児島県会	4	0	1	1	0	1	0	1	0	0
宮崎県会	0	0	0	0	2	1	0	0	0	0
沖縄県会	1	1	0	1	10	1	0	2	0	0
全　国	229	530	347	976	1,034	471	386	432	248	531

※日司連定時総会資料に基づく。

簡易裁判所民事事件通常訴訟事件代理人選任別既済事件数(地方裁判所管内別)一覧(令和4年)

(単位：件)

	原告弁護士			原告司法書士			原告代理人なし			総既済事件数	関与司法書士数合計	関与司法書士率	関与弁護士数合計	関与弁護士率
	被告弁護士	被告司法書士	被告代理人なし	被告弁護士	被告司法書士	被告代理人なし	被告弁護士	被告司法書士	被告代理人なし					
全　国	18,643	159	21,200	2,039	125	8,912	18,592	4,002	256,013	329,685	15,237	4.6%	60,633	18.4%
札　幌	566	9	954	21	2	181	668	159	8,856	11,416	372	3.3%	2,218	19.4%
函　館	62	0	31	0	0	5	23	4	316	441	9	2.0%	116	26.3%
旭　川	83	0	54	3	0	16	32	2	355	545	21	3.9%	172	31.6%
釧　路	64	0	70	3	0	3	52	7	388	587	13	2.2%	189	32.2%
宮　城	298	1	307	11	4	127	217	25	2,311	3,301	168	5.1%	834	25.3%
福　島	208	0	185	5	0	99	66	13	997	1,573	117	7.4%	464	29.5%
山　形	61	0	81	0	0	15	30	3	374	564	18	3.2%	172	30.5%
岩　手	68	2	102	5	2	56	35	8	550	828	73	8.8%	212	25.6%
秋　田	78	0	55	2	0	22	27	3	385	572	27	4.7%	162	28.3%
青　森	121	0	113	1	0	41	66	10	528	880	52	5.9%	301	34.2%
東　京	2,316	52	6,302	1,538	37	4,192	9,428	2,197	120,349	146,411	8,016	5.5%	19,636	13.4%
神奈川	916	4	1,028	28	5	283	723	188	10,627	13,802	508	3.7%	2,699	19.6%
埼　玉	762	6	756	19	4	315	363	55	5,326	7,606	399	5.2%	1,906	25.1%
千　葉	650	2	726	10	1	228	244	52	3,499	5,412	293	5.4%	1,632	30.2%
茨　城	391	1	286	8	2	107	97	21	1,328	2,241	139	6.2%	783	34.9%
栃　木	317	2	258	6	3	86	281	65	3,296	4,314	162	3.8%	864	20.0%
群　馬	296	4	280	13	3	98	90	11	754	1,549	129	8.3%	683	44.1%
静　岡	526	5	440	25	1	176	451	148	8,080	9,852	355	3.6%	1,447	14.7%
山　梨	123	0	136	2	0	38	37	4	383	723	44	6.1%	298	41.2%
長　野	212	2	260	6	1	64	91	14	699	1,349	87	6.4%	571	42.3%
新　潟	172	0	152	6	2	23	92	10	809	1,266	41	3.2%	422	33.3%
愛　知	1,287	10	1,290	37	5	426	505	78	7,897	11,535	556	4.8%	3,129	27.1%
三　重	329	0	257	2	0	50	83	15	712	1,448	67	4.6%	671	46.3%
岐　阜	273	0	187	5	0	40	68	8	668	1,249	53	4.2%	533	42.7%
福　井	73	0	50	2	0	12	35	2	404	578	16	2.8%	160	27.7%
石　川	195	2	121	2	1	47	36	6	274	684	58	8.5%	356	52.0%
富　山	116	1	108	0	1	15	48	10	445	744	27	3.6%	273	36.7%
大　阪	1,652	14	1,542	85	7	385	1,722	361	31,311	37,079	852	2.3%	5,015	13.5%
京　都	551	11	886	22	1	99	328	45	3,156	5,099	178	3.5%	1,798	35.3%
兵　庫	879	4	737	36	2	205	223	28	2,203	4,317	275	6.4%	1,879	43.5%
奈　良	254	1	165	4	0	34	52	2	465	977	41	4.2%	476	48.7%
滋　賀	264	1	140	7	1	58	82	13	850	1,416	80	5.6%	494	34.9%
和歌山	122	1	95	2	3	52	26	2	303	606	60	9.9%	246	40.6%
広　島	544	2	295	5	1	53	214	23	2,971	4,108	84	2.0%	1,060	25.8%
山　口	219	3	125	3	0	29	53	18	697	1,147	53	4.6%	403	35.1%
岡　山	571	0	311	7	4	78	95	10	822	1,898	99	5.2%	984	51.8%
鳥　取	60	2	54	1	0	14	31	6	438	606	23	3.8%	148	24.4%
島　根	56	1	31	0	0	12	19	5	246	370	18	4.9%	107	28.9%
香　川	259	2	107	3	2	45	42	3	411	874	55	6.3%	413	47.3%
徳　島	149	1	78	6	1	44	26	0	266	571	52	9.1%	260	45.5%
高　知	97	0	71	6	3	32	23	14	335	581	55	9.5%	197	33.9%
愛　媛	212	2	149	3	0	31	109	30	1,055	1,591	66	4.1%	475	29.9%
福　岡	1,071	5	824	42	4	379	1,087	191	23,017	26,620	621	2.3%	3,029	11.4%
佐　賀	108	0	70	3	1	52	44	3	365	646	59	9.1%	225	34.8%
長　崎	118	0	148	6	1	54	63	20	700	1,110	81	7.3%	335	30.2%
大　分	197	0	135	1	1	90	58	6	918	1,406	98	7.0%	391	27.8%
熊　本	259	4	165	18	10	142	100	24	997	1,719	198	11.5%	546	31.8%
鹿児島	197	2	212	10	6	118	86	17	929	1,577	153	9.7%	507	32.1%
宮　崎	86	0	110	2	3	97	54	10	682	1,044	112	10.7%	252	24.1%
沖　縄	155	0	161	7	0	44	167	53	2,266	2,853	104	3.6%	490	17.2%

※最高裁判所からの提供資料による。

地方裁判所管内別民事事件第一審通常訴訟代理人選任別既済事件数（令和４年）

裁判所	原告弁護士		原告代理人なし		既済事件総件数	当事者本人によるもの合計	当事者本人によるもの割合（%）
	被告弁護士	被告代理人なし	被告弁護士	被告代理人なし			
全　　国	63,170	54,903	4,005	9,725	131,803	68,633	52.1%
札　　幌	1,693	1,238	76	108	3,115	1,422	45.7%
函　　館	92	81	10	12	195	103	52.8%
旭　　川	184	79	6	15	284	100	35.2%
釧　　路	146	111	7	17	281	135	48.0%
宮　　城	908	779	45	109	1,841	933	50.7%
福　　島	573	421	40	65	1,099	526	47.9%
山　　形	251	143	16	27	437	186	42.6%
岩　　手	192	161	26	23	402	210	52.2%
秋　　田	143	120	8	23	294	151	51.4%
青　　森	262	190	24	37	513	251	48.9%
東　　京	17,148	17,889	1,038	2,776	38,851	21,703	55.9%
神　奈　川	3,632	3,692	257	598	8,179	4,547	55.6%
埼　　玉	2,173	2,444	140	492	5,249	3,076	58.6%
千　　葉	1,815	2,166	150	525	4,656	2,841	61.0%
茨　　城	812	666	66	91	1,635	823	50.3%
栃　　木	672	487	33	159	1,351	679	50.3%
群　　馬	817	493	37	56	1,403	586	41.8%
静　　岡	1,338	901	88	209	2,536	1,198	47.2%
山　　梨	229	210	15	35	489	260	53.2%
長　　野	514	321	41	62	938	424	45.2%
新　　潟	438	295	40	48	821	383	46.7%
愛　　知	3,996	3,532	191	510	8,229	4,233	51.4%
三　　重	712	486	40	76	1,314	602	45.8%
岐　　阜	565	462	44	55	1,126	561	49.8%
福　　井	240	142	13	23	418	178	42.6%
石　　川	367	165	21	15	568	201	35.4%
富　　山	304	143	32	29	508	204	40.2%
大　　阪	6,884	5,870	427	772	13,953	7,069	50.7%
京　　都	1,836	1,562	92	267	3,757	1,921	51.1%
兵　　庫	2,466	1,581	156	465	4,668	2,202	47.2%
奈　　良	529	255	40	61	885	356	40.2%
滋　　賀	509	300	27	52	888	379	42.7%
和　歌　山	341	202	10	26	579	238	41.1%
広　　島	1,187	760	71	109	2,127	940	44.2%
山　　口	365	267	27	51	710	345	48.6%
岡　　山	1,013	628	43	95	1,779	766	43.1%
鳥　　取	153	87	19	34	293	140	47.8%
島　　根	163	94	17	22	296	133	44.9%
香　　川	405	242	31	39	717	312	43.5%
徳　　島	306	179	25	29	539	233	43.2%
高　　知	182	101	19	34	336	154	45.8%
愛　　媛	378	295	28	57	758	380	50.1%
福　　岡	2,892	2,299	229	877	6,297	3,405	54.1%
佐　　賀	266	128	17	52	463	197	42.5%
長　　崎	330	212	29	67	638	308	48.3%
大　　分	404	221	28	44	697	293	42.0%
熊　　本	712	461	41	97	1,311	599	45.7%
鹿　児　島	553	486	44	86	1,169	616	52.7%
宮　　崎	459	262	27	63	811	352	43.4%
沖　　縄	621	594	54	131	1,400	779	55.6%

※最高裁判所からの提供資料による。

地方裁判所民事事件の事件記録符号別新受事件数の推移

（単位：件）

事件名	平成30年	令和元年	令和2年	令和3年	令和4年	令和4年の対平成30年比 増減率	令和4年の対平成30年比 増減数
（ワ）第一審通常訴訟	138,444	134,934	133,430	130,861	126,664	91.5%	−11,780
（手ワ）手形・小切手訴訟	90	57	51	29	25	27.8%	−65
（ワネ）控訴提起	10,982	10,829	9,525	11,530	12,014	109.4%	1,032
（ワオ）飛躍上告提起	12	10	8	16	13	108.3%	1
（ワ受）飛躍上告受理申立	10	10	6	13	8	80.0%	−2
（カ）再審	198	280	248	235	217	109.6%	19
（ヨ）保全命令	13,112	12,587	12,162	11,532	11,397	86.9%	−1,715
（レ）控訴	4,404	3,999	3,710	4,319	4,031	91.5%	−373
（レツ）上告提起	544	482	428	524	556	102.2%	12
（ソ）抗告	689	693	483	621	672	97.5%	−17
（ソラ）抗告提起	2,943	3,093	2,745	2,923	2,822	95.9%	−121
（チ）民事非訟	550	519	526	586	473	86.0%	−77
（ヒ）商事非訟	1,976	2,034	2,102	2,189	2,059	104.2%	83
（借チ）借地非訟	310	323	263	343	289	93.2%	−21
（シ）借地借家臨時処理事件	0	0	0	0	0	−	0
（配チ）配偶者暴力保護命令	2,164	2,005	1,844	1,730	1,431	66.1%	−733
（労）労働審判	3,630	3,665	3,907	3,609	3,208	88.4%	−422
（ノ）一般調停	2,168	2,107	3,086	4,400	5,794	267.3%	3,626
（ユ）宅地建物調停	222	320	336	416	416	187.4%	194
（セ）農事調停	112	135	89	93	117	104.5%	5
（メ）商事調停	436	499	529	891	841	192.9%	405
（ス）鉱害調停	0	0	0	0	0	−	0
（交）交通調停	40	35	214	489	957	2392.5%	917
（公）公害等調停	0	0	0	0	1	−	1
（特ノ）特定調停	69	33	18	40	19	27.5%	−50
（リ）配当等手続	65,581	69,680	70,017	70,766	70,857	108.0%	5,276
（ヌ）不動産等強制執行	5,064	5,524	4,861	5,648	5,483	108.3%	419
（ル）債権等強制執行	119,034	130,564	118,526	136,391	134,123	112.7%	15,089
（ケ）不動産等担保権実行としての競売等	16,531	15,749	12,844	11,052	9,966	60.3%	−6,565
（ナ）債権等担保権実行及び行使	1,145	1,152	1,182	998	989	86.4%	−156
（財チ）財産開示	578	577	3,930	8,155	15,354	2656.4%	14,776
（情チ）情報取得事件	−	−	4,506	7,527	7,938	−	−
（企）企業担保権実行	0	0	0	0	0	−	0
（フ）破産	80,012	80,202	78,104	73,457	70,602	88.2%	−9,410
（再）再生	114	145	109	110	92	80.7%	−22
（再イ）小規模個人再生	12,355	12,764	12,064	10,509	8,982	72.7%	−3,373
（再ロ）給与所得者等再生	856	830	777	740	782	91.4%	−74
（ミ）会社更生	4	1	3	3	6	150.0%	2
（承）承認援助	0	0	4	0	0	−	0
（船）船舶所有者等責任制限	0	3	5	3	1	−	1
（油）油濁損害賠償責任制限	0	0	0	0	0	−	0
（集）簡易確定	0	0	1	2	0	−	0
（ホ）過料	48,013	52,406	50,240	54,249	49,378	102.8%	1,365
（エ）共助	1,725	2,021	1,640	1,953	1,806	104.7%	81
（仲）仲裁関係	9	10	11	4	16	177.8%	7
（人）人身保護	108	90	87	100	90	83.3%	−18
（タ）人事訴訟事件	0	0	0	0	0	−	0
（モ・人モ・ヲ）雑	50,623	42,274	37,663	39,270	36,655	72.4%	−13,968

※最高裁判所からの提供資料による。
※令和2年より、事件記録符号「（情チ）情報取得事件」が追加された。

家事審判・調停事件の事件別新受件数

※裁判所 HP（https://www.courts.go.jp）にて公表されている司法統計のデータより。

（単位：件）

事　件[1]	平成25年	平成26年	平成27年	平成28年	平成29年	平成30年	令和元年	令和2年	令和3年	令和4年
審判事件総数	734,227	730,608	784,088	835,713	863,884	883,000	907,798	926,830	967,412	976,082
別表第一審判事件	714,196	710,562	764,361	816,216	844,667	863,915	888,613	906,455	944,396	954,573
後見開始の審判及びその取消し（別一1等）	28,208	27,687	27,708	26,971	27,918	28,105	26,575	26,442	28,143	28,078
保佐開始の審判・取消しなど（別一17等）	10,531	11,288	11,903	12,373	13,361	14,442	15,513	17,270	18,715	18,727
補助開始の審判・取消しなど（別一36等）	3,806	3,998	4,003	3,943	4,098	4,458	5,661	7,426	7,974	7,503
後見人等の選任（別一3等）	10,846	14,932	19,971	16,046	12,278	10,370	9,617	9,208	9,489	8,951
後見人等の辞任（別一4等）	3,714	6,342	10,920	11,935	9,135	7,264	6,456	5,907	6,362	6,006
後見人等の解任（別一5等）	971	1,095	876	658	571	496	468	406	416	379
居住用不動産の処分についての許可（別一11等）	6,589	6,700	7,169	7,511	7,759	7,859	8,449	8,238	9,109	9,235
特別代理人の選任（利益相反行為）（別一12等）	11,039	10,617	9,534	9,163	9,181	9,322	9,017	8,978	9,345	8,807
後見人等に対する報酬の付与（別一13等）	58,918	76,420	101,088	123,599	137,722	146,984	157,017	165,818	178,041	189,334
後見等監督処分（別一14等）	81,995	93,657	109,253	141,222	153,253	162,084	166,927	169,321	173,445	177,320
不在者の財産の管理に関する処分（別一55）	8,194	8,604	7,841	8,138	8,096	7,863	7,405	7,623	8,294	6,826
失踪の宣告及びその取消し（別一56等）	2,798	2,519	2,596	2,323	2,465	2,315	2,108	2,115	2,082	1,960
子の氏の変更についての許可（別一60）	173,624	165,898	169,346	161,460	158,273	153,834	152,631	146,747	138,758	126,194
養子をするについての許可（別一61）	1,061	1,080	1,051	1,075	907	941	1,004	790	697	682
相続の承認又は放棄の期間の伸長（別一89）	6,838	7,028	7,399	7,210	7,180	7,511	7,589	8,848	9,117	9,578
相続の放棄の申述の受理（別一95）	172,936	182,082	189,296	197,656	205,909	215,320	225,416	234,732	251,994	260,497
相続財産管理人選任等（相続人不分明）（別一99）	17,869	18,448	18,618	19,810	21,130	21,121	21,752	23,617	27,207	27,771
遺言書の検認（別一103）	16,708	16,843	16,888	17,205	17,394	17,487	18,625	18,277	19,576	20,500
遺言執行者の選任（別一104）	2,509	2,527	2,530	2,539	2,560	2,384	2,531	2,428	2,691	2,747
任意後見契約に関する法律関係（別一111等）	2,547	2,865	3,428	3,895	4,333	4,512	4,618	4,745	4,895	5,049
戸籍法による氏の変更についての許可（別一122）	14,869	14,219	14,002	13,316	13,232	12,343	12,669	11,674	11,979	11,594
戸籍法による名の変更についての許可（別一122）	7,054	6,720	7,062	6,341	6,294	5,986	6,524	6,082	5,958	5,728
心神喪失等の状態で重大な他害行為を行った者の医療及び観察等に関する法律23条の2第2項の事件（別一130）[2]	55,086	10,872	107	128	128	127	96	85	78	84
別表第二審判事件	20,031	20,046	19,727	19,497	19,217	19,085	19,185	20,375	23,016	21,509
婚姻費用の分担（別二2）	3,421	3,476	3,515	3,343	3,207	3,138	3,074	3,580	4,346	3,963
子の監護者の指定その他の処分（別二3）	8,675	9,042	9,216	9,346	9,228	9,483	9,527	10,394	11,576	10,902
親権者の指定又は変更（別二8）	2,169	2,042	1,971	1,903	1,856	1,597	1,631	1,629	1,578	1,313
扶養に関する処分（別二9等）[3]	228	168	156	151	141	149	140	148	149	138
遺産の分割に関する処分など（別二12等）[4]	2,317	2,155	2,012	1,895	1,973	1,967	2,041	1,857	2,255	2,316
請求すべき按分割合に関する処分（別二16）	1,984	1,911	1,797	1,843	1,804	1,743	1,779	1,797	1,964	1,820
調停事件総数	139,593	137,207	140,822	140,640	139,274	135,784	136,359	130,936	132,556	123,760
別表第二調停事件	74,870	75,972	78,909	80,213	81,600	80,451	81,795	79,651	82,600	77,054
婚姻費用の分担（別二2）	17,832	18,570	20,276	21,383	21,761	21,659	22,619	22,648	22,271	20,867
子の監護者の指定その他の処分（別二3）	32,208	32,565	34,250	34,811	35,216	34,865	35,251	34,481	37,221	33,261
財産の分与に関する処分（別二4）	1,605	1,512	1,701	1,666	1,761	1,725	1,809	1,746	1,833	1,674
親権者の指定又は変更（別二8）	7,306	7,194	6,782	6,710	6,145	5,908	5,930	5,521	5,160	4,394
遺産の分割に関する処分など（別二12等）	12,878	13,101	12,980	12,766	14,044	13,738	13,801	12,757	13,564	14,371
請求すべき按分割合に関する処分（別二16）	1,311	1,313	1,373	1,351	1,217	1,103	1,063	990	982	887
別表第二以外の調停事件	64,723	61,235	61,913	60,427	57,674	55,332	54,564	51,285	49,956	46,706
婚姻中の夫婦間の事件	50,581	47,685	48,764	47,717	45,777	44,045	43,492	41,037	39,886	37,528
婚姻外の男女間の事件	398	318	313	227	250	201	175	142	206	157
離婚その他男女関係解消に基づく慰謝料	784	706	656	613	588	466	437	396	392	344
親族間の紛争	2,527	2,384	2,429	2,234	2,082	2,012	2,067	1,722	1,751	1,761
合意に相当する審判事項	4,146	4,029	3,828	3,763	3,457	3,447	3,280	3,076	2,979	2,574
離縁	1,208	1,245	1,170	1,245	1,122	1,071	1,127	1,090	1,216	923

1) 平成25年以降の家審法適用事件の数値は、家審法に対応する家事法上の分類及び事件名に計上している。ただし、事件名末尾に「（家審法～）」とあるものを除く（本表以降の表の数値についても同様である。）。
2) 平成26年3月までは精神保健及び精神障害者福祉に関する法律20条2項の事件を計上していた。同法は、昭和63年7月から「精神衛生法」が「精神保健法」と、さらに、平成7年7月1日から「精神保健及び精神障害者福祉に関する法律」と改題名された。
3) 平成25年以降の「扶養義務の設定及びその取消し」は「扶養義務の設定及びその取消し（別一84等）」に計上している。
4) 平成25年から「遺産分割禁止の審判の取消し及びその変更」を計上している。

▌離婚事件（家事婚姻関係事件のうち申立ての趣旨が離婚のもの）における既済事件数と代理人の有無—家庭裁判所管内別（令和4年）

（単位：件）

| | 既済総数 | 弁護士関与あり | | | | 弁護士関与なし |
		総数	うち申立人	うち相手方	うち双方	
全 国 合 計	35,041	21,377	8,960	1,591	10,826	13,664
札　　幌	1,031	720	268	50	402	311
函　　館	105	72	36	3	33	33
旭　　川	183	116	53	3	60	67
釧　　路	242	127	55	13	59	115
宮　　城	640	414	178	33	203	226
福　　島	474	225	116	22	87	249
山　　形	255	120	47	12	61	135
岩　　手	286	143	87	10	46	143
秋　　田	208	74	24	10	40	134
青　　森	282	163	77	15	71	119
東　　京	3,868	2,729	1,102	138	1,489	1,139
神　奈　川	2,739	1,780	784	148	848	959
埼　　玉	1,993	1,143	520	99	524	850
千　　葉	1,779	1,006	496	78	432	773
茨　　城	709	335	171	34	130	374
栃　　木	553	281	127	22	132	272
群　　馬	582	309	127	26	156	273
静　　岡	1,128	590	254	53	283	538
山　　梨	256	133	50	20	63	123
長　　野	596	302	142	33	127	294
新　　潟	497	237	109	20	108	260
愛　　知	2,260	1,443	542	95	806	817
三　　重	445	237	100	28	109	208
岐　　阜	527	294	109	35	150	233
福　　井	167	97	36	9	52	70
石　　川	280	186	85	10	91	94
富　　山	259	143	70	9	64	116
大　　阪	2,581	1,767	641	113	1,013	814
京　　都	671	476	155	26	295	195
兵　　庫	1,538	1,012	407	82	523	526
奈　　良	376	251	87	13	151	125
滋　　賀	366	223	100	20	103	143
和　歌　山	237	133	58	9	66	104
広　　島	803	520	219	48	253	283
山　　口	322	160	67	10	83	162
岡　　山	546	347	155	21	171	199
鳥　　取	131	81	38	6	37	50
島　　根	153	91	45	6	40	62
香　　川	319	172	68	12	92	147
徳　　島	214	141	61	9	71	73
高　　知	164	83	40	2	41	81
愛　　媛	354	170	87	13	70	184
福　　岡	1,463	956	370	59	527	507
佐　　賀	184	98	44	10	44	86
長　　崎	320	165	85	13	67	155
大　　分	308	179	76	17	86	129
熊　　本	488	308	137	18	153	180
鹿　児　島	416	238	83	27	128	178
宮　　崎	335	184	70	19	95	151
沖　　縄	408	203	102	10	91	205

※最高裁判所からの提供資料による。

遺産分割事件のうち、認容・調停成立・調停に代わる審判件数 ―価額別審理期間―全家庭裁判所総数（令和 4 年）

（単位：件）

裁判所	遺産の価額	総数	1 月以内	3 月以内	6 月以内	1 年以内	2 年以内	3 年以内	3 年を超える
全家庭裁判所総数	総数	10,707	57	758	2,287	3,576	2,728	868	433
	1,000 万円以下	4,424	29	437	1,259	1,560	865	195	79
	5,000 万円以下	4,206	20	239	778	1,438	1,221	369	141
	1 億円以下	1,022	4	25	124	316	327	153	73
	5 億円以下	612	3	17	52	137	198	105	100
	5 億円を超える	52	–	1	4	4	14	14	15
	算定不能・不詳	391	1	39	70	121	103	32	25

※最高裁判所からの提供資料による。

遺産分割事件のうち、認容・調停成立・調停に代わる審判件数（「分割をしない」を除く）―遺産の種類別審理期間―全家庭裁判所総数（令和 4 年）

（単位：件）

裁判所	遺産の種類	総数	1 月以内	3 月以内	6 月以内	1 年以内	2 年以内	3 年以内	3 年を超える
全家庭裁判所総数	総数	10,618	56	748	2,259	3,544	2,718	862	431
	土地	1,084	6	104	293	389	217	47	28
	建物	254	6	27	77	82	42	13	7
	現金等	1,874	12	192	496	578	416	137	43
	動産その他	65	–	7	12	21	16	5	4
	土地・建物	1,772	13	125	447	652	394	88	53
	土地・現金等	593	3	29	100	207	179	42	33
	土地・動産その他	19	–	2	2	8	4	1	2
	建物・現金等	341	–	19	64	133	84	29	12
	建物・動産その他	15	–	1	3	6	4	–	1
	現金等・動産その他	165	1	15	23	54	47	17	8
	土地・建物・現金等	3,280	11	184	572	1,071	935	343	164
	土地・建物・動産その他	90	–	3	18	26	27	8	8
	土地・現金等・動産その他	87	–	2	7	18	37	14	9
	建物・現金等・動産その他	69	–	4	13	20	21	6	5
	土地・建物・現金等・その他	910	4	34	132	279	295	112	54

※最高裁判所からの提供資料による。
（注）「現金等」とは、現金、預金及び有価証券等をいい、遺産を換価した場合も含む。

（単位：件）

	登記・供託関係		多重債務関係		民事一般関係（多重債務除く）		成年後見・家事事件関係		司法書士会関係		その他		相談件数合計	
	件数	割合	件数	割合	件数	割合	件数	割合	件数	割合	件数	割合	件数	割合
平成25年度	20,905	30.5%	5,978	8.7%	20,523	30.0%	14,404	21.0%	346	0.5%	6,295	9.2%	68,451	100%
平成26年度	23,888	32.4%	6,016	8.2%	21,190	28.8%	15,624	21.2%	300	0.4%	6,637	9.0%	73,655	100%
平成27年度	24,908	34.0%	5,329	7.3%	20,378	27.8%	15,461	21.1%	367	0.5%	6,837	9.3%	73,280	100%
平成28年度	25,811	36.6%	4,700	6.7%	18,073	25.6%	14,844	21.0%	343	0.5%	6,804	9.6%	70,575	100%
平成29年度	25,400	38.3%	4,262	6.4%	15,267	23.0%	14,371	21.7%	414	0.6%	6,574	9.9%	66,288	100%
平成30年度	27,752	41.7%	3,446	5.2%	14,736	22.2%	14,204	21.4%	432	0.6%	5,943	8.9%	66,513	100%
令和元年度	29,429	44.6%	3,390	5.1%	13,757	20.9%	13,477	20.4%	407	0.6%	5,488	8.3%	65,948	100%
令和2年度	25,072	45.8%	2,536	4.6%	11,041	20.2%	11,351	20.7%	290	0.5%	4,434	8.1%	54,724	100%

（単位：件）

	登記・供託関係		多重債務		民事		家事		財産管理		企業法務		社会問題		その他		相談件数合計
	件数（件）	割合	件数（件）	割合	件数（件）	割合	件数（件）	割合	件数（件）	割合	件数（件）	割合	件数（件）	割合	件数（件）	割合	件数（件）
令和3年度	27,825	43.7%	2,512	3.9%	12,062	19.0%	16,757	26.3%	666	1.0%	247	0.4%	674	1.1%	2,880	4.5%	66,948
令和4年度	34,735	45.1%	2,904	3.8%	13,142	17.1%	20,774	27.0%	980	1.3%	306	0.4%	862	1.1%	3,331	4.3%	77,034

※令和3年度以降、集計項目を変更した。
※令和3年度は、項目未集計分（3,325件）があるため、各項目の合計数と「相談件数合計」が一致しない。
※令和3年度の各項目の割合は、各項目の合計数に対する割合で表記している。

司法書士総合研究所報告書・答申書一覧

提 出 日	報告書・答申書 タイトル	部 会
平成 4 年 11 月 16 日	登記済証の『暗号コード』について（研究報告）	登記情報システム
平成 4 年 12 月 28 日	中間答申書「『商法・有限会社法改正試案』のうち、前回改正（平成 3 年 4 月 1 日施行）の際、改正されずに積み残された事項の中で、司法書士業務に関連する事項について」	商事法
平成 5 年 3 月 26 日	平成 5 年版『司法書士の責任に関する判例（インデックス）』	職務判例
平成 5 年 3 月 26 日	報告書「韓国不動産登記制度の研究（その 1）」	比較法（アジア）
平成 5 年 3 月 26 日	「韓国不動産登記制度・法務士制度視察団報告書」（1991.11.23～11.28）	比較法（アジア）
平成 5 年 3 月 26 日	翻訳資料「韓国不動産登記法」	比較法（アジア）
平成 5 年 3 月 26 日	翻訳資料「不動産登記特別措置法」	比較法（アジア）
平成 5 年 3 月 26 日	翻訳資料「不動産登記特別措置法に依る大法院規則」	比較法（アジア）
平成 5 年 3 月 26 日	翻訳資料「韓国の印鑑証明施行令」	比較法（アジア）
平成 5 年 3 月 31 日	報告書「商業登記コンピュータ化による公示機能の低下について」	登記情報システム
平成 5 年 3 月 31 日	報告書「外部閲覧端末について」	登記情報システム
平成 5 年 3 月 31 日	報告書「コンピュータ化発行による登記済証について」	登記情報システム
平成 5 年 3 月 31 日	報告書「端末庁と登記所統廃合について」	登記情報システム
平成 5 年 3 月 31 日	報告書「全国市区町村別司法書士分布状況地図」	民事裁判制度
平成 5 年 3 月 31 日	「全国地方裁判所管内簡易裁判所における本人訴訟数と全国各単位会会員司法書士裁判事務受託数の対比」	民事裁判制度
平成 5 年 3 月 31 日	司法書士実態調査の分析結果について（中間報告）	利用者意識
平成 5 年 3 月 31 日	報告書「欧米の不動産取引における資金移動の安全性─特に法律家が備える顧客口座について─」	比較法（欧米）
平成 5 年 9 月 17 日	不動産登記コンピュータ化による公示機能の低下について（研究報告）	登記情報システム
平成 6 年 3 月 1 日	司法書士職務判例研究報告書（代理編及び委任編）	職務判例
平成 6 年 3 月 25 日	韓国・台湾不動産登記制度調査報告書：参考資料「韓国不動産登記関係法令」	比較法（アジア）
平成 6 年 7 月 19 日	司法書士実態調査分析研究報告書〔個人調査〕	実態調査
平成 6 年 8 月 19 日	司法書士実態調査分析研究報告書〔事務所調査〕	実態調査
平成 6 年 8 月 19 日	韓国・台湾不動産登記制度調査報告書	比較法（アジア）
平成 6 年 8 月 19 日	韓国・台湾不動産登記制度調査報告書：参考資料「中華民国（台湾）登記関係法令」	比較法（アジア）
平成 6 年 9 月 1 日	商業登記制度の実態調査報告書	商事法
平成 6 年 10 月 6 日	司法書士利用者意識調査分析報告書	利用者意識
平成 6 年 10 月 31 日	『婚姻制度に関する民法改正要綱試案』に対する意見書	家族法／破産法
平成 7 年 3 月 31 日	企業法人の司法書士利用に関する意識・実態調査報告	商事法
平成 7 年 3 月 31 日	第 5 部（民事裁判制度）研究経過報告書	民事裁判制度
平成 7 年 5 月 31 日	中間報告「登記情報システムの今後と司法書士の課題─行政情報化推進基本計画の関連を中心として─」	登記情報システム
平成 7 年 8 月 17 日	翻訳資料「台湾不動産登記法入門」	比較法（アジア）
平成 7 年 8 月 22 日	翻訳資料「SURVEYOR のための土地法入門」	比較法（アジア）
平成 8 年 3 月 8 日	翻訳資料「テー＆ドゥイヤー共著　物権法入門（第 2 版）」	比較法（アジア）
平成 8 年 3 月 15 日	翻訳資料「韓国不動産登記法施行規則並びにその付属様式」	比較法（アジア）
平成 8 年 3 月 31 日	答申書「『オンラインによる登記情報公開システム』に関する分析と提言」	登記情報システム
平成 8 年 3 月 31 日	中間答申書「『商法・有限会社法改正試案』のうち、平成 2 年改正の際、改正されずに積み残された事項の中で、司法書士業務に関連する事項について」	商事法
平成 8 年 3 月 31 日	中間報告書「当事者の主体性を確保しつつ紛争の解決或いはその予防に寄与する専門職能による当事者支援制度の研究」	司法当事者支援制度
平成 8 年 4 月 16 日	翻訳資料「オーストラリア財産法入門」	比較法（アジア）
平成 8 年 6 月 28 日	報告書「不動産取引の安全性に関する文献調査─資金移動と不動産登記制度─」	比較法（欧米）
平成 8 年 12 月 9 日	不動産登記法の改正に関する研究報告書	不動産登記制度
平成 8 年 12 月 19 日	オンラインによる登記申請システムに関する中間報告書	登記情報システム
平成 9 年 3 月 30 日	中間答申書「将来の司法書士報酬のあり方」	報酬研究
平成 9 年 3 月 31 日	司法書士の裁判所内活動に関する研究報告書（アンケートの調査分析比較）	民事裁判制度
平成 9 年 10 月 20 日	中間報告書「自然人の倒産処理に対する提言」	家族法／破産法
平成 9 年 10 月 24 日	報告書「逐条台湾不動産登記規則」	比較法（アジア）
平成 10 年 3 月 31 日	報告書「諸外国とわが国の不動産登記制度の比較研究」	不動産登記制度
平成 10 年 3 月 31 日	報告書「商業登記制度の変革と司法書士の役割」	商事法
平成 10 年 3 月 31 日	司法書士の法律事務受託実態調査報告	民事裁判制度
平成 10 年 3 月 31 日	報告書「韓国・中華民国　土地登記情報システムの概要」	比較法（アジア）

提　出　日	報告書・答申書　タイトル	部　会
平成 10 年　3 月 31 日	報告書「不動産登記制度並びに専門職能制度の比較研究　韓国・台湾・日本」	比較法（アジア）
平成 10 年　3 月 31 日	最終答申書「将来の司法書士の報酬のあり方」	報酬研究
平成 10 年　3 月 31 日	最終答申書「当事者の主体性を確保しつつ紛争の解決或いはその予防に寄与する専門職能による当事者支援制度の研究」	司法当事者支援制度
平成 10 年　5 月 11 日	「不動産登記法改正検討事項（素案）」に対する意見書	登記情報システム
平成 10 年　5 月 17 日	「不動産登記法改正検討事項（素案）」に対する意見書	比較法（アジア）
平成 10 年　5 月 19 日	意見書「倒産法制に関する改正検討事項の骨子」	家族法／破産法
平成 10 年　5 月 27 日	「不動産登記法改正検討事項（素案）」に対する意見書	商事法
平成 10 年　5 月 29 日	研究委託者報告書「イギリスにおける不動産登記の情報化」	登記情報システム
平成 10 年　8 月 20 日	『親子会社法制等に関する問題点』に対する意見	商事法
平成 11 年　3 月 31 日	報告書「『オンラインによる登記情報提供サービス』デモンストレーションに関する分析と問題点の指摘」	登記情報システム
平成 11 年　3 月 31 日	報告書「登記オンライン申請と電子認証に関する分析」	登記情報システム
平成 11 年　3 月 31 日	答申書「商業登記法改正への提言」	商事法
平成 11 年　3 月 31 日	第 5 部〔民事裁判制度〕中間報告書	民事裁判制度
平成 11 年　4 月 13 日	最終報告書「自然人の倒産処理に対する提言」	家族法／破産法
平成 11 年　4 月 13 日	報告書「台湾土地登記制度近代化の現状」	比較法（アジア）
平成 11 年　8 月 26 日	『商法等の一部を改正する法律案要綱中間試案』に対する意見書	商事法
平成 12 年　3 月 31 日	報告書「韓国登記義務化（登記強制主義）に関する若干の検討」	比較法（アジア）
平成 12 年　3 月 31 日	報告書「インターネットの危険性」	比較法（アジア）
平成 12 年 10 月 20 日	答申書「不動産登記制度改革構想とその理念—自己責任社会における情報アクセス保障と不動産登記制度—」	不動産登記法改正
平成 12 年 12 月 15 日	意見書「電子署名及び認証業務に関する法律に基づく関係省令等に盛り込む事項について」（「電子署名及び認証業務に関する法律の施行に関する意見募集」に対する意見書）	登記情報システム
平成 13 年　3 月　8 日	報告書「登記情報提供システムの問題点について」	登記情報システム
平成 13 年　3 月 31 日	意見書「中小企業と司法書士の関与」	商事法
平成 13 年　3 月 31 日	報告書「不動産物権変動を表象する書面の比較法的研究」	比較法
平成 13 年　5 月 18 日	報告書「トーレンス登記制度序論」	比較法
平成 13 年　6 月　6 日	「商法等の一部を改正する法律案要綱中間試案」に対する意見	商事法
平成 13 年　6 月 22 日	翻訳資料「韓国不動産登記法」	比較法
平成 13 年 12 月 14 日	意見書「地方公共団体による公的個人認証サービス制度試案骨子について」	登記情報システム
平成 14 年　3 月　7 日	京都における中小会社企業の実態—中間報告—	商事法
平成 14 年　4 月 22 日	翻訳資料「韓国登記制度」	比較法
平成 14 年 10 月　1 日	報告書「新しい司法書士倫理規定について」	職能制度
平成 14 年 10 月 21 日	オンライン登記申請制度研究会中間報告書に関する意見	登記情報システム
平成 14 年 11 月 15 日	オンライン登記申請制度に関する提言	比較法
平成 15 年　5 月 30 日	平成 14 年度実施 ADR アンケートの結果分析	民事裁判制度
平成 16 年　6 月 10 日	わが国と諸外国の不動産登記制度における登記の真正担保のための方策について（補遺）	比較法
平成 17 年　3 月 31 日	答申書「司法書士の将来像」	司法書士制度
平成 17 年 10 月　4 日	簡易刑事事件の裁判権に関する研究—裁判所構成法施行時の区裁判所の取り扱いとの比較	訴訟制度（刑事・少年分野）
平成 17 年 12 月 25 日	登記識別情報と不動産取引決済に関する研究報告書	不動産取引
平成 18 年　3 月 16 日	行政事件訴訟制度の研究	訴訟制度（行政分野）
平成 18 年　3 月 16 日	情報公開法における不開示理由の分析	訴訟制度（行政分野）
平成 18 年　3 月 16 日	行政訴訟制度の公正性の研究	訴訟制度（行政分野）
平成 18 年　3 月 16 日	自治体法務・政策法務と行政訴訟	訴訟制度（行政分野）
平成 18 年　3 月 16 日	不正競争防止法へのいざない—類似商号問題を契機として—	知財関係
平成 18 年　3 月 20 日	少年問題への市民参加と司法書士の役割	訴訟制度（刑事・少年分野）
平成 18 年　3 月 21 日	被害弁償に関する基礎理論の研究—被害弁償の新たな位置づけを巡って—	訴訟制度（刑事・少年分野）
平成 18 年　3 月 22 日	簡易裁判所の刑事手続における司法書士の関与の可能性	訴訟制度（刑事・少年分野）
平成 18 年　3 月 26 日	司法書士による犯罪被害者支援について	訴訟制度（刑事・少年分野）
平成 18 年　3 月 31 日	「不動産登記に関する公信力の付与」に関する研究報告	法制度比較
平成 19 年　3 月　6 日	行政救済制度の動向と展望	訴訟制度（行政分野）

提　出　日	報告書・答申書　タイトル	部　会
平成 19 年　3 月 26 日	スイス土地登記法（翻訳）	法制度比較
平成 19 年　4 月	家事事件と司法書士の関わり～アンケート調査結果報告書（家事調停委員を務める司法書士）	家事事件
平成 19 年　5 月 23 日	少年司法への市民参加と付添人の役割	刑事・少年事件
平成 19 年　7 月	台湾・行政不服審査制度調査報告書	行政法関係
平成 20 年　3 月	研究報告書	知財関係
平成 20 年　3 月	知的財産法入門―不正競争防止法を中心に―	知財関係
平成 20 年　4 月　7 日	刑事訴訟法の基礎知識	刑事・少年事件
平成 20 年　4 月　7 日	犯罪被害者保護と刑事訴訟手続	刑事・少年事件
平成 20 年　4 月　7 日	司法書士が担える犯罪被害者等支援	刑事・少年事件
平成 20 年　4 月 10 日	少年事件における修復的司法の可能性　付添人の体験から	刑事・少年事件
平成 20 年　5 月 31 日	家庭裁判所・家事事件の概要と司法書士の関わり	家事事件
平成 21 年　4 月　9 日	司法書士の懲戒制度に関する研究	行政手続法諮問
平成 21 年　5 月 18 日	フランスの不動産公示のオンライン化― 100％オンライン化可能な制度の視察報告を中心に―	法制度比較
平成 22 年　3 月 31 日	少年司法におけるソーシャル・ケースワーク	刑事・少年事件
平成 22 年　3 月 31 日	刑事司法改革への視点	刑事・少年事件
平成 22 年　3 月 31 日	刑事司法制度における民間人の関与を巡る諸問題	刑事・少年事件
平成 22 年　3 月 31 日	刑事司法制度における当面の諸問題	刑事・少年事件
平成 22 年　3 月 31 日	司法書士の家事事件に関するアンケート調査結果	家事事件
平成 22 年　3 月 31 日	台湾相続登記法	法制度比較
平成 22 年　6 月 21 日	スペイン不動産登記法（抵当法）の概要	法制度比較
平成 22 年　6 月 21 日	フランスの不動産の売買（有償譲渡）に係る“諸費用”について	法制度比較
平成 22 年　6 月 21 日	フランスの金利規制	法制度比較
平成 22 年　6 月 21 日	ドイツの登記費用	法制度比較
平成 22 年　6 月 21 日	諸外国の不動産登記制度および登記に関与する専門家の比較	法制度比較
平成 23 年　4 月　7 日	動産・債権譲渡登記とその周辺の考察	担保法制
平成 24 年　3 月 12 日	プライバシー研究部会研究報告	プライバシー
平成 24 年　5 月 29 日	事業担保価値実現の諸手法　工場財団抵当の改善と新しい事業財団抵当創設に向けて	担保法制
平成 24 年　6 月 13 日	アメリカ不動産取引の概要及びその取引安全のための諸制度	法制度比較
平成 26 年　5 月 12 日	不動産売買取引において登記権利者・登記義務者それぞれに司法書士が代理人に付く場合の立会執務のあり方等について	不動産登記制度
平成 27 年　3 月　6 日	司法書士による仲裁実施に関する研究報告書	司法制度・仲裁制度
平成 27 年　3 月 11 日	本人訴訟及び司法書士による本人訴訟支援に関する研究報告書	司法制度・本人訴訟
平成 27 年　3 月 31 日	空き家問題に対する司法書士業務の可能性について（最終報告書）	業務開発
平成 27 年　3 月 31 日	遺産分割による相続登記における登記原因の確認に関する一考察	不動産登記制度
平成 29 年　2 月　4 日	司法制度における司法書士の位置づけ	司法・司法書士制度
平成 29 年　2 月　4 日	不動産登記の担い手司法書士―韓国法務士の現状から考える―	不動産登記制度
平成 29 年　2 月　4 日	時代に合致した新たな不動産所有制度の提案に向けて　―諸外国の制度を学ぶことから―	業務開発
平成 29 年　2 月　4 日	日司連保有データ（紙文書）の整理・保管に関する現状とその対策について	IT 戦略
平成 29 年　2 月　4 日	ペーパレス会議システムの環境整備について	IT 戦略
平成 29 年　2 月　4 日	家事調停事件における補佐人制度の活用について	家事事件
平成 29 年　2 月　4 日	本人確認情報と債権契約に関する情報の保管	登記原因等調査確認
平成 29 年　2 月　4 日	司法書士の独立性についての一考察	業務経営
平成 29 年　2 月　4 日	司法書士登録のあり方について	業務経営
平成 29 年　2 月　4 日	司法書士における事務所のあり方について	業務経営
平成 29 年　4 月　4 日	憲法と司法書士の関わり	憲法
平成 29 年 11 月 13 日	時代に合致した不動産所有のカタチと制度	業務開発
平成 30 年　2 月 16 日	シンガポール CJC と司法書士総合研究所との意見交換会報告書	司法・司法書士制度
平成 30 年　2 月 16 日	司法書士による登記原因公証計画案について	不動産登記制度
平成 30 年　2 月 16 日	『不動産資産の適切な承継を実現する社会システムを考える』～世界の制度研究から見えてきたこと～	業務開発
平成 30 年　2 月 16 日	AI に関する「座談会 2018」	IT 戦略
平成 30 年　2 月 16 日	自己責任論を中心とした憲法的視点	憲法
平成 30 年　2 月 16 日	司法書士における限定承認制度の可能性について	家事事件

提出日	報告書・答申書 タイトル	部会
平成 30 年 2 月 16 日	いわゆる「遺言保管法」と司法書士の役割について	遺言書保管制度
平成 31 年 4 月 19 日	遺言書保管法と司法書士の実務について	遺言書保管制度
令和 元 年 8 月 26 日	『不動産の所有者不明化を根絶する社会システムを考える』〜世界の制度研究から見えてきたこと〜	業務開発
令和 3 年 2 月 6 日	地域における福祉連携と刑事政策への司法書士関与の提言〜市民のための法律家制度として成長するために〜	司法・司法書士制度
令和 3 年 2 月 6 日	フランス・ノテールの役割から見る新型コロナ後の登記制度とその担い手	不動産登記制度
令和 3 年 2 月 6 日	「時代に合致した相続制度の検証と提言」〜世界の制度調査から見えてきた日本の相続手続の課題〜	業務開発
令和 3 年 2 月 6 日	IT・AI 時代のコロナ禍実務対応の研究	IT 戦略
令和 3 年 2 月 6 日	憲法的視点からみる AI 社会	憲法
令和 3 年 2 月 6 日	限定承認手続活用へのアプローチ	家事事件
令和 3 年 2 月 6 日	商業登記制度の真実性向上のための一考察〜登記に要する時間的側面からのアプローチ〜	商業登記制度
令和 4 年 3 月 30 日	不動産登記制度から見た取引 DX システムの構築と司法書士の役割	不動産登記制度
令和 4 年 3 月 31 日	答申書「不動産取引の DX に伴う司法書士実務の在り方について」	司法書士業務 DX 推進
令和 5 年 2 月 24 日	地域における福祉連携と刑事政策への司法書士関与の提言〜刑事福祉コンサルタントの可能性〜	司法・司法書士制度
令和 5 年 2 月 24 日	相続登記の義務化の時代の登記記録の公開について	不動産登記制度
令和 5 年 2 月 24 日	司法書士指定条項についての検討	不動産登記制度
令和 5 年 2 月 24 日	時代に合致した不動産所有と相続手続制度を考える研究〜世界との比較調査から見えてきた課題と参考制度〜	業務開発
令和 5 年 2 月 24 日	デジタル資産の相続における現行法上の実務の工夫とあるべき立法による解決について	司法書士業務 DX 推進
令和 5 年 2 月 24 日	経済的自由権と公共の福祉	憲法
令和 5 年 2 月 24 日	未成年後見制度の現状と課題についての考察（報告）〜アンケート及びインタビュー結果の分析に基づいて〜	家事事件
令和 5 年 2 月 24 日	役員任期の長期化による弊害とその商業登記的解決策〜よりユーザーが利用しやすい商業登記制度を目指して〜	商業登記制度
令和 5 年 2 月 28 日	答申書「デジタル資産の相続における現行法上の実務の工夫と、あるべき立法による解決について」	司法書士業務 DX 推進
令和 6 年 3 月 7 日	提案書「現代相続実務で求められる法律専門職の支援内容と立ち位置に関する考察」	業務開発

───〈編 者〉───

日本司法書士会連合会

東京都新宿区四谷本塩町 4 番 37 号

Tel. 03-3359-4171　Fax. 03-3359-4175
URL　https://www.shiho-shoshi.or.jp/

司法書士白書　　2024 年版

2024年 6 月17日　初版発行

編　　者　　日本司法書士会連合会

発 行 者　　和　田　　　裕

発行所　日 本 加 除 出 版 株 式 会 社
本　　社　　郵便番号 171-8516
　　　　　　東 京 都 豊 島 区 南 長 崎 3 丁目 16 番 6 号

組版・印刷・製本　㈱アイワード

定価はカバー等に表示してあります。
落丁本・乱丁本は当社にてお取替えいたします。
お問合せの他、ご意見・感想等がございましたら、下記まで
お知らせください。

〒 171-8516
東京都豊島区南長崎 3 丁目 16 番 6 号
日本加除出版株式会社　営業企画課
電話　03-3953-5642
FAX　03-3953-2061
e-mail　toiawase@kajo.co.jp
URL　www.kajo.co.jp